MATEUS JOÃO MASCARENHAS (ed.)

A História da Construção em Portugal
Alinhamentos e Fundações

ALMEDINA

ces

stap 30 anos 1980 - 2010

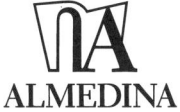

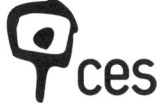

A HISTÓRIA DA CONSTRUÇÃO EM PORTUGAL.
ALINHAMENTOS E FUNDAÇÕES

EDIÇÃO
JOÃO MASCARENHAS MATEUS (ed.)

AUTORES
João Mascarenhas Mateus | Santiago Huerta Fernandez | Saúl António Gomes | José de Monterroso Teixeira | Jorge Mascarenhas | Magda de Avelar Pinheiro | André Tavares | Manuel Matos Fernandes

EDITOR
EDIÇÕES ALMEDINA, SA
Rua Fernandes Tomás nºs 76, 78, 80
3000-167 Coimbra
Tel.: 239 851 904
Fax: 239 851 901
www.almedina.net
editora@almedina.net

DESIGN DE CAPA
FBA

PRÉ-IMPRESSÃO
G. C. – GRÁFICA DE COIMBRA, LDA.
Palheira – Assafarge
3001-453 Coimbra
producao@graficadecoimbra.pt

IMPRESSÃO
PAPELMUNDE, SMG, LDA.

Abril, 2011

DEPÓSITO LEGAL
327333/11

Os dados e as opiniões inseridos na presente publicação
são da exclusiva responsabilidade do(s) seu(s) autor(es).

Toda a reprodução desta obra, por fotocópia ou outro qualquer
processo, sem prévia autorização escrita do Editor, é ilícita
e passível de procedimento judicial contra o infractor.

Biblioteca Nacional de Portugal – Catalogação na Publicação

A HISTÓRIA DA CONSTRUÇÃO EM PORTUGAL, 1, Lisboa, 2010

A história da construção em Portugal : alinhamentos e fundações ;
ed. João Mascarenhas Mateus / org. Núcleo de Arquitectura e Urbanismo
do Centro de Estudos Sociais da Universidade de Coimbra –
(CES. Cidades e arquitectura)
ISBN 978-972-40-4452-1

I – UNIVERSIDADE DE COIMBRA. Faculdade de Economia. Centro de Estudos Sociais. Núcleo de Arquitectura e Urbanismo
II – MATEUS, João Mascarenhas

CDU   69
      62
      061.3

ÍNDICE

Apresentação	7
Palavras de patrocínio	9
Introdução	11
Das singularidades portuguesas na História da Construção João Mascarenhas Mateus (CES –UC)	15
Historia de la Construcción: la fundación de una disciplina Santiago Huerta (ETSAM – UPM)	31
Um estaleiro medieval de excelência: o Mosteiro da Batalha Saul António Gomes (FL – UC)	49
O Palácio da Ajuda "a ferro e fogo" – opções construtivas e estéticas: *da Real Barraca, ao projecto tardo-barroco e à proposta neoclássica* José de Monterroso Teixeira (UAL – IGESPAR)	79
O edifício pombalino e as medidas inovadoras de protecção *contra eventuais sismos* Jorge Mascarenhas (IPT)	121
A construção dos caminhos-de-ferro em Portugal no século XIX Magda Pinheiro (CEHCP, ISCTE – IUL)	127
Os efeitos do betão armado na arquitectura portuguesa *O caso Moreira de Sá & Malevez (1906-1914)* André Tavares (UM)	157
Edgar Cardoso – Exemplar Construtor Manuel Matos Fernandes (FEUP)	185
Notas biográficas dos autores	203
Índice das ilustrações	207

LISTA DE ABREVIATURAS

AFML	Arquivo Fotográfico Municipal de Lisboa
AHBP	Arquivo Histórico do Banco de Portugal, Lisboa
AHM	Arquivo Histórico Municipal, Lisboa
AHMF	Arquivo Histórico do Ministério das Finanças, Lisboa
AHP	Arquivo Histórico Parlamentar, Lisboa
AMAE	Archives du Ministère des Affaires Étrangères, Paris
AMOP	Arquivo do Ministério das Obras Públicas, Lisboa
ANAM	Aeroportos e Navegação Aérea da Madeira, S.A.
ANBA	Academia Nacional de Belas Artes, Lisboa
ANRJ	Arquivo Nacional do Rio de Janeiro
ANTT	Arquivo Nacional da Torre do Tombo, Lisboa
ATC	Arquivo do Tribunal de Contas, Lisboa
BAH	Fonds Bétons Armés Hennebique, Centre d'Archives d'Architecture du XXème, Institut Français d'Architecture
BNP	Biblioteca Nacional de Portugal
BNRJ	Biblioteca Nacional do Rio de Janeiro
CES	Centro de Estudos Sociais
CEHCP	Centro de Estudos de História Contemporânea Portuguesa
DDF/IMC	Divisão de Documentação Fotográfica do Instituto dos Museus e da Conservação, I.P.
DGEMN	Direcção Geral de Edifícios e Monumentos Nacionais
ETSAM	Escuela Técnica Superior de Arquitectura de Madrid
FCSH	Faculdade de Ciências Sociais e Humanas
FEUP	Faculdade de Engenharia da Universidade do Porto
FL	Faculdade de Letras
IABSE	International Association for Bridge and Structural Engineering
IGESPAR	Instituto de Gestão do Património Arquitectónico e Arqueológico
IMC	Instituto de Museus e da Conservação I.P.
IPT	Instituto Politécnico de Tomar
ISCTE	Instituto Superior das Ciências do Trabalho e da Empresa
IUL	Instituto Universitário de Lisboa
JAE	Junta Autónoma de Estradas
MNAA	Museu Nacional de Arte Antiga
NAU	Núcleo de Arquitectura e Urbanismo
PNA	Palácio Nacional da Ajuda
UAL	Universidade Autónoma de Lisboa
UC	Universidade de Coimbra
UM	Universidade do Minho
UPM	Universidade Politécnica de Madrid

APRESENTAÇÃO

Cabe-me, enquanto coordenador do Núcleo de Arquitectura e Urbanismo do Centro de Estudos Sociais da Universidade de Coimbra, a tarefa de apresentar este trabalho que é constituído, em grande parte, pelas comunicações presentes à *Conferência da História da Construção em Portugal*, a qual teve ainda como subtítulo "Fundações e Alinhamentos" e que foi coordenada por João Mascarenhas Mateus.

Uma iniciativa de grande significado para uma área de cruzamento disciplinar entre a Arquitectura, a Engenharia e a História Económica e Social, que não tem sido muito explorada em Portugal. É esse significado que se pretende traduzir na presente publicação. A especificidade científica desta área do saber reside precisamente no relacionamento entre estudos de origens diversas, orientados segundo um enquadramento mais dirigido, quer do ponto de vista da teoria, quer do da investigação. Mas também na circunstância de, mesmo no plano internacional, se tratar de um campo relativamente recente, se tivermos em linha de conta o aprofundamento transdisciplinar entre as áreas atrás referidas.

A História da Construção é uma disciplina que, no meu entender, que é o entender de um arquitecto, deveria estar directa e estritamente relacionada com o que tem sido o corpo da História da Arquitectura, de uma forma geral. Este posicionamento acabou por não ser estabelecido, por um conjunto diversificado de circunstâncias ligadas à Historiografia de origem europeia e ocidental.

As razões que levaram a um menor investimento académico nesta área podem, a despeito de muitas outras circunstâncias contextuais, radicar na necessidade que a Arquitectura teve, em determinados momentos históricos, de se afirmar como uma disciplina muito mais vocacionada para aquilo que era a visualidade da sua relação com as artes. Nesse percurso de afirmação e desenvolvimento, o campo relacionado com o estudo da evolução das formas de construir, dado fundamental para a compreensão da Arquitectura, foi, de certo modo, deixado em aberto.

Por outro lado, ao longo do século XX as disciplinas científicas e académicas directamente relacionadas com a técnica, em particular as Engenharias, estiveram também fortemente vocacionadas para a dimensão heurística da actividade que desenvolviam, enquadradas que estavam na corrida à descoberta de novos processos construtivos, capazes de optimizar materiais, máquinas e mão-de-obra, numa lógica exclusivamente direccionada para o *progresso do mundo moderno*.

Ambos os campos de conhecimento, o da Arquitectura e o da Engenharia, nasceram com uma espécie de vocação empírica no empenhamento em torno da sua história, da história do seu próprio carácter. Estes dois caminhos divergentes deixaram, contudo, a porta aberta para uma disciplina adicional, ao invés de procurarem uma integração que, na minha sensibilidade mais holística, que é apanágio do arquitecto, poderia ter sido a solução mais edificante.

No entanto, reconheço que o nascimento de uma disciplina como esta, bem como a progressiva maturidade que já está a atingir no plano internacional, é absolutamente crucial, para ajudar a complementar as duas outras vocações que referi.

Através da História da Construção as componentes da forma, da visualidade e da técnica podem ser realmente reunificadas. E essa é a intenção também por a qual eu pauto esta disciplina.

A concepção e a organização da conferência, bem como da presente obra, foi assumida por João Mascarenhas Mateus.

O conjunto de textos apresentados é suficientemente representativo das personalidades que estiveram presentes. Desde logo, o do Prof. Santiago Huerta, que é uma personalidade internacional nesta área disciplinar e académica, mas também os de todos os outros professores e investigadores que, no seu conjunto, se inscrevem numa vasta e diversificada área de representatividade, académica e geográfica. Fruto da primeira iniciativa do Núcleo de Arquitectura e Urbanismo do Centro de Estudos Sociais, na nova delegação de Lisboa, constitui, também por isso, motivo de regozijo.

José António Bandeirinha
Coordenador do Núcleo de Arquitectura e Urbanismo
Centro de Estudos Sociais- Universidade de Coimbra

PALAVRAS DE PATROCÍNIO

Os monumentos e edifícios históricos são caracterizados por serem simultaneamente bens culturais e construções. Enquanto construções, as intervenções neles realizadas pressupõem conhecimentos técnicos dos materiais e sistemas construtivos utilizados na sua génese. Por outro lado, embora por vezes possa haver vantagem em lançar mão de materiais e tecnologias avançadas, as velhas "artes e ofícios" e os materiais originais são, geralmente, preferíveis às tecnologias que hoje têm mais peso nos hábitos dos construtores contemporâneos.

Mas não é só a conservação dos monumentos e edifícios históricos que tem a beneficiar com aqueles conhecimentos. Sendo antigo a maior parte do edificado corrente das nossas cidades e vilas, é para os mesmos conhecimentos que apela a sua reabilitação, se se pretender que ela seja eficaz, económica e pouco intrusiva.

O conhecimento da anatomia e dos sistemas construtivos das construções antigas, dos materiais e técnicas nelas utilizados, andam, no entanto, bastante arredados dos currículos das escolas de engenharia e arquitectura, hoje voltadas, sobretudo, para o betão armado, para o aço e para o vidro.

Ao assinalar o seu trigésimo ano de actividade, desde o início dedicada exclusivamente à reabilitação do edificado e da infra-estrutura, a Stap saúda a iniciativa do Centro de Estudos Sociais da Faculdade de Economia da Universidade de Coimbra, ao promover a Primeira Conferência sobre História da Construção em Portugal, iniciativa que se revela, pelas razões acima, de inegável pertinência.

Vítor Cóias
PCA da Stap, SA

INTRODUÇÃO

A História da Construção é uma disciplina de definição recente que pretende analisar a evolução do *modus faciendi* de uma actividade tão antiga como a espécie humana. Para sobreviver às condições adversas da Natureza e para se defender ou relacionar com os seus semelhantes, o Homem desde sempre se preocupou em construir. Um refúgio, uma cabana, um muro, um caminho, um canal para a condução da água... Em nome desta actividade foram criadas e melhoradas técnicas, deslocadas inteiras comunidades, submetidas e eliminadas umas, criadas outras. Ao seu serviço foram colocadas todas as formas conhecidas de extensão da mão do Homem. Com ela se alterou definitivamente o aspecto original de grandes superfícies do globo terrestre e as formas de interacção entre comunidades.

A análise que se pretende com este novo campo teórico deve ser transversal e servir não só para preencher lacunas de conhecimento deixadas pela Arquitectura, pela Engenharia Civil e pelas várias Disciplinas Históricas mas também como ponte de ligação entre todas essas matérias. Como objecto de estudo, a Construção – Civil, Religiosa, Militar, Tradicional, Industrial, Pública e Privada – deixa de ser vista somente como uma actividade de construtores, arquitectos e engenheiros, associada às questões de evolução da utlização de materiais e tecnologias. Passam a ser estudados também os comportamentos culturais próprios dos construtores, a organização social e económica necessária à mobilização de mão-de-obra e os factores corporativos e sindicais. O seu âmbito estende-se assim às políticas económicas e aos métodos de organização do trabalho usados na implementação de programas urbanísticos e de obras públicas, à eliminação e adaptação de ofícios tradicionais, à criação de novas indústrias e actividades comerciais, à destruição e criação de símbolos de identidade, à génese de fenómenos migratórios, a processos de integração e de exclusão.

Esta área autónoma de estudo tem vindo a ser desenvolvida sobretudo em Espanha, no Reino Unido, na Alemanha e em França. Desde 1996, Espanha organizou já seis congressos nacionais dedicados à História da Construção. A França levou a cabo em 2009, o primeiro congresso nacional. O 1º Congresso Internacional foi realizado em Madrid, em 2003, o 2º em Cambridge em 2006 e o 3º Congresso em Cottbus, Alemanha em Maio de 2009.

Em Portugal, teve lugar em 19 de Fevereiro de 2010 a I Conferência intitulada "A História da Construção em Portugal – Alinhamentos e Fundações" no auditório do Centro de Informação Urbana de Lisboa. Organizada pelo Núcleo de Arquitectura e Urbanismo do Centro de Estudos Sociais da Universidade de Coimbra, através da sua delegação em Lisboa, com apoio da empresa da STAP e da Fundação para a Ciência e Tecnologia.

O evento incluiu uma comunicação inaugural pelo Prof. Santiago Huerta da UPM, um dos fundadores da mais recente corrente da disciplina a nível mundial. Foi seguida de dez comunicações feitas por académicos portugueses convidados que têm desenvolvido investigação em diferentes vertentes da disciplina.

Os temas das apresentações, enquadradas nos objectivos da História da Construção, foram escolhidos de modo explorar alguns dos aspectos fundamentais em que este campo autónomo de estudo se pode desenvolver em Portugal. O espectro das matérias abordadas não pretendeu ser exaustivo mas constituir simplesmente o pretexto para uma primeira discussão de parte das especificidades da Construção em Portugal ao longo da História.

A presente publicação reflecte parte dos conteúdos dessas comunicações mas organizados um pouco diversamente de modo a produzir um primeiro texto de referência demonstrativo da postura investigativa própria da nova disciplina.

O primeiro capítulo é dedicado à identificação das características específicas de natureza material, histórica, social, económica e geográfica impressas na forma de construir em Portugal. Levantando o véu das nossas singularidades, o leitor é levado através de uma revisitação histórica, feita de imagens instantâneas, às peculiaridades próprias da nossa condição cultural. Visões de matérias que em parte são já objecto de estudo e que noutros casos podem ou devem ser analisados.

Segue-se o texto fundacional do Prof. Santiago Huerta dedicado à contextualização da criação da disciplina a nível internacional com uma reflexão pormenorizada do que são os verdadeiros objectivos e delimitação do seu campo de investigação. Esta contribuição apresenta um valor excepcional para Portugal por servir de guia claro para quem deseje investigar nesta área, e como referência epistemológica única no panorama mundial.

Depois dos primeiros dois capítulos dedicados aos aspectos mais gerais da História da Construção e às singularidades portuguesas, seguem-se seis estudos de caso enquadrados na nova disciplina. Organizados de forma cronológica, e debruçando-se sobre aspectos à primeira vista díspares, oferecem uma primeira visão do tipo de análise que se pretende implementar e encontram um sentido de pertença a um corpo de conhecimento unitário.

Um primeiro estaleiro, o do mosteiro da Batalha que teve lugar na longínqua Idade Média, leva-nos a compreender as complexidades – técnica, económica e sociológica – de realização de uma grande encomenda real e monástica. As proezas técnicas construtivas eram acompanhadas de processos de organização do trabalho que ainda hoje constituem motivo de admiração e surpresa. O mesmo se poderia referir relativamente a outros estaleiros – militares, civis ou religiosos – que foram levados a cabo mais tarde durante a expansão marítima portuguesa, um pouco por todo o mundo.

A análise de outra obra entre o período barroco e o neoclássico conduz-nos não só à complexidade técnica de uma grande operação construtiva determinada pelos novos espíritos de racionalidade, mas também às dramáticas lutas pelo poder entre os protagonistas encarregados da sua execução. O caso do Palácio Real da Ajuda, demonstra bem as limitações humanas e sociais de quem projectava e realizava as grandes obras em Portugal.

Segue-se uma rápida análise dos aspectos complexos e inovadores da reconstrução pombalina de Lisboa e dos dispositivos implementados para a criação de uma nova cidade que fosse capaz de resistir aos devastadores efeitos dos sismos.

Revisitados estes exemplos bem concretos da era pré-industrial, com o capítulo sobre a criação da rede de caminhos-de-ferro em Portugal obtém-se uma visão do que foi a industrialização dos vários sectores construtivos no nosso país. Os empreendimentos ferroviários pretenderam ligar as várias comunidades espalhadas pelo território nacional e ao mesmo tempo serviram para a primeira grande operação de normalização da actividade construtiva, colocando-a na dependência do comércio exterior.

Se os caminhos-de-ferro constituíram um factor determinante para a transformação radical das formas de construção tradicional, a introdução do cimento Portland e o registo das primeiras patentes de betão enquadraram definitivamente os nossos processos construtivos no contexto global. O caso de Moreira de Sá & Malevez e das suas arrojadas construções, demonstra bem os primeiros passos desta revolução que acabou por marcar todos os sectores da construção ao longo do século XX, sendo usado em profusão para as grandes obras do Estado Novo.

Por último, já bem mais próximo da nossa época, a apresentação do percurso singular da formação e das ideias do Engenheiro Edgar Cardoso chama a atenção para a importância da criatividade no mundo contemporâneo da construção globalizada que parece não deixar espaço para a afirmação do génio indiviudal.

A presente obra constitui assim uma viagem fundadora através da História da Construção em Portugal, não pretendendo mais que traçar os alinhamentos para a abertura das fundações desta disciplina no nosso país.

Desde os tempos mais remotos que se construiu por vontade de um indivíduo ou de uma comunidade, por imperativos estratégicos e da natureza, com fins e com meios bem determinados que dependeram das conjunturas socioculturais e tecnológicas de cada período histórico. Conhecer as caras, as intenções e limitações dos protagonistas (encomendadores, projectistas, executantes), a sua formação técnica, o contexto sociocultural em que se desenvolveram, o engenho das soluções que encontraram, as particularidades dos métodos que empregaram são os objectos de estudo da História da Construção. Um campo autónomo do conhecimento no qual há um vasto trabalho de pesquisa a realizar no nosso país, que pode ser concretizado com a realização de novos estudos, publicações, encontros e congressos especializados a nível nacional, abertos ao mundo de influência portuguesa e integrados no contexto mundial.

João Mascarenhas Mateus
Núcleo de Arquitectura e Urbanismo
Centro de Estudos Sociais, Universidade de Coimbra

DAS SINGULARIDADES PORTUGUESAS
NA HISTÓRIA DA CONSTRUÇÃO

João Mascarenhas Mateus (CES – UC)

Este texto não pretende apresentar de forma exaustiva todos os aspectos particulares que a História da Construção poderia, ou teria, que estudar quando aplicada à nossa especificidade como país. Deseja sobretudo ser uma primeira reflexão sobre aspectos próprios da nossa condição cultural, histórica e territorial que me vieram em mente e que creio ser útil desenvolver nos primeiros passos desta disciplina em Portugal.

Creio que a actividade de investigação histórica é antes de mais uma busca metódica da sequência de episódios e experiências de uma comunidade ao longo do tempo e que nos pode ajudar a avaliar a evolução do capital de conhecimento dessa comunidade. Este tipo de análise permite colmatar lacunas da cultura das sociedades contemporâneas e estabelecer pontes entre o que essa comunidade foi e aquilo que é hoje. Nesse sentido, e no caso de Portugal, compreender as alterações do modo de construir juntamente com a história do que se construiu ou com a história das profissões relacionadas com a actividade construtiva, é resolver parte de um puzzle histórico complexo. Encontrar as suas soluções é explicar a transformação histórica da nossa paisagem natural, a organização (ou desorganização) do nosso território ou ainda a formação e o desaparecimento de muitos ofícios e profissões. Esta análise pode, e deve, ser efectuada multidisciplinarmente. Tratando não só as técnicas utilizadas, as formas de processamento dos materiais, os métodos do risco e do cálculo como também a organização da força de mão-de-obra capaz de realizar programas construtivos de complexidade muito variada. Desde a modesta casa rural ao grande palácio, do mosteiro ao castelo, da ponte e aqueduto à grande unidade fabril.

A actividade da Construção faz parte integrante da sociedade portuguesa e o modo de construir tem honras de um vocábulo próprio, "construtura", que significa o modo como se constrói. Por outro lado, muitas das construções pré-industriais marcam a toponímia de Portugal. Estas denominações correspondem a vários contextos culturais e a períodos históricos diversos. De origem pré-romana, latina e muçulmana, cristalizaram-se e integram hoje o nosso vocabulário. É corrente encontrar aldeias, vilas e cidades com nomes como

Abóbada, Alcaria, Alcáçova, Alvalade, Antas, Alcácer, Arcos, Arrábida, Atalaia, Azóia, Barreiro, Bigorne, Bobadela, Briteiros, Cabanas, Cabanelas, Cabaninhas, Cabanões, Caldas, Capelas, Carreira, Castelo, Castro, Celeiros, Celas, Citânia, Corgo, Curros, Curral, Eira, Ermida, Faro, Fornos, Fornelos, Igreja, Lagares, Lagedo, Lagens, Lageosa, Lousada, Mosteiro, Muro, Olaia, Oleiros, Paço, Paços, Palhal, Palheiros, Parada, Paradela, Pedreira, Picote, Poço, Pombal, Ponte, Pousada, Póvoa, Quintas, Quintelas, Sobrado, Taboado, Telhões, Torre, Torres (Leite de Vasconcelos, 1884).

Mas mais do que estas observações generalistas é concretamente a investigação histórica que nos permite entender a Construção em Portugal ao longo dos tempos. Os estudos desta Disciplina aplicados à realidade portuguesa podem ser lidos também como viagens particulares a alguns dos aspectos caracterizadores da nossa história construtiva e de algumas das construções na origem de tantos dos nomes da nossa geografia.

Retomando o tema da viagem no tempo, porque a História é sobretudo uma constante forma de viajar no tempo, gostaria de revisitar aqui algum dos marcos da actividade construtiva no nosso país, despertando a atenção para aspectos que têm vindo a ser estudados e para outros que necessitam mais investigação.

Se falamos de construções excepcionais e identificadoras da história de um país, e se falarmos por exemplo do Egipto, será impossível não falar das pirâmides. Da China, da Grande Muralha, etc. Portugal, de forma menos monumental possui igualmente um conjunto de testemunhos de uma tradição construtiva própria. A sua génese está intimamente relacionada com a evolução observada no resto da Península Ibérica e resulta dos materiais naturais, das comunicações internas e externas de que foi dispondo e das condições sociopolíticas e culturais de cada momento histórico. Pensemos em alguns exemplos e revisitemos alguns dos momentos significativos da nossa cronologia construtiva.

O território que hoje se chama Portugal foi desde o início testemunha e objecto desta actividade intrinsecamente humana e necessária à sobrevivência e afirmação do Homem. Os menires, os dolmens, as antas, os castros proto-históricos, as casas com cobertura de colmo da aldeia da Anta ou da Serra do Caldeirão, com telhados de xisto da Serra d'Arga e do Marão, as de blocos de granito, as casas-palhoças de Amarante e do Marco, de feno seco ou as de giesta de Castro Laboreiro constituem exemplos primordiais da Construção em Portugal. Desde cedo se procedeu em Portugal à modelação da natureza ao serviço da actividade agrícola com as construções de calços e socalcos como na região duriense (Salavessa 2005) ou com valados destinados a recolher as pedras que impediam os arados de sulcar a terra.

Com a romanização, os castros, as povoações e o território desta zona da *Hispania* sofreram um incremento construtivo considerável com uma rede de estradas e de pontes de que ainda restam testemunhos: a ponte de Sacavém, hoje desaparecida e desenhada por Francisco d'Holanda, a de Trajano em Chaves, a de Segura sobre o Erges em Idanha-a-Nova, a de Vila Formosa em Alter-do-Chão, de Negrelos e tantas outras.

Novas urbes – com os seus *fora*, teatros, arenas, edifícios administrativos e, extramuros, complexos produtivos de vilas agrícolas e de fábricas de salga – passaram a ser abastecidas por aquedutos e barragens como, por exemplo, o aqueduto da Amadora que levava água a Olissipo proveniente da barragem de Belas (Cardoso 1986). Realizações caracterizadas, frequentemente por uma grande complexidade técnica. Um período em que a nossa cultura construtiva começou por ser integrada num contexto "global".

Este conhecimento construtivo foi particularmente enriquecido com a tradição meridional mediterrânica no momento da ocupação muçulmana. Sobretudo no Sul, a taipa, a taipa militar, a taipa de rodízio, a de fasquio ou as açoteias sobre abobadilhas marcaram profundamente as construções defensivas e os tecidos urbanos.

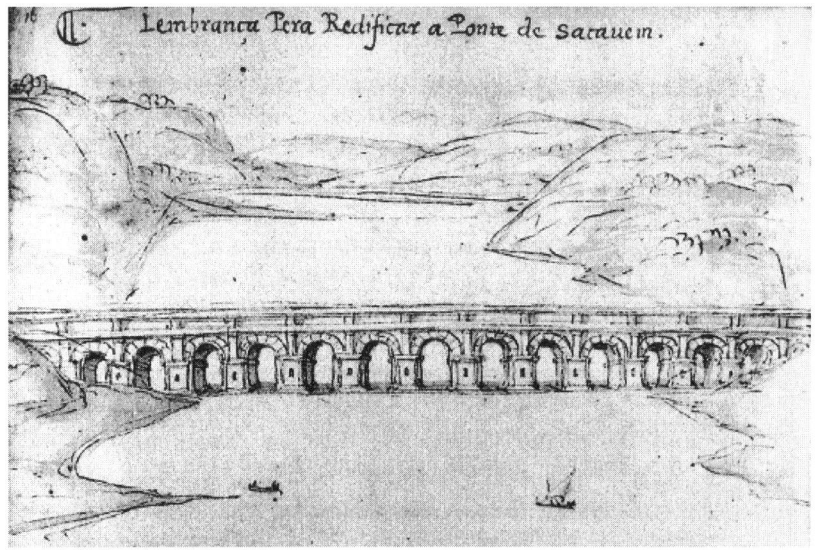

FIG. 1.1 – *Lembrança Pera Redificar a Ponte de Sacauem* da obra *Da Fábrica que Falece à Cidade de Lisboa*, de Francisco de Holanda.*ca.*1571.

Com a Reconquista, os grandes encomendadores passam a ser a Coroa, a nobreza e as grandes ordens religiosas e militares. Portugal constrói castelos, cidades, novas pontes, aquedutos, mosteiros e conventos, à imagem do resto da Europa cristã e católica. Aprendemos a construir as abóbadas de pedra, nervuradas de ogiva, de cruzaria, artesoadas, com liernes e terciarões, as janelas de traceria. Entre outras particularidades, no período gótico-mudéjar não usámos, ou não salvámos, fachadas em tijolo aparente, como em Castela e Aragão.

Fomos mais longe com as igrejas-salão, as abóbadas em leque sobre colunas como "palmeiras em pedra" como em Santa Maria de Belém. Cuidámos a estereotomia das cúpulas da Igreja de Santa Maria da Graça de Setúbal, da Capela das Sete Mil Virgens de Alcácer, ou mais tarde das basílicas da Estrela ou de Mafra. Construímos cais e portos, faróis, engenhos de madeira, moinhos de maré, moinhos de vento. Uma actividade intensa baseada numa rede sustentável de pedreiras e barreiros que serviam os fornos de cal, de telha e de tijolo. A estes materiais juntava-se a madeira de qualidades autóctones (castanheiro, sobro e pinho, algumas já extintas como o vinhático), os materiais metálicos ou pregaduras e outros de reutilização. A maior parte de todas estas matérias-primas era distribuída pelo país através do transporte marítimo de cabotagem ao longo de todo o litoral, em associação directa com o intercâmbio de produtos agrícolas. Uma situação que se prolongou até ao início do século XX.

A Expansão trouxe consigo novos desafios construtivos. Depois da conquista de Ceuta em 1415, Portugal começa a exportar materiais e mão-de-obra para os castelos, feitorias e cidades que se edificam ao longo da costa africana aplicando o saber acumulado com a cabotagem "doméstica". Destes "exploits" construtivos, são paradigmas iniciais as fortalezas de Mazagão (e as suas cisternas) e o Castelo da Mina, construídos em parte com cal e pedra portuguesa. Essa exportação de tecnologia construtiva estendeu-se mais tarde ao Brasil e à Ásia. Recordemos exemplos mais tardios, como a rede de fortalezas do Brasil destinadas à luta pelo espaço definido por sucessivos tratados de demarcação territorial entre Portugal e Espanha. Empresas construtivas sistemáticas e monumentais aplicadas também no continente numa primeira fase à luz dos conhecimentos mais avançados da "fortificação moderna" de tratadistas espanhóis e italianos, sob iniciativa filipina, nas cidades e na defesa da costa. Posteriormente, nas linhas de defesa da fronteira do interior, já no período de predomínio das teorias francesas de Vauban e de outros autores holandeses e alemães.

É exactamente a variedade de culturas, materiais, técnicas e condições climáticas encontradas pelos portugueses nas regiões descobertas e colonizadas que constitui um dos capítulos mais interessantes da História da Construção em Portugal. Outros países europeus tiveram igualmente períodos da sua história igualmente ricos de influências exteriores no que toca a arte de construir. No caso português, a variedade de situações dignas de estudo são múltiplas e requerem sobretudo a avaliação dos modos de construir que exportámos, que importámos e que adaptámos no território que actualmente é Portugal e nos territórios de influência portuguesa. A divulgação de espécies exóticas de madeiras na Europa, as primeiras representações de certas espécies de fauna e flora em elementos arquitectónicos, a suposta influência oriental das técnicas de construção de telhados de tesouro em Tavira ou até mais recentemente, no final do século XIX a importação de interpretações de construções victorianas de desinência revivalista ao gosto brasileiro, com os emigrantes regressados a Portugal, são apenas alguns casos ilustrativos. Inversamente, poderia falar-se da implantação no Brasil de muitas das técnicas construtivas hoje denominadas tradicionais: a taipa de mão, a azulejaria, a carpintaria de armar, a cantaria, etc.

Fig. 1.2 – Frontispício do tratado de Luís Serrão Pimentel publicado em Lisboa em 1680.

A afirmação do poder absolutista implicou igualmente o empreendimento de programas construtivos importantes nas zonas da expansão e em particular em Portugal, dignos de nota não só pelo elevado volume de materiais e de mão-de-obra utilizados como também pela dificuldade técnica envolvida. No primeiro caso e na primeira metade do século XVIII, é importante recordar os (estimados) 30.000 operários e 7.000 soldados ocupados em manter a ordem dos trabalhos da Igreja-Convento-Palácio de Mafra (1ª pedra em 1717, sagrada em 1730). Falando de dificuldade técnica de execução, refira-se o Arco Grande ogival do Aqueduto das Águas Livres (1731) em Lisboa com 296 palmos (65 metros) de altura e 131 palmos de (21 metros) de vão ou ainda os 75 metros da Torre dos Clérigos no Porto, cuja primeira pedra foi colocada em 1732.

A adversidade de 1755, constituiu uma nova prova à capacidade técnica construtiva portuguesa. A solução complexa encontrada na reconstrução de Lisboa traduziu-se na realização de uma das primeiras cidades modernas do ocidente.

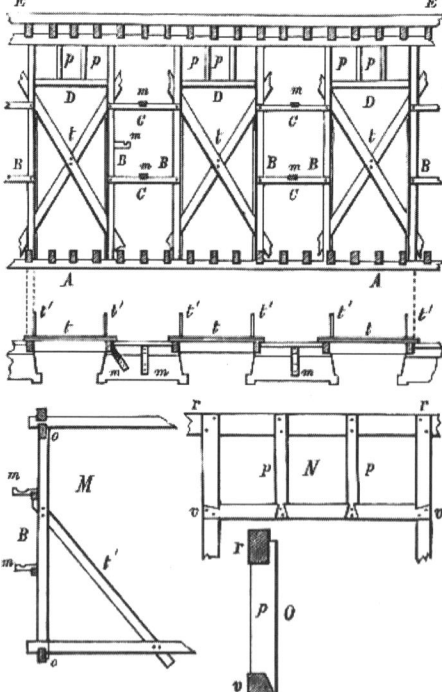

Fig. 1.3 – Representação de uma gaiola "empregada nos muros mixtos das edificações de Lisboa" do *Curso Elementar de Construções* de Luís Augusto Leitão, 1896.

Do ponto de vista tecnológico esteve directamente relacionada com a construção mista de madeira e alvenaria, a normalização das dimensões de elementos estruturais e secundários, a utilização em larga escala de prefabricação de elementos construtivos, a definição da largura das ruas e a limitação da cércea dos edifícios tendo em atenção uma hipotética situação de colapso das fachadas, a perequação da propriedade, a utilização sistemática de paredes corta-fogo, ou ainda com um sistema racional de recolha e condução de esgotos. Iniciativas que colocaram Portugal numa posição precursora no modo de construir novas cidades.

Fig. 1.4 – Imagem do frontispício das Memórias da Real Academia das Ciências de Lisboa, 1812.

Ao longo do século XIX, a Construção em Portugal passa a ser marcada por grandes transformações. Apesar do lento processo de mecanização da produção, as melhorias dos fornos de cal e de tijolo contribuíram para o estabelecimento da produção industrial dos materiais primários. No campo dos materiais metálicos, iniciativas (apesar de terem tido pouca duração) como o alto forno da Iron & Coal Company de Pedernais, constituíram pontos de partida para as profundas alterações provocadas com a implementação dos caminhos-de-ferro.

Depois da fundação em 1845, da Companhia de Obras Públicas, e na fase de construção das vias fundamentais, as ferrovias empregaram residentes das zonas que as novas linhas iam atravessando. O caminho-de-ferro substituiu também em muitos casos, o tradicional transporte viário e fluvial de pessoas e mercadorias, eliminando muitas das suas actividades subsidiárias e produtivas (Pina 2003: 397-414). Um pouco por todo o país, a construção das novas linhas férreas exigiu por outro lado, a criação de quartéis de operários que contribuíram para a posterior fixação de povoados junto das novas estações. Observou-se um incremento da exploração mineira e do escoamento de matérias-primas (Oliveira 2005:307-320).

FIG. 1.5 – Ponte D. Luís I sobre o Rio Douro no Porto (1881-1887), de François Gustave Théophile Seyrig (Ed. Petracchi & Notermann).

Das consequências destas transformações no sector da Construção, o complexo industrial da Pampilhosa do Botão constituiu um bom exemplo. Situada na confluência (Entroncamento) da linhas Lisboa-Porto e Figueira da Foz-Vilar Formoso, tratava-se de uma zona rica em barreiros naturais e exploração florestal. Com os caminhos-de-ferro tornou-se rapidamente num importante centro de produção de materiais de construção num período largo que mediou entre a fundação da filial da Companhia Cerâmica das Devesas do Porto em 1886 e a abertura da Fábrica de Produtos Químicos e Resinosos, em 1923.

Com a construção ferroviária, as proezas técnicas sucederam-se nas pontes metálicas e de alvenaria. Os engenheiros inicialmente estrangeiros foram substituídos gradualmente por portugueses formados nos recém-criados cursos superiores da Escola do Exército (1837) e da Academia Politécnica do Porto (1836-1911), enquadrados em parte no Corpo de Engenheiros Civis e Auxiliares (1864-1868).

O ciclo da edificação em ferro e vidro afirmou-se com a inauguração do Palácio de Cristal no Porto (1865), hoje desaparecido. O ferro passou a ser usado em naves industriais, em túneis e estações ferroviárias como a do Rossio em Lisboa, em 1890. Seguiu-se a introdução do cimento Portland com as primeiras importações do estrangeiro a partir de 1867. A produção nacional arrancou verdadeiramente a partir de 1894, com a abertura dos fornos verticais da fábrica da Companhia do Cimento Tejo em Alhandra e da fábrica da Rasca, na zona de Setúbal. A primeira construção em betão armado portuguesa terá sido executada em 1896 com o sistema Hennebique, na reconstrução de uma fábrica de moagem no Caramujo. Em 1904, foram criadas as primeiras regulamentações da utilização do cimento Portland e o primeiro regulamento nacional, por decreto de 1918.

Com estas mudanças, os novos materiais de produção industrial alteraram definitivamente a actividade da construção em Portugal. A Direcção dos Estudos e Ensaios de Materiais de Construção em Lisboa (1886-1898), o Laboratório de Resistência dos Materiais da Universidade do Porto (1910) e mais tarde o Laboratório Nacional de Engenharia Civil (1946) foram colocados desde a sua criação ao serviço das grandes obras públicas. O Estado Novo passa a construir em grande escala os novos bairros de habitação colectiva, as primeiras barragens destinadas à produção de energia eléctrica (Póvoa, Ribeira de Nisa, 1928), pontes sobretudo no Norte, os portos de Leixões, de Aveiro, de Lisboa e de Sines, os estaleiros navais da Margueira (1967) e da Mitrena (1973), a rede eléctrica nacional e a rede rodoviária nacional, para citar algumas realizações mais importantes. A partir dos anos 1950, os elementos pré-fabricados, as tintas plásticas, o alumínio, o aço inoxidável, o vidro temperado e uma inúmera variedade de materiais plásticos invadiram o mercado da construção. Maceira Lis, Secil, Companhia Portuguesa de Fornos Eléctricos, Siderurgia Nacional, Sacor, Solvay, ou Covina foram algumas das empresas responsáveis pela consolidação destas transformações radicais.

Grandes estruturas nervuradas em betão como o Pavilhão Rosa Mota do Porto, a grande ponte pênsil sobre o Tejo, pontes de tirantes de última geração, cascas em betão como o Pavilhão de Portugal no Parque Expo 1998 de Lisboa. Tenso estruturas e grandes estruturas articuladas em aço como as realizadas para os estádios do Euro 2004 constituem realizações recentes que universidades e indústria colocam em prática de forma sempre mais arrojada em projectos como os Aeroportos do Funchal e de Macau, a barragem do Alqueva, as novas pontes Vasco da Gama e da Lezíria sobre o Tejo, a ponte S. João sobre o Douro ou ainda Igreja da Santíssima Trindade de Fátima. Eis pois uma rápida (muito rápida) revisitação da actividade construtiva portuguesa.

Esta curta viagem, em particular a aceleração vertiginosa do século XX, desperta um número vasto perguntas no que toca à maneira como ocorreram todas estas transformações no modo de construir. Perguntas às quais outras disciplinas têm, com objectivos diferentes, respondido em parte: História da Arquitectura, História da Arte, História Económica, Urbana e Social, Arqueologia, Arqueologia Industrial, História das Ciências, da Indústria e das Técnicas, História do Direito. Conhecimentos que poderão obter uma leitura integrada no âmbito da História da Construção. Para compreender o interesse desta inter-relação é, no entanto, necessário abordar a especificidade dos nossos processos de ruptura com a herança construtiva do longo ciclo da cal, que se tinha conservado até então.

Ao contrário de outros países onde a revolução industrial implicou desde cedo um forte impacto territorial com eliminação de muitas práticas tradicionais e manuais, a construção vernácula das nossas aldeias e vilas, acumulada e melhorada ao longo de séculos na sua adaptação aos materiais locais e às condições climáticas, caracterizou por mais tempo grande parte da nossa paisagem, antes do novo ciclo do cimento se tornar omnipresente. "Se a cal abunda, a povoação emerge alva e vivaz, como no Algarve, se falta, dilue-se, confusa e esparsa, por entre a vegetação sombria (Trás-os-Montes, Beira)", dizia Rocha Peixoto.

No início do século XX, Portugal conservava, nas palavras de Raúl Lino, "essas encantadoras casas antigas que ainda se mantinham até dentro das portas das nossas primeiras cidades... sempre alegres na sua variada caiação... que está para as casas como o fresco tecido de linho para a mesa das refeições, serve aos ricos, serve a todos... Abençoado o uso da cal... onde o acaso ou o instinto dos alvenéis justapõe as mais finas cambiantes dos amarelos claros e dos rosas numa tonalidade que lembra o aspecto apetitoso de alperces maduros" (Lino 1933, 105-109). Paralelamente, as costas portuguesas permaneciam ainda semeadas de sobrados e palheiros de tabuado construídos sobre estacas altas, sobrelevados nas zonas alagadiças e nas praias, habitações das populações piscatórias, da apanha do moliço e do sargaço (Rocha Peixoto 1899).

Fig. 1.6 – "Palheiro isolado com dois acessos" in *Palheiros do Litoral*, de Rocha Peixoto, 1899.

Este património construído de madeira e de alvenarias de cal foi perdendo com o tempo sustentabilidade, porque não tanto os materiais mas as pessoas que se encarregavam da sua manutenção, conhecedoras das técnicas construtivas tradicionais, foram desaparecendo com as ofertas de melhor remuneração nas novas indústrias. Até essa época, a manutenção da maioria desses testemunhos de tradições construtivas seculares era garantida por um espectro importante de profissões que faziam parte integrante do tecido social português, organizados segundo as hierarquias de mestres e oficiais, aprendizes e moços e coordenados pelos vedores e condutores das obras, por empreiteiros e fabricadores. A título ilustrativo, è possível enunciar aqui alguns desses ofícios, misteres, artes fabris ou mecânicas capazes de nos transportar a práticas já há muito desaparecidas, muitas vezes não presentes nos nossos dicionários e realizadas hoje por uma minoria especializada: riscadores, traçadores, maquetistas, modeladores, alinhadores, delineadores, medidores, orçadores, canteiros, desbastadores, ponteadores, aparelhadores, escultores, cinzeladores, moldadores, alimpadores, alisadores, brunidores, polidores, cabouqueiros, carpinteiros de casas (por distinção dos carpinteiros de naus), serradores, valadores, tijoleiros, alvanéis, pedreiros, pedreiros-de-mão-cheia, trolhas, adobeiros, taipeiros, cucharros, telheiros, ladrilheiros, amassadores, atiçadores, ladrilhadores, lageadores, engessadores, formadores, estucadores, guarnecedores, escaioladores, relevadores, ornadores, azulejadores, vidreiros, marceneiros, marcheteiros, caleiros, branqueadores, pinceleiros, pintores, moedores, temperadores, douradores, entalhadores, sambladores, chumbeiros, serralheiros e ferreiros (Assis Rodrigues 1875).

Uma lista à qual se deve juntar a força de trabalho indiferenciada de braceiros, obreiros, carreteiros, mancebos, jornaleiros e trolhas. Destas profissões algumas sobreviveram à primeira fase da industrialização, outras desapareceram e novas foram criadas, caso dos electricistas, canalizadores, mecânicos, maquinistas, soldadores. Em face deste mundo em parte desaparecido e situando-nos nas actividades da construção dos nossos dias, é possível perguntar o que tem a ver, por exemplo, um estucador ou um guarnecedor de tectos de masseira de outrora com um operador de hoje ocupado em instalar tectos falsos de gesso cartonado?

Pelo que se acaba de descrever é fácil compreender o interesse da História da Construção em estudar melhor a História da Organização do Trabalho ao nível das confrarias, dos hospitais e das irmandades de ofícios, assim como das condições sociais do grande número de profissões associadas aos vários âmbitos construtivos. Algumas trabalhos fundamentais vêm sendo realizados nesta área como os de Saúl Gomes, Luís Duarte, Arnaldo Melo, Amado Mendes ou Madureira Fernandes. Um estudo que vai de par com o da evolução do conhecimento técnico dos engenheiros e arquitectos (tomando como partida obras como a de Sousa Viterbo e no muito trabalho já realizado na história do urbanismo em Portugal) e os conteúdos do ensino da Arquitectura e da Engenharia, mas também com a análise do impacto social da criação dos primeiros corpos militares, academias, escolas militares, institutos politécnicos e universidades.

Temas como a Arte do Traço, a Estereotomia, o Desenho, as formas de cálculo das abóbadas, a hidráulica monástica, relações entre pensamento e projecto, similitudes e diferenças entre a arte de construir naval e a arte de construir arquitectónica, ordenanças e posturas construtivas municipais, construções associadas à extracção mineira são outras tantas vertentes que vêm merecendo a atenção de várias disciplinas em Portugal e que podem ser reunidas na História da Construção.

Fig. 1.7 – A ponte de Vila Franca sobre o Tejo, *ca.* 1960. (Jorge H. de Sanches Osório).

Relativamente a períodos mais recentes e relacionados sobretudo com o período industrial, refira-se a pertinência do estudo da evolução do cálculo e do projecto de edifícios e pontes, estruturas ligeiras, patentes, materiais e estruturas pré-fabricadas, normalização, tecnologias ambientais (luminotecnia, acústica, térmica). Tem-se feito bastante sobre os métodos da construção em terra, sobre as técnicas azulejares, sobre sistemas construtivos tradicionais em alvenaria (Mateus 2001) e em madeira (Cóias 2000). Todos estes estudos, analisados do ponto de vista da História da Construção constituem uma base fundamental para estruturar e abrir caminhos para novas linhas de investigação.

Gostaria antes de terminar, de introduzir duas reflexões que creio úteis à continuidade do que se discutiu na I Conferência sobre a História da Construção em Portugal, destinada apenas a estabelecer alguns alinhamentos e a abrir caboucos para a fundação da disciplina no nosso país.

A primeira tem a ver com a constatação de que os temas abordados por esta disciplina são naturalmente vastos e necessitarão de fóruns e de reuniões científicas que poderão ocupar gerações de investigadores.

Construtura 2011. Porque não o nome a dar ao primeiro congresso nacional sobre História da Construção. Uma ideia que gostaria de lançar e que espero ver consolidada com um consenso futuro alargado.

A segunda e última, está relacionada com a definição de Língua e a sua similitude com a herança da Arte de Construir. As formas de construir que se perdem são visões do mundo que desaparecem. Compreender e estudar essas formas de construir assim como a génese e o desenvolvimento das que usamos hoje, ajudar-nos-á certamente a conhecermos melhor o que fomos e o que somos.

BIBLIOGRAFIA

Assis Rodrigues, Francisco de (1875), *Diccionário Technico e Historico de Pintura, Esculptura, Architectura e Gravura*, Lisboa: Imprensa Nacional.

Baganha, Maria Ioannis; Marques, José Carlos; Góis, Pedro (2001), *O Sector da Construção Civil e Obras Públicas em Portugal: 1990-2000*, Coimbra: Oficina do CES, n. 173.

Brito, José Maria Brandão, Heitor, Manuel, Rollo, Maria Fernanda (coord.) (2002), *Engenho e Obra. Uma abordagem à história da Engenharia em Portugal no século XX*, Lisboa: Instituto Superior Técnico, Publicações Dom Quixote.

Cardoso, João Luís Serrão da C. (1986), *Aproveitamentos hidráulicos romanos a Sul do Tejo*, Lisboa.

Duarte, Luís Miguel (1995). A actividade mineira em Portugal durante a Idade Média (tentativa de síntese), in *Revista da Faculdade Letras / História*, II Série, N. 12, pp. 75--111.

Gomes, Saúl António (1993). "Les ouvriers du bâtiment à Batalha" in *L'Artisan dans la Péninsule Ibérique. RAZO Cahiers du Centre d'Études Médiévales de Nice*, nº 14, pp. 33-51.

Leite de Vasconcelos, J. (1884), *Dicionário da Chorographia de Portugal*, Porto: Livraria Portuense de Clavel.

Lino, Raúl (1933), *Casas Portuguesas – alguns apontamentos sobre o arquitectar das casas simples*, Lisboa: Valentim de Carvalho.

Mateus, João Mascarenhas. "Technical literature from the Enlightenment to the Portland Cement Era: its contribution to the knowledge of masonry buildings and the history of construction" in Huerta Santiago (org.), *Ist International Congress on Construction History Proceedings*, Vol. III, Madrid, Instituto Juan de Herrera, pp. 1389-1403.

Melo, Arnaldo Rui A. de Sousa (2009), *Produção em Portugal na Idade Média: O Porto, c. 1320 – c. 1415*, Tese de Doutoramento, Universidade do Minho, Instituto de Ciências Sociais da Universidade do Minho e École des Hautes Études en Sciences Sociales de Paris.

Moreira, Rafael (1995). "Arquitectura: Renascimento e Classicismo" in Pereira Paulo (ed.), *História da Arte Portuguesa*. Lisboa: Círculo de Leitores, vol. II, p. 303-375.

Loio, Duarte Sampaio (1996), "Companhia Portuguesa de Fornos Eléctricos". *Análise Social – Revista do Instituto de Ciências Sociais da Universidade de Lisboa*, Vol. XXXI, 136--137, (2º-3º), pp. 545-577.

Neves, J. da P. Castanheira (1892). "Estudo sobre algumas caes hydraulicas e magnesianas nacionaes". *Revista de Obras Publicas e Minas*, Julho e Setembro, pp. 282-286.

Oliveira, Catarina (2005). "Entroncamento de minas, caminhos-de-ferro e escola". *Episteme*, Porto Alegre, n. 20, Supl. Especial, Jan-Jun, pp. 307-320.

Pina, Maria Helena Mesquita (2003). "Alguns reflexos da implantação do caminho de ferro no Alto Douro no final do século XIX". *Revista da Faculdade de Letras do Porto*, I série, vol. XIX, Porto, pp. 397-414.

PORTELA, Ana Margarida; QUEIROZ, Francisco (2008). "A Fábrica das Devesas e o Património Industrial Cerâmico de Vila Nova de Gaia". Famalicão: separata de *Arqueologia Industrial*, 4ª Série, Vol. IV, nº 1-2, 47 páginas.

RIBEIRO, Orlando (1961), *Geografia e Civilização*, Lisboa: Livros Horizonte.

ROCHA PEIXOTO, António Augusto (1899), *Etnografia Portuguesa, Habitação – os Palheiros do Litoral*, Porto: Imprensa Moderna.

SALAVESSA, Maria Eunice da Costa (2005). "Arquitectura vernácula y popular duriense" in *Actas del Congreso Internacional sobre Arquitectura Vernácula, Carmona, 26-28 octubre*. Sevilla: Universidad Pablo de Olavide.

SEGURADO, João Emílio dos Santos (c. 1918), *Cimento Armado*, Lisboa, Aillaud e Bertrand.

TELLES, António Augusto Duval (1904). "Caderno de encargos para o fornecimento de cimento destinado às obras do campo entrincheirado de Lisboa em 1904" *Revista de Engenharia Militar*, Janeiro/Fevereiro 1904, pp. 88-95.

TOSTÕES, Ana (2003), *Construção moderna: as grandes mudanças do século XX* (http://in3.dem.ist.utl.pt/msc_04history/aula_5_b.pdf)

VITERBO, Francisco de Sousa, *Dicionário Histórico e Documental dos Arquitectos, Engenheiros e Construtores Portugueses ou ao serviço de Portugal*, 1889-1904-1922.

HISTORIA DE LA CONSTRUCCIÓN:
LA FUNDACIÓN DE UNA DISCIPLINA

Santiago Huerta (ETSAM – UPM)

En los dos últimos decenios la Historia de la Construcción ha empezado a conformarse como una disciplina independiente. Por un lado, el número de artículos, tesis y libros que podrían ser adscritos a este campo ha crecido de manera exponencial. Por otro, se han celebrado con notable éxito siete congresos nacionales (seis en España y uno en Francia) y tres congresos internacionales. No obstante, la situación dista mucho de ser la que corresponde a una disciplina ya reconocida, como por ejemplo la Historia del Arte o la Historia de la Ciencia. No hay todavía departamentos ni cátedras universitarias y en las bases de datos de referencia no aparece como un descriptor común. Esto último no es sorprendente; refleja la inercia del mundo académico a aceptar nuevas disciplinas. El mayor real en la fase de formación de una disciplina es que ésta se malogre; que la Historia de la Construcción, debido a su éxito, sea utilizada para otros fines, se diluya, y finalmente pierda relevancia quedando relegada a un lugar secundario, en el mejor de los casos, de ciencia auxiliar. Así ha ocurrido, por ejemplo, con la Historia de la Técnica tras un período muy prometedor en los decenios de 1960 y 1970 (véase, por ej., Hall 2000).

En lo que sigue discutiré la situación actual de la disciplina. En primer lugar, intentaré definir con la menor ambigüedad posible su campo y sus objetivos, e identificaré alguno de los peligros que hoy la acechan. Después, realizaré una breve revisión histórica de sus orígenes hasta la actualidad. En tercer lugar, discutiré el problema de cómo enseñar la Historia de la Construcción. Finalmente, enumeraré las acciones que deberían acometerse para consolidar en el próximo decenio, de manera definitiva, esta disciplina.

¿Qué es la Historia de la Construcción?

La Historia de la Construcción es el estudio cronológico de las técnicas aplicadas a la construcción de obras de arquitectura e ingeniería civil. Hay dos aspectos: la *historia* y la *construcción*. Es el segundo el principal, el que define el campo de estudio. El diccionario de María Moliner define construir, en la acepción que nos interesa, como "hacer una cosa juntando los elementos necesarios". La definición puede parecer trivial y, sin embargo, contiene los elementos esenciales. La construcción va dirigida a un fin práctico: se construye una casa, una iglesia, un puente, una presa, etc. La buena construcción es, pues, un "arte" (del latín *ars*, "habilidad talento"; en el M. M., "Manera como se hace o debe hacerse una cosa"): el arte de construir, de juntar los elementos necesarios al fin que se persigue: erigir una construcción útil, duradera y bella. En las distintas épocas, los distintos pueblos han dado respuestas diferentes a la manera de hacer construcciones. Han variado los materiales, los conocimientos, las condiciones sociales y las ideas. Antes de una construcción debe haber un proyecto. El constructor nunca se ha aventurado a empezar una obra sin una planificación previa, sin un proyecto. De nuevo, el diccionario de M. M. nos da una definición iluminadora: "Proyecto. Idea de algo que se quiere hacer y de *cómo hacerlo*" (la cursiva es mía). La construcción es el *cómo hacerlo*: este es el centro de nuestra disciplina. La idea, el por qué se quiere hacer ese algo, forma parte de otras disciplinas (la historia del arte o de la arquitectura; en último término, la historia de las ideas).

La Historia de la Construcción no entra, pues, en competencia con otras disciplinas ya consolidadas como la historia del arte y de la arquitectura, o la arqueología. El historiador de la arquitectura se preocupa más por las ideas del proyecto y cómo se plasman en formas. El arqueólogo reúne minuciosamente los datos que serán después podrán ser interpretados en un contexto más amplio. Por supuesto, muchas otras disciplinas participan del estudio de la actividad constructiva. La construcción está de tal manera trabada con la estructura social que es imposible separarla de ésta sin mutilarla; la sociología, la historia económica, la antropología, etc., aportan datos que pueden, en su caso, ser claves. Pero el núcleo es la técnica, el arte de construir, y su desarrollo a lo largo de la historia. Este carácter no puede obviarse ni perderse vista, pues se corre el riesgo de la desintegración de la propia disciplina.

Una disciplina que nace es muy vulnerable. Carece de una estructura que la proteja. Por otra parte, es un campo muy atractivo para los miembros de otras disciplinas que ven en ella un campo virgen, lleno de posibilidades, y, también hay que decirlo, donde hay muchas menos trabas para publicar. Cuando una disciplina nace el nivel de exigencia es necesariamente bajo: se sabe poco y se carece de una organización de los conocimientos que facilite la revisión y la crítica. George Sarton (1884-1956), que tuvo un papel decisivo en la formación de la Historia de la Ciencia (Garfield 1992), advertía ya de los peligros a que está expuesta una disciplina que nace. Comentaremos en lo que sigue algunos de ellos (Sarton 1952).

Fig. 2.1 – George Sarton, el fundador de la Historia de la Ciencia y la portada del primer número de *Isis* (1913).

El primero es que no se pide nada, o casi nada, para impartir una clase o conferencia sobre Historia de la Construcción. Para disertar sobre la pintura de Miguel Ángel en una universidad prestigiosa hay que ser un académico o un profesor de historia del arte de reconocido prestigio; en la misma universidad, la tarea de impartir una conferencia de Historia de la Construcción se encomienda hoy a cualquiera profesor que haya manifestado alguna vez algo más que un interés difuso por la disciplina. En los años 1940, Sarton se lamentaba de este tipo de situaciones, treinta años después de la publicación de la primera revista de historia de la ciencia (*Isis*: vol. 1, 1913) y cuando ya había algunas cátedras reconocidas. Sarton describe la misma situación en el contexto de la Historia del Arte y de la Historia de la Religión hacia finales del siglo XIX.

El segundo gran peligro de una disciplina naciente es el "amateurismo". En los inicios los primeros investigadores son, necesariamente, amateurs llenos de entusiasmo. Pero este entusiasmo inicial puede tener un efecto negativo si no se modera. Para explicarlo Sarton citaba una frase de Voltaire: "(Señor, líbrame de mis amigos; de mis enemigos ya me encargaré yo!". Hay un buen número de entusiastas de la Historia de la Construcción que, sin embargo, consideran que no es preciso estudiarla. Su amor genuino por la disciplina hace que acepten sin crítica cualquier contribución nueva que aparece; su ignorancia de lo publicado les hace creer que cualquier ocurrencia supone un avance en el conocimiento.

Otro malentendido consiste en considerar como Historia de la Construcción cualquier historia particular sobre alguna de las actividades que intervienen en ella. Las historias particulares preceden siempre a la historia general de la disciplina. Antes de empezar a crearse la Historia de la Ciencia, se habían publicado libros de historia de la Química, de la Física, de las Matemáticas, etc. Por otra parte, muchos manuales comenzaban con una introducción histórica. Citando de nuevo a Sarton (1952): "La Historia de la Ciencia es mucho más que la yuxtaposición de todas las historias de las ciencias particulares, puesto que su principal función es explicar la interrelación entre todas ellas". Lo mismo puede decirse sobre la Historia de la Construcción. La simple suma de los conocimientos aportados sobre la historia de la carpintería, de la estereotomía, del dibujo y la traza, de la geometría práctica, de los medios de elevación, etc., no conduce a la comprensión del complejo procedimiento de proyectar y construir una simple bóveda gótica. La función principal de la Historia de la Construcción es, precisamente, exponer la relación entre todas esas actividades. Así como para dibujar hay que moverse para captar distintas vistas del objeto y entender su forma, el Historiador de la Construcción no puede permanecer en un punto quieto, sin correr el riesgo de adquirir una visión distorsionada del objeto de estudio.

Finalmente, la Historia de la Construcción no es una ciencia auxiliar al servicio de la Restauración del Patrimonio. Si bien es cierto que existe una relación entre ambas disciplinas, los objetivos son distintos: el historiador de la construcción estudia el edificio en cuestión con vistas a ampliar su conocimiento general sobre las técnicas de construcción; el restaurador quiere realizar la intervención más adecuada sobre el edificio en cuestión, y las cuestiones generales sobre la historia de la construcción, son simplemente una información más entre las muchas que debe tener en cuenta al redactar su proyecto. La historia de la construcción es una disciplina por derecho propio y, como tal, tiene interés per se, y no en función de su utilidad. Por supuesto, no parece sensato intervenir en algo (sea un edificio, el motor de un coche o un reloj) sin conocer bien su funcionamiento y el avance de la historia de la construcción se deberá traducir en una mejora en la restauración de monumentos.

Breve resumen del desarrollo de la Historia de la Construcción
El interés por las técnicas de construcción de épocas anteriores no es nuevo. Vitruvio cita en su tratado fuentes griegas, y en el Renacimiento, Brunelleschi realizó un detenido estudio de las ruinas romanas. Quizá su atención se centró más en los órdenes y las proporciones, pero Vasari es explícito en cuanto al interés de Brunelleschi por la construcción (Murray 1972). Alberti, al describir la construcción de muros está explicando en buena parte la construcción romana, con sus cadenas de ladrillo embebidas en la fábrica. Por otra parte, la interpretación correcta del texto de Vitruvio precisa de un estudio de las ruinas romanas. Esto no se hizo en las primeras ediciones, pero ya aparece en el tratado de Rusconi (1660) en cuyos dibujos se muestra con claridad, por primera vez, la estructura estratificada, consecuencia de su construcción in situ, del hormigón romano (Fig. 2.2). No se trata de una copia del natural, son dibujos analíticos que hacen visible la estructura interna del material.

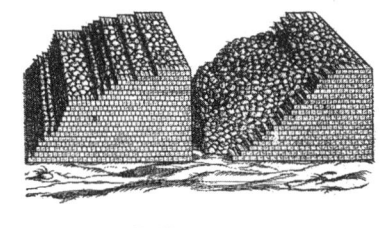

Fig. 2.2 – Interpretación del texto de Vitruvio sobre la construcción de murallas y muros romanos (Rusconi 1660).

Los primeros estudios técnicos se realizaron a mediados del siglo XVIII. Ziegler y Winckelmann, por ejemplo, mostraron su interés por la resistencia de los morteros de la antigüedad (Giedion 1971). Pero es Piranesi (Fig. 2.3) quien, a través de sus dibujos, demuestra haber realizado un estudio profundo de la construcción. Por supuesto, en sus láminas hay una mezcla de documentación e invención, pero la invención, la formulación de hipótesis, las equivocaciones, son inevitables, forman parte esencial de la elaboración de cualquier teoría (Popper 1962). A principios del siglo XIX, el tratado monumental de Rondelet (primera edición, 1802-1810) refleja ya la consolidación del interés por la construcción de épocas anteriores, con mayor énfasis, pero no exclusivo, en la antigüedad greco-romana. Al lado de monografías sobre los grandes monumentos del pasado clásico (el Panteón de Roma, San Vitale de Rávena, Santa Maria del Fiore de Florencia, San Pedro de Roma) se incluyen planos y se realizan comparaciones con edificios góticos, Fig. 2.4.

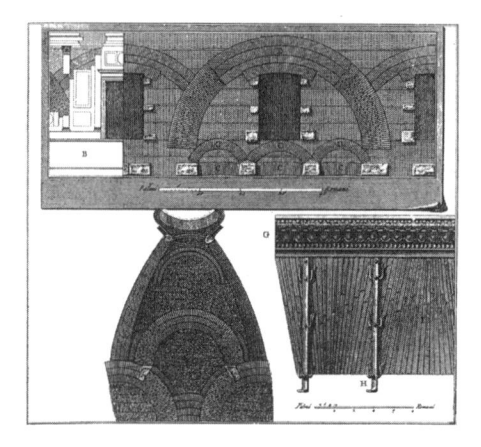

Fig. 2.3 – Láminas de Piranesi sobre la construcción romana.

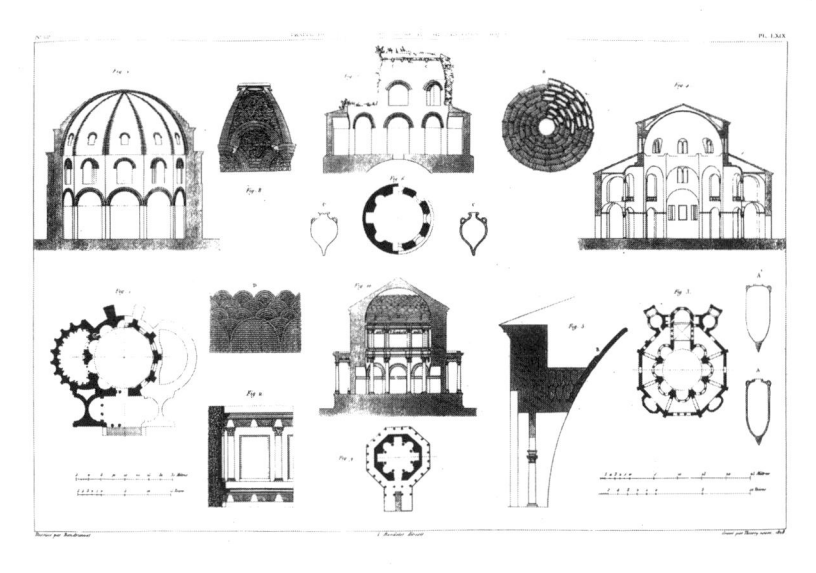

FIG. 2.4 – Lámina de Rondelet sobre la construcción de diversos edificios de la Antigüedad: el Templo de Minerva Médica, el Mausoleo de Diocleciano en Spalato y San Vitale en Rávena, entre otros (Rondelet 1834-1848).

Pero, curiosamente, no es en el ámbito de la arquitectura clásica donde nacen los primeros estudios rigurosos. Éstos surgen en el contexto del nacimiento del interés por la arquitectura gótica en la primera mitad del siglo XIX (quizá la ausencia de estudios previos o documentos originales dio mayor libertad a los estudiosos). Robert Willis fue el primero en realizar un estudio científico y riguroso de la construcción gótica. Su memoria sobre la construcción y geometría de las bóvedas góticas publicada en 1842 todavía no ha sido superada y mostró el camino a seguir; por otra parte, sus "architectural notes" de las catedrales inglesas (de las que escribió cerca de una veintena) constituyen un modelo en su género (Fig. 2.5 (a)). En Francia, en el mismo decenio, casi al mismo tiempo, Viollet-le-Duc comenzaba su estudio enciclopédico sobre la construcción gótica con la publicación de una serie de artículos en los *Annales archéologiques* (1844-1846), Fig. 2.5 (b). Finalmente, sus estudios culminaron con la publicación de los diez volúmenes de su *Dictionnaire raisonnée de l'architecture française du XIe au XVIe siécle* (1854-1868); esta obra contribuyó de manera extraordinaria a difundir los nuevos estudios. En Alemania, G.-G. Ungewitter (1859) realizó una tarea similar, con el objetivo de producir un auténtico manual de construcción gótica para uso de los arquitectos.

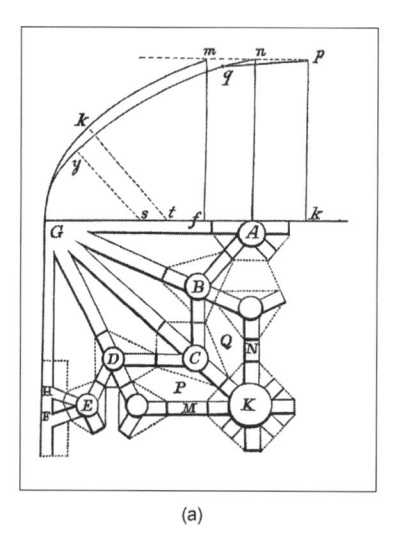

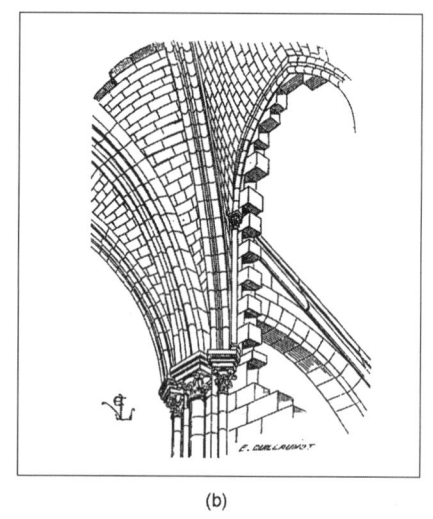

Fig. 2.5 – Primeros estudios analíticos de la construcción gótica:
(a) Robert Willis (1843); (b) Viollet-le-Duc (1846).

Sin embargo, las obras citadas eran estudios particulares y no pretendían construir una explicación de la construcción del pasado. Fue el ingeniero francés Auguste Choisy (Fig. 2.6 (b)) quien se propuso esa meta y a ella dedicó su vida. El primer párrafo de su primer libro sobre la construcción romana (1873), Fig. 2.6 (b), es elocuente: "Les édifices de l'antiquité ont été bien de fois décrits au point de vue de l'architecture, mais les détails de leur construction sont encore très-vaguement connus". Este libro fue seguido por otros sobre la construcción en Bizancio (1883), la construcción griega en base a estudios epigráficos (1884) y la construcción en Egipto (1904). Su monumental *Histoire de l'architecture* (1899) trata la arquitectura en su conjunto, pero con un énfasis en la construcción y en la racionalidad constructiva de la evolución de las formas. Finalmente en su *Vitruve* (1909), junto a una cuidadosa edición del texto original latino, reordenó su contenido realizando un índice nuevo, en base a la lógica de la construcción y acompañando este texto analítico de láminas explicativas realizadas con un cuidado extraordinario. Así, pues, Auguste Choisy puede ser considerado, con toda justicia, como el padre de la Historia de la Construcción. Sin embargo, encontraste con Viollet-le-Duc, su obra sufre hoy un injusto olvido (Girón y Huerta 2009).

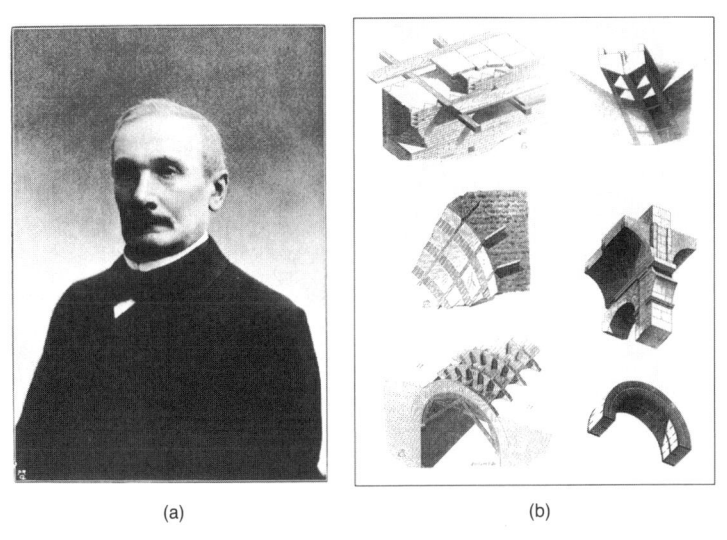

FIG. 2.6 – (a) Auguste Choisy (1841-1909), fundador de la Historia de la Construcción; (b) Diversos detalles de la construcción romana (Choisy 1873).

Otros autores siguieron el enfoque de Willis, Viollet-le-Duc y Choisy. En centroeuropa fue fundamental el trabajo del arquitecto alemán Josef Durm que escribió excelentes monografías sobre la construcción griega, romana y del Renacimiento (1881, 1885 y 1905, respectivamente, y ediciones sucesivas). En 1890 Mohrmann publicó una extensa revisión del manual de construcción gótica de Ungewitter, empleando por primera vez el análisis estructural como parte del método de estudio, Fig. 2.7. Las adiciones de Mohrmann forman, todavía hoy, el análisis estructural más completo de la arquitectura gótica; su enfoque del equilibrio, principalmente a través de métodos gráficos, ha sido validado por la moderna teoría de estructuras (Heyman 1966, 1995). A comienzos del siglo XX numerosos manuales de construcción incluían descripciones de edificios históricos y explicaciones de los métodos constructivos del pasado (por ej. Warth 1903, Esselborn 1913-1920).

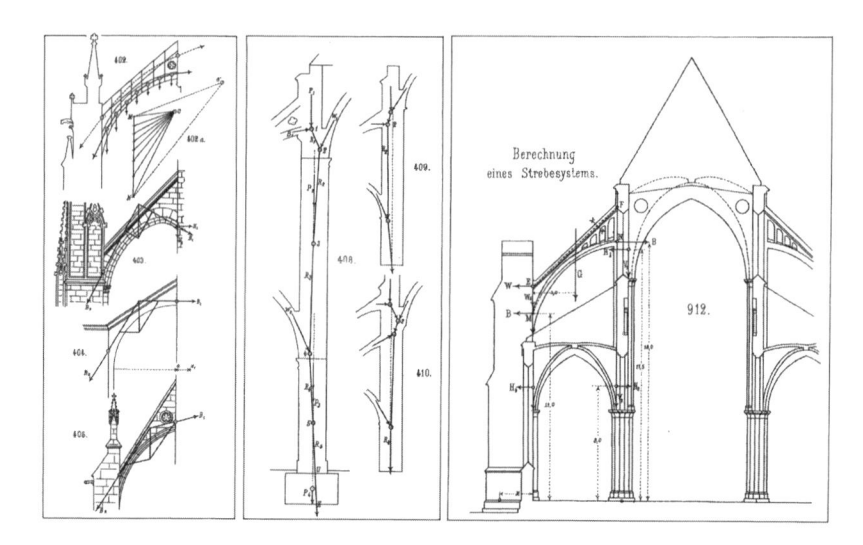

Fig. 2.7 – Aplicación del análisis estático de equilibrio al estudio
de la construcción gótica por Karl Mohrmann. Selección de ilustraciones
(Ungewitter, Mohrmann 1890).

El interés por la Historia de la Construcción desparece bruscamente con la llegada del movimiento moderno en arquitectura a comienzos del siglo XX. No se trataba en este caso de un mero cambio de estilo: los materiales y todo el proceso de construcción sufrieron una transformación completa. Por supuesto, hubo una cierta inercia, y se publicaron todavía algunos libros, por ej. Hess (1943), Straub (1949) y Thunnissen (1950), que seguían la tradición de los anteriores estudios (Fig. 2.8).

No obstante, es un hecho que, en apenas una generación, toda una tradición constructiva desapareció dejando la vía completamente libre a los nuevos materiales (hierro forjado, acero, hormigón armado) y a las nuevas formas estructurales (estructuras trianguladas de barras, porticadas, cáscaras delgadas, etc.). En los años 1950 se detecta un renacimiento del interés por la historia de la construcción de la mano del trabajo, principalmente, de arqueólogos. Los libros de Blake (1947, 1950, 1973) y Lugli (1957) sobre la construcción romana marcaron un cambio crucial que, de una manera menos evidente, se estaba manifestando ya con la publicación de estudios especializados en revistas. La conciencia de la necesidad de considerar los aspectos constructivos en la historia de la arquitectura se fue haciendo más y más evidente (Maass 1969).

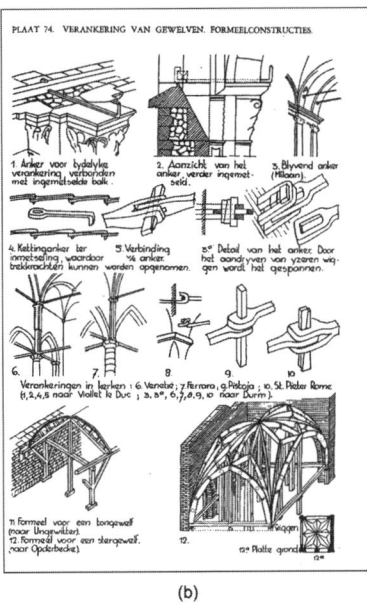

FIG. 2.8 – Láminas de historia de la construcción: (a) Hess (1943); (b) Thunnissen (1950).

La Historia de la Construcción empezó a ser considerada una disciplina independiente en los años 1980 (Atkinson 1984). En Inglaterra se fundó en 1985 la Construction History Society que publica desde entonces la revista *Construction History Journal*, todavía hoy la única revista en este campo (Fig. 2.9 (a)). En los EE.UU. también hubo interés y dentro de la Society of the History of Technology se creó un grupo de interés el Building Technology and Civil Engineering Interest Group que publicó un boletín *The Flying Buttress* hasta que el grupo se disolvió a finales de los años 1990. En Alemania hubo varias iniciativas en los años 1980-90. Por una parte se creó un grupo de investigación sobre historia de la construcción dirigido por Rainer Graefe que organizó cinco seminarios (el primero en 1985) cuyas actas fueron publicadas por la Universidad de Stuttgart (Fig. 2.9 (b)). Por otra parte, E. Schunck publicó en la Universidad de Munich una serie de doce volúmenes de "Contribuciones sobre la historia de la construcción y la ingeniería" entre 1990 y 2002; cada volumen contenía una media de cinco artículos.

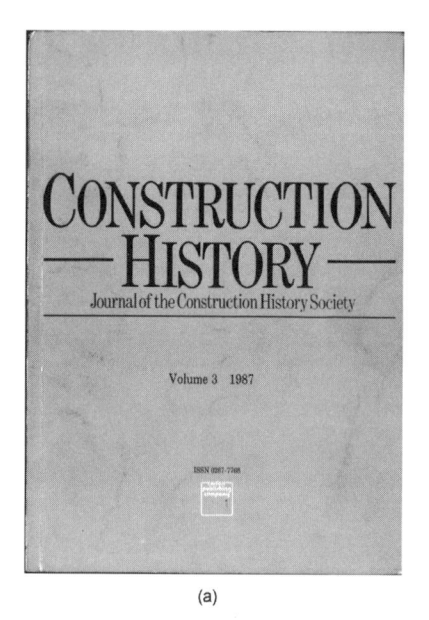

FIG. 2.9 – (a) Portada de la revista *Construction History*; (b) Portada de la publicación del primer volumen la serie *Geschichte des Konstruierens* (1985-1995).

En España se funda la Sociedad Española de Historia de la Construcción (www.sedhc.es) en 1997 y, hasta el momento, se han organizado seis congresos nacionales (Madrid 1996, Coruña 1998, Sevilla 2000, Cádiz 2005, Burgos 2007 y Valencia 2009). La asociación contó desde sus inicios con el apoyo del Instituto Juan de Herrera (presidido por Ricardo Aroca) y del CEHOPU (hasta 2001, mientras fue gerente Antonio de las Casas; después, lamentablemente, de forma esporádica). La fundación de la SEdHC y la organización de Congresos discurrieron en paralelo con una ambiciosa línea editorial de "Textos sobre teoría e historia de las construcciones", dirigida por el autor y editados por el Instituto Juan de Herrera. Desde un principio fue un objetivo de la SEdHC la organización de un Congreso Internacional de la disciplina. En 2003 la SEdHC organizó en Madrid el Primer Congreso Internacional de Historia de la Construcción, en colaboración con la Associazione Edoardo Benvenuto y otras instituciones. Desde entonces se han celebrado dos congresos internacionales más: Cambridge (2006) y Cottbus (2009); en París se celebró en 2008 el primer congreso francófono de historia de la construcción (Cache et al. 2009). Está previsto celebrar el Cuarto Congreso Internacional en París en 2012. Finalmente, la primera Conferencia portuguesa de 2010, *História da Construção em Portugal. Fundações e alinhamentos* (Lisboa), augura un buen futuro para la disciplina en la cultura ibérica y de influencia portuguesa (Brasil etc.).

Fig. 2.10 – Portadas del Primer Congreso Nacional de Historia de la Construcción (Madrid 1996) y del First International Congress on Construction History (Madrid 2003).

La enseñanza de la Historia de la Construcción

La enseñanza de una nueva disciplina siempre presenta problemas. Por un lado, la información disponible para el profesor es irregular y dispersa, faltando el aparato crítico de referencia necesario para preparar adecuadamente las clases (manuales, bibliografías, guías de referencia, etc.).

La siguiente cuestión afecta a la selección del profesorado.)Qué requisitos debe cumplir un profesor de historia de la construcción? Desde luego debe poseer una formación técnica; sin ella, difícilmente podrá interpretar y entender las distintas fuentes para luego explicarlas a los alumnos. No es preciso que sea un especialista en un campo concreto (carpintería, morteros antiguos, estereotomía, puentes, etc.).

En tercer lugar es importante la definición del programa, que debe tener la intención de cubrir, de forma cronológica un campo de estudio suficientemente amplio. Como se ha dicho, la Historia de la Construcción es mucho más que la suma de las historias particulares. Así, aunque esto implique un considerable trabajo, el profesor de historia de la construcción deberá necesariamente entrar en campos que pueden no coincidir con su campo de especialización. De la misma manera que un profesor de historia del arte cubrirá, por ejemplo, desde la Antigüedad al Renacimiento en un semestre estándar (dependiendo de horarios etc.), aunque quizá esté especializado en pintura impresionista, el profesor de historia de la construcción deberá intentar cubrir un espacio de tiempo y un suficiente número de aspectos constructivos como para permitir al alumno comprender el desarrollo de la construcción en su conjunto. Si se estudian períodos concretos o actividades particulares esto se debería reflejar en el título de la asignatura correspondiente: se entiende que si el título es "Historia del arte" el alumno no debe encontrarse con un curso cuyo contenido real sea "la pintura Renacentista".

Finalmente, una asignatura no es una suma de clases independientes impartidas por profesores distintos. La dificultad de la tarea hace casi irresistible la tentación de trocear el campo en el mismo número de clases que profesores disponibles. Hay que insistir en que esto constituye un gran peligro pues trivializa y reduce el nivel de exigencia necesario a cualquier disciplina de rango universitario.

Lo anterior se refiere a los estudios de grado universitario. Por supuesto, los estudios e posgrado y doctorado han de ser, necesariamente, específicos, los temas concretos. El objeto del trabajo es realizar una investigación original. Para ello, el investigador debe conocer perfectamente lo publicado en el restringido campo elegido. Resulta esencial conocer las técnicas de búsqueda de información y desarrollar un instinto para localizar las fuentes más relevantes. Esto es particularmente difícil dentro del campo de la Historia de la Construcción, y el profesor deberá, tanto en los cursos de grado como en los de posgrado, introducir al alumno en el intrincado mundo de las fuentes documentales.

Conclusiones

La Historia de la Construcción es una disciplina por derecho propio pues sirve para explicar y comprender una de las actividades humanas más antiguas, la construcción. La atención que despierta este campo, el número creciente de publicaciones, la actividad demostrada en Congresos, etc., debería hacernos optimistas sobre su futuro. Sin embargo, este futuro prometedor sólo será una realidad si se trabaja con una conciencia plena de su dificultad.

La primera tarea será conseguir un rango universitario pleno, con asignaturas troncales, profesores a tiempo completo, investigadores, departamentos e institutos de investigación. Se han discutido muy someramente las dificultades en cuanto a la definición de programas y selección del profesorado. Una enseñanza rigurosa formará futuras generaciones; algunos, quizá, quieran seguir este camino.

La segunda tarea es formar el aparato crítico de bibliografías, ediciones críticas, estudios de detalle, guías de referencia, etc., que permita situarse con cierta facilidad en este campo. Esto mejorará la comprensión y, sobre todo, eliminará errores y evitará repeticiones.

Finalmente, es preciso realizar un trabajo considerable de rigurosa investigación original. Esto es más difícil en una disciplina naciente; sin embargo, para cualquier investigador genuino la situación es hoy apasionante. Hay mucho campo por explorar, mucho por descubrir. La investigación auténtica es muy trabajosa en el mundo universitario actual. Las dificultades para una disciplina en formación son casi insuperables, cuando se exige arbitrariamente un "impacto" inmediato de lo publicado, cuando la carrera académica se ha convertido en una carrera de obstáculos. No obstante, creo que puede y debe hacerse.

LISTA DE REFERENCIAS

Congresos

CONGRESOS NACIONALES. ESPAÑA

CASAS, A.; S. Huerta y E. Rabasa (eds.). 1996. *Actas del Primer Congreso Nacional de Historia de la Construcción, Madrid, 19-21 septiembre de 1996.* Madrid: Inst. Juan de Herrera, CEHOPU.

BORES, F., J. Fernández Salas; S. Huerta y E. Rabasa (eds.). 1998. *Actas del Segundo Congreso Nacional de Historia de la Construcción, A Coruña, 22-24 octubre de 1998.* Madrid: Inst. Juan de Herrera, CEHOPU.

GRACIANI, A., S. Huerta, E. Rabasa y M. A. Tabales (eds.). 2000. *Actas del Tercer Congreso Nacional Historia de la Construcción, Sevilla, 26-28 de octubre de 2000.* Madrid: Instituto Juan de Herrera, CEHOPU.

HUERTA, S. (ed.). 2005. *Actas del Cuarto Congreso Nacional de Historia de la Construcción, Cádiz, 27B29 enero de 2005.* Madrid: Instituto Juan de Herrera, COA y COAAT de Cádiz.

ARENILLAS, M.; C. Segura; F. Bueno y S. Huerta, (eds.). *Actas del del Quinto Congreso Nacional de Historia de la Construcción, Burgos 7B9 junio de 2007.* Madrid: Instituto Juan de Herrera, CEHOPU.

CONGRESOS NACIONALES. FRANCIA

CACHE, B., V. Nègre y J. Sakarovitch (eds.). 2009. *Actes du premier congrès francophone d'histoire de la construction, Paris 19, 20 et 21 juin 2008.* Paris: Picard (en prensa).

CONGRESOS INTERNACIONALES

HUERTA, S. (ed.). 2003. *Proceedings of the First International Congress on Construction History. Madrid 20th-24th January 2003.* Madrid: Instituto Juan de Herrera.

DUNKELD, M. et al. (eds.). 2006. *Proceedings of the Second International Congress on Construction History, 29th March- 2nd April 2006, Queen's College, Cambridge.* London: Construction History Society.

KURRER, K.-E. et al. (eds.). 2009. *Proceedings of the Third International Congress on Construction History, 20th B 24th May 2009.* Cottbus: Brandenburg University of Techonology.

Obras citadas

ATKINSON, G. (1984), "Future for the past". *Building.* 247: 51-53.

CHOISY, A. (1873), *L'art de bâtir chez les Romans,* Paris. Trad. esp. 1999. *El arte de construir en Bizancio.* S. Huerta y F. J. Girón,eds. Madrid: Instituto Juan de Herrera / CEHOPU.

CHOISY, A. (1883), *L'art de bâtir chez les byzantines*, Paris. Trad. esp. 1997. *El arte de construir en Bizancio*. Edited by S. Huerta y F. J. Girón. Madrid: Instituto Juan de Herrera / / CEHOPU.
CHOISY, A. (1899), *Histoire de l'architecture*, Paris: G. Béranger.
CHOISY, A. (1904), *L'art de bâtir chez les égyptiens*, Paris: E. Rouveyre. 2007. *El arte de construir en Egipto*. S. Huerta y G. López Manzanares, eds. Madrid: Instituto Juan de Herrera / CEHOPU.
CHOISY, A. (1909), *Vitruve*, Paris: Imprimerie-Librairie Lahure.
[CHOISY, A. Obra completa en formato digital en: www.augustechoisy2009.net]
DURM, J. (1881), *Die Baukunst der Griechen*, Leipzig: Diehl.
DURM, J. (1885), *Die Baukunst der Etrusker und Römer*, Darmstadt: Diehl.
DURM, J. (1903), *Die Baukunst der Renaissance in Italien*, Stuttgart: Bergsträsser.
ESSELBORN, K. (1908), *Lehrbuch des Hochbaues*, Leipzig.Engelmann.
GARFIELD, E. (1992), "The life and career of George Sarton: The father of the history of science". *Sartoniana*, 5, 109-130.
GIEDION, S. (1971), *Architecture and the Phenomena of Transition. The three space conceptions in architecture*, Cambridge, Mass.: Harvard University Press.
GIRÓN, J. y S. Huerta (eds.), *Auguste Choisy 1844-1909. L'architecture et l'art de bâtir*, Madrid: Instituto Juan de Herrera (en prensa).
GRAEFE, R. (ed.) (1985-1990), *Geschichte des Konstruierens (SFB 230. Teil C.), Vols. 1 y 2. Natürliche Konstruktionen (1985, 1986), Vol. 3 Textiles Bauen, Vols. 4 y 5 Wölbkonstruktionen der Gotik (1990)*. Stuttgart: Universität Stuttgart.
HALL, R. (2000), "Where is the History of Technology?". *History of Technology*. 22: 203B209.
HESS, F. (1943), *Konstruktion und Form im Bauen*, Stuttgart: Julius Hoffmann.
HEYMAN, J. (1966), The Stone Skeleton, *International Journal of Solids and Structures*. 2: 249-79.
HEYMAN, J. (1995), *The Stone Skeleton, Structural engineering of masonry architecture*. Cambridge: Cambridge University Press. Trad. esp. 1999. *El esqueleto de piedra. Mecánica de la arquitectura de fábrica*, Madrid: Instituto Juan de Herrera / CEHOPU.
MAASS, J. (1969), "Where Architectural Historians Fear to Tread". *Journal of the Society of Architectural Historians*. 28: 3-8.
MURRAY, P. (1972), *La arquitectura del Renacimiento*, Madrid. Aguilar.
POPPER, K. R. (1962), *Conjectures and Refutations The Growth of Scientific Knowledge*, Londres: Basic Books.
RONDELET, J. (1802-10), *Traité théorique et pratique de l'art de bâtir*, Paris: Chez l'auteur.
SARTON, G. (1952), *Horus. A guide to the History of Science*, New York: The Ronald Press Company.
SCHUNCK, E. (1990-2002), *Beiträge zur Geschichte des Bauingenieurwesens*, Munich: Technische Universität München, Lehrstuhl für Baukonstruktion. 12 vols.

STRAUB, H. 1949 (4a. Ed. 1992), *Die Geschichte der Bauingenieurkunst*, Basel: Birkhäuser. (Trad. esp. A. Casas y S. Huerta eds. *Historia de la ingeniería de la construcción*. Madrid: Instituto Juan de Herrera. En preparación).

THUNNISSEN, H.J.W. (1950), *Gewelven, hum construtie en toepassing in de historische en heiden dadgse Bauwkunst*, Amsterdam: Ahrend. (Trad. esp. R. García y S. Huerta, eds. *Bóvedas: su construcción y empleo en la arquitectura*, Madrid: Instituto Juan de Herrera. En prensa).

UNGEWITTER, G.-G. (1859-1864), *Lehrbuch der gotischen Constructionen*, Leipzig: T. O. Weigel.

UNGEWITTER, G.-G. (1890), *Lehrbuch der gotischen Konstruktionen. III Auflage neu bearbaitet von K. Mohrmann*, Leipzig: T.O. Weigel Nachfolger. (Trad. esp. Caps. 1 y 2. *Manual de construcción gótica. Bóvedas y estribos*, Madrid: Instituto Juan de Herrera. En preparación.)

VIOLLET-LE-DUC, E.-E. (1854-1868). *Dictionnaire raisonnée de l'architecture française du XIe au XVIe siécle*, Paris: A.Morel.

WILLIS, R. (1842), On the Construction of the Vaults of the Middle Ages. *Transactions of the Royal Institute of British Architects*, Vol. 1: pp. 1-69.

UM ESTALEIRO MEDIEVAL DE EXCELÊNCIA: O MOSTEIRO DA BATALHA

Saul António Gomes (FL – UC)

Quando falamos do Mosteiro de Santa Maria da Vitória, mais vulgarmente conhecido como Mosteiro da Batalha, equacionamos um caso maior ou de excepção nos vários domínios da história e da historiografia portuguesa ou que a Portugal diz respeito. Nos domínios da história da arte[1], sobremodo, mas também no da memória política e institucional do país, como ainda nos planos da história religiosa e cultural, da história económica ou da social, entre outras áreas de investigação, o Mosteiro da Batalha adquire invariavelmente uma centralidade evidente e objectiva[2].

Falar do Mosteiro da Batalha é, por outro lado, entrar no âmago sensível e cristalino das representações da identidade pátria. Erguido como tributo sagrado pela "maravilhosa vitória" alcançada pelo exército português na "Batalha Real" (Gomes 2007) travada, no planalto vizinho de S. Jorge, na tarde de 14 de Agosto de 1385, começou por ser confiado à Ordem dos Frades Prega-

---

[1] São numerosos os estudos relativos ao Mosteiro nesta matéria, devendo registar-se os nomes, por mais significativos, de autores, para o Século XIX, como L. de Vilhena Barbosa, Visconde de Condeixa, Augusto Fuschini, Albrecht Haupt, F. Lichnowsky, J. Possidónio da Silva, A. Raczinsky e, já no Século XX, João Barreira, Reinaldo dos Santos, Vergílio Correia, Mário Tavares Chicó, Gustavo Matos Sequeira, Sérgio Guimarães Andrade, Virgolino Ferreira Jorge, Pedro Dias, José Custódio Vieira da Silva, Maria João Neto, Paulo Pereira e Pedro Redol. Uma síntese recente, do ponto de vista das problemáticas inerentes à arquitectura deste monumento, encontra-se em Pedro Dias, *A Arquitectura Gótica Portuguesa*, Lisboa, Ed. Estampa, 1994.

[2] É longa a lista de obras respeitantes à história do Mosteiro da Batalha seja na componente artística, e sobretudo esta, seja numa vertente histórica mais global. Seja-me permitido, até pelo tema dominante desta intervenção, remeter o leitor para, entre outros, nos quais, aliás, encontrará recenseada muita bibliografia, os meus livros *O Mosteiro de Santa Maria da Vitória no Século XV*, Coimbra, Instituto de História da Arte da Faculdade de Letras da Universidade de Coimbra, 1990; *Vésperas Batalhinas. Estudos de História e Arte*, Leiria, Edições Magno, 2ª ed., 1999; *O Livro do Compromisso da Confraria e Hospital de Santa Maria da Vitória da Batalha (1427-1544)*, Leiria, Edições Magno, 2002; *Fontes Históricas e Artísticas do Mosteiro e da Vila da Batalha (Séculos XIV a XVII)*, 4 vols., Lisboa, IPPAR, 2000-2002; *Notícias e Memórias Paroquiais Setecentistas. 3. Batalha*, Viseu, Palimage e Centro de História da Sociedade e da Cultura da Universidade de Coimbra, 2005.

dores para que nele exaltassem a aliança profética, senão messiânica, da nova dinastia de Avis com a própria revelação hierofânica de Deus na história do Homem que os portugueses de 1400 tanto sublimaram.

Fig. 3.1 – O Mosteiro da Batalha segundo desenho de 1790.

Hesitou D. João I na concessão do Mosteiro aos frades dominicanos. As dúvidas que teve, todavia, foram convincentemente debeladas pela argúcia argumentativa e capacidade de convencimento do Dr. João das Regras. A ele se deve, sobretudo a ele que quis ser tumulado entre os dominicanos observantes de Benfica, estou convencido, a entrega do novo claustro a esta Ordem, como é ainda a João das Regras que deveremos atribuir responsabilidades decisivas na consolidação desta segunda dinastia portuguesa. Lembremos de passagem a intervenção decisiva deste notabilíssimo jurista nas Cortes de Coimbra, de Abril de 1385, de onde o Mestre de Avis saiu aclamado e jurado por rei de Portugal e do Algarve, como a sua campanha mecenática na Colegiada de Santa Maria de Guimarães, de que era prior, ela mesma comemorativa a vitória de Aljubarrota, como, finalmente, o seu já enunciado apego aos dominicanos e a uma espiritualidade de raiz agostiniana seio inspirador, aliás, da doutrina da graça e da predestinação salvíficas do homem[3].

---

[3] Cf. o que D. João I lembra, a propósito da intervenção decisiva de João das Regras, nesta matéria, no seu testamento de 1426, *Fontes Históricas e Artísticas do Mosteiro...*, Vol. I, Doc. 52, pp. 134-140.

FIG. 3.2 – Perspectiva do Mosteiro da Batalha e da vila antiga (ca. 1900), *Life Magazine*.

Pretendeu o rei D. João I, com a construção da Batalha, apoiado no bom conselho daqueles que o influenciavam, como vimos, um projecto artístico monumental sem par em toda a Hispânia. Para isso, regista o eborense Cristóvão Acenheiro, mandou o monarca, citamos, "noteficar pelas partes de Espanha que tinha obra para fazer de pedraria, que todos os Mestres que viesem que lhe daria sete anos que fazer, e que lhe pagaria a vimda e a yda de suas Terras: e a esta noteficação", remata o cronista, "vierão muitos Mestres de pedraria, e gramdes officiaes, e a fizerão segumdo dito he." (Acenheiro 1535).

Convenhamos que, numa escala de comparação ibérica, o Mosteiro da Batalha se assumirá como um dos grandes empreendimentos góticos da península, ao mesmo tempo que desempenhará uma vocação de lugar político e simbólico propício aos majestosos rituais solenes cerzidores da unidade dinástica lusitana, vocação não desconhecida noutros mosteiros e catedrais dos reinos da Hispânia com os quais Portugal rivalizava ou diplomaticamente dialogava.

Fig. 3.3. – Fachada do Mosteiro da Batalha (ca. 1890), *Société d'Archéologie Française*.

Mas sublinhemos que não estamos apenas perante uma escala ibérica, porquanto Santa Maria da Vitória atinge uma dimensão europeia de excelência que nos recorda a sua íntima comunhão no quadro civilizacional medieval dos construtores do gótico. Razão tinha Marcel Dieulafoy quando, na sua obra intitulada *Art in Spain and Portugal*, publicada em Nova Iorque, no ano de 1913, alertava o leitor para o facto de a Batalha ser, citamos, "as large as the cathedrals of Paris, Toledo and Cologne, and almost equal in dimensions to the cathedrals of York and Milan" (Dieulafoy 1913: 307).

Tenhamos sempre presente que Santa Maria da Vitória não é uma catedral. Projecta-se, *in radice*, como claustro mendicante canónico. A Batalha é prioritária e intrinsecamente monástica e é como mosteiro dominicano que ela permanece no coração da Idade Média portuguesa.

MOSTEIRO DA BATALHA

Fig. 3.4 – Aspecto do Mosteiro da Batalha segundo gravura do Séc. XIX.

Mas mesmo deste ponto de vista, estamos perante um grande projecto renovador para os cânones da arquitectura monumental no Portugal dos finais do Século XIV. Convenhamos que, até aí, as escalas da grande construção eclesiástica em Portugal se confinavam às catedrais românicas dentre o Tejo e o Minho, mais ampliadas e experimentais numa Sé de Évora, pujantes, decerto, nas abaciais de Santa Cruz de Coimbra, de Alcobaça, senão a Tomar dos Templários, rol a fechar com alguns outros mosteiros beneditinos ou cistercienses como Santo Tirso, Tibães, Tarouca ou Salzedas. A demais construção claustral portuguesa, mesmo faltando a arqueologia para conventos notáveis como o desaparecido de S. Domingos de Coimbra, era bem mais modesta.

As gerações de Avis trouxeram, reconheçamo-lo, maiores ambições aos projectos de construção que se multiplicaram, desde então, por todo o País. Prolongaria a Batalha, na pena quase unânime dos historiadores que a olharam, o padrão abacial arquitectónico cisterciense. Pela minha parte, não estou muito convicto dessa associação. Desde logo porque a comparação proposta sofre de anacronia ao propor aparentar edifícios restaurados e decompostos das suas estruturas e plantas primitivas, aquelas que efectivamente lhes conferiam a chave fidedigna para uma análise comparativa absoluta.

É certo que, em escala, a Batalha se equipara a Alcobaça, mais ambiciosa aquela em altura e em metros quadrados de área construída do que a igreja dos monges brancos, mas distingue-se dela, desde logo, pela diferente projecção dos espaços de culto. Não é sem razão que a igreja de Alcobaça permanece a mais comprida das que se levantaram em Portugal. Na Batalha, aliás, subsiste, em termos de planta, uma matriz dominicana mais basilical do que verdadeiramente cruciforme. Uma matriz que lembra, aliás, a planimetria do berço bolonhês da Ordem de S. Domingos[4].

A cabeceira da igreja da Batalha não conhece deambulatório nem a coroa radiante de capelas que ele permite como sucede em Alcobaça ou, até, por modelo canónico arquétipo com a catedral de Santiago de Compostela. O transepto largo da Batalha prolonga-se no cenário de cinco grandes capelas que lhe redimensionam a largura. Em planta, encontramos mais a figura de um Tau do que de uma cruz latina como sucede nos padrões monásticos masculinos cistercienses. A igreja da Batalha abre-se, toda ela, à multidão dos fiéis e dos curiosos pela partilha dos grandes actos celebrativos. Os seus pórticos, poente e sul, sublinham bem a importância dessa abertura ao mundo exterior. Muito diferente era igreja da abadia alcobacense, hierarquizada nos seus espaços interiores, vedada ao povo e reservada à celebração exclusiva pelo claustro dos seus professos. Uma igreja, a de Alcobaça, com nariz para tumulária real, hoje desaparecido, apresentando uma fachada imposta pela modernidade, entre possantes torres, na qual se subsume o fio da memória do alçado gótico em boa verdade perdido.

---

[4] Permita-se-nos remetermos, sobre esta questão dos planos das igrejas dominicanas medievais em Portugal, como ainda das franciscanas, para o que escrevemos nos nossos estudos "A igreja de S. Domingos de Coimbra em 1521", in *Arquivo Coimbrão. Boletim da Biblioteca Municipal*, Vol. XXXIX, Coimbra, 2006 [2007], pp. 377-396 e "O Mosteiro de S. Francisco de Coimbra nos alvores de Quinhentos", in *Arquivo Coimbrão*, Vol. XL (2008), Coimbra, pp. 385-444. E, para o exercício de comparação com a Abadia de Alcobaça, no Século XV, o que deixámos avançado em "Uma paisagem para a oração: o Mosteiro de Alcobaça em Quatrocentos", in *Paisagens Rurais e Urbanas. Fontes, Metodologias, Problemáticas. Actas das Terceiras Jornadas* (Coordenação de Iria Gonçalves), Lisboa, Centro de Estudos Históricos – Universidade Nova de Lisboa, 2007 [2008], pp. 19-56.

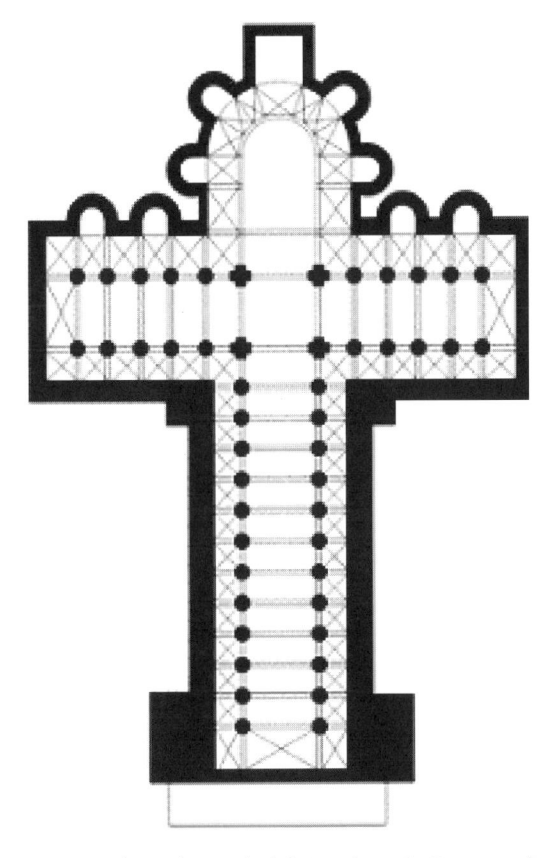

Fig. 3.5 – Planta da catedral de Santiago de Compostela.

Diferentes eram, ainda, os pressupostos construtivos em que se travejava o quotidiano dos religiosos. Para os dominicanos, todos como um só e em comunidade plena; em Alcobaça, por seu turno, a prelatura dominante do dom abade, afectando espaços restritos à sua dignidade (desde logo os habitacionais, com uma torre câmara por residência, implicando cómodos e anexos exclusivos), impondo à comunidade lugares outros e apartados. Entre dominicanos, verdadeiramente, encontramos mais campanários do que torres, se bem que na Batalha se projecte a modesta e mais tardia "torre do relógio", por entre a cobertura da sacristia e a da sala capitular, rematada em pináculo e numa modelação de coberturas cilíndricas ou piramidais, tão do gosto de Mestre Huguet, de que a mais insigne era a da Capela do Fundador, caída no Terramoto de 1755.

A Batalha é, tanto no gótico português, como no plano do seu significado patrimonial histórico global, um caso muito próprio de uma arquitectura comemorativa e de prestígio.

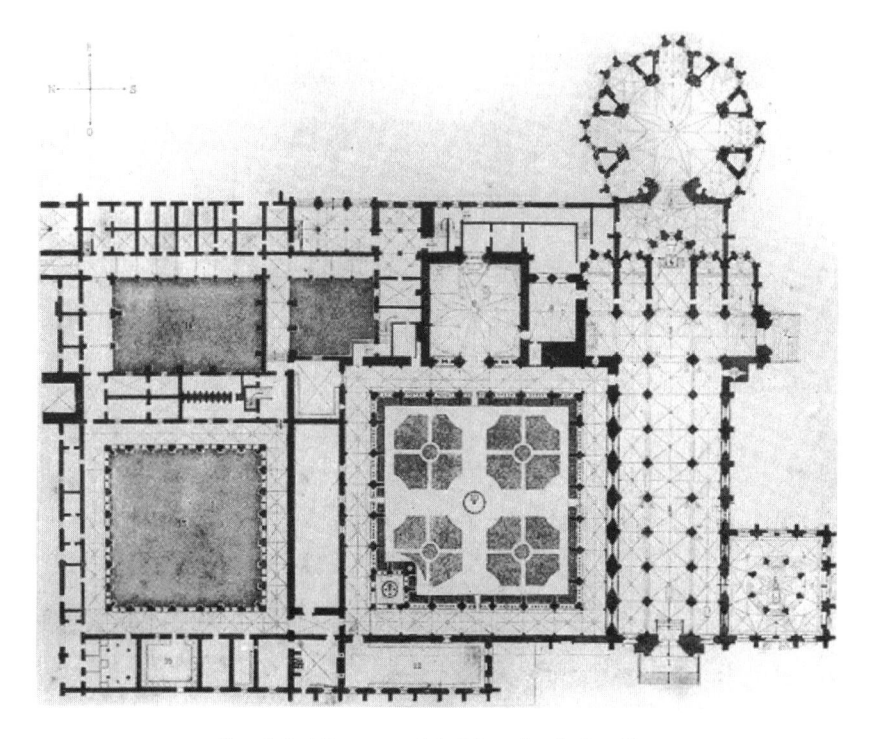

Fig. 3.6 – Planta geral do Mosteiro da Batalha segundo James Murphy (1792-1795).

E cumpre anotar aqui, no pouco tempo que me é dado para esta exposição, que foi depois da conquista de Ceuta, em 1415, talvez não por coincidência de acontecimentos fortuitos, que Santa Maria da Vitória se viu alcandorada a novas e ainda mais solenes funções: as de panteão real. Nesse ano de 1415 morreu a rainha D. Filipa de Lencastre. No ano seguinte, os seus restos mortais foram solenemente trasladados para a Batalha. Ampliava-se, deste modo, a função comemorativa deste Mosteiro que deixava de ser uma majestosa "casa de oraçam", onde se expunha aos visitantes o pendão castelhano apresado aos vencidos de 1385, para se adornar doravante com a responsabilidade de mausoléu da rainha e mãe da nova dinastia, de uma dinastia que, até ao fim do Século XV, se fará sempre tumular neste lugar simbólico.

A construção desta capela, lançada fora da igreja conventual, posto que a ela acostada e com ela intercomunicante, estava em curso em 1426. A sua projecção obrigou ao refazimento do trecho final da parede sul da igreja, como bem assinala Jean-Marie Guillouet, nela sendo incrustado o alto portal que aí subsiste (Guilloet 2008). D. João I, justamente no seu testamento de 1426, manifesta o seu desejo de que esta capela recebesse os seus descendentes. A comunhão geracional na morte, de reis e filhos de reis, era posta, assim, ao serviço da visibilidade pública da unidade da dinastia. Desde 1415, como referimos que o Mosteiro da Batalha via ampliadas as suas funções institucionais, ideológicas e simbólicas.

Em grande parte, esta vocação foi consolidada pela acção de D. Duarte e de seu irmão o Infante D. Henrique, sem que se possa diminuir o papel igualmente relevante que o Infante D. Pedro, enquanto regente do Reino, entre 1438 e 1448, desempenhou na consolidação da Batalha enquanto lugar memorial pátrio, tornando-se lugar de peregrinação e de visita oficial para embaixadores e visitantes ilustres do Reino.

Conhecemos de uma forma razoavelmente satisfatória o processo organizacional em que se estruturou a construção deste complexo monástico. A planta monástica primitiva, composta por igreja, sacristia, claustro, sala capitular, dormitório, lavatório, cozinha e refeitório, a que se juntavam, paredes-meias ou nas imediações, alguns cómodos, celeiros, casas de tulhas e engenhos de moagem, contava com a preexistência, neste local, a Nascente, de uma estrutura construída, muito provavelmente o solar ou parte dele da Quinta de Egas Coelho, adquirida pelo rei justamente para nela edificar o mosteiro, que será transformada ou adaptada a igreja, ficando conhecida por Santa Maria-a-Velha. Nesta igreja, por longos anos, celebraram os frades dominicanos os seus capítulos, para além dos ofícios e demais liturgia, nela vindo a ser sepultados vários leigos residentes nas imediações. Um desses finados, em 1438, foi justamente o conhecido Mestre Huguet.

Para além do complexo monástico estritamente considerado, sabemos que o Mosteiro teve também a sua cerca, decerto herdada dos marcos e limites da propriedade ou Quinta de Egas Coelho, que pudemos calcular numa área aproximada de 14 hectares, cerca essa que seria, mais tarde, rectificada, falando-se da cerca velha e da cerca nova por 1514-1519, e, ainda mais tarde, pelos anos de 1530, alargada nalguns pontos e os seus muros alteados.

Ao plano monástico primitivo acrescentou-se, em 1438, o edifício das famosas Capelas Imperfeitas e, pouco depois, um segundo claustro, o afonsino, o qual se encontrava em obras ainda por finais desse século. Por volta de 1486, dando aplicação à vontade de seu pai, D. João II providenciava no sentido de ser resolvido o problema da condução de água potável ao lavatório do primeiro claustro, de se concluir o arco da casa do "parlatório", frente à casa primeira, de se executar o ladrilhamento das varandas e o lajeamento de chãos e portais, executarem-se corregimentos nos mainéis nas frestas, levantar-se a torre do relógio sobre a porta principal ou portaria[5].

Pouco depois, e sob a direcção de Mestre Mateus Fernandes I reformulava-se o portal das Capelas Imperfeitas, ao mesmo tempo que se procurava ligar a cabeceira da igreja a este novo corpo, o que se terá concluído em 1509. Mas as obras prosseguirão, ainda nos anos dentre 1510-1540, com o levantamento de um terceiro e novo claustro, com alguns cómodos a ele anexos, bem como com novas intervenções no átrio de ligação da igreja às Capelas Imperfeitas, com o preenchimento das bandeiras da arcaria do claustro real, colocação de novos vitrais e com reformas na cerca.

Depois desta época, cessou o ciclo das obras estruturantes, assistindo-se, de quando em vez, a intervenções pontuais nomeadamente a colocação de retábulos, como o de Jesus, no transepto norte da igreja, correcções na disposição da tumulária real nas capelas da igreja, por finais de Quinhentos, e, ainda mais tarde, à execução de obras na Capela dita dos Mártires ou da família Sousa/Condes de Miranda (cerca de 1690) e, finalmente, de obra de talha barroca na sacristia e nalgumas das capelas da igreja.

Nesta diacronia mais do que secular, como sabemos, foram sendo feitas, quando necessário, consolidações de muros, de abóbadas e de coberturas, arranjos de condutas de águas, obras de carpintaria, bem como, por deterioração, substituições e restauros de imaginária e de vitrais. É significativo, aliás, que o ofício de mestre-vidreiro do Mosteiro se tenha mantido ainda por todo o Século XVII.

---

[5] *Fontes Históricas e Artísticas*..., Vol. 2, Doc. 238. [Editado por nós com data crítica de 1456, mas que novo exame diplomático deste acto nos obriga a avançar, efectivamente, para 1486].

A investigação histórica deste monumento tem incidido sobretudo no plano artístico, privilegiando-se aqui a dimensão arquitectónica e o campo do vitral. Só mais recentemente se evoluiu para análises renovadoras no domínio da escultura e da pintura mural subsistente no edifício. Mas a investigação deste monumento deve ser alargada a outros campos de observação. Aos estudos dos registos documentais subsistentes, que permitem estabelecer cronologias, identificar os agentes intervenientes na construção, conhecer a comunidade dos frades e mesteiral das obras, entre outros, deverão associar-se as leituras com base na arqueologia do edifício, tanto a de subsolo e dos materiais, como a que mais especificamente respeita à arquitectura propriamente considerada, devendo ter-se em atenção, finalmente, a informação que se recolhe na gliptografia incisa por todos os muros do edifício e nas inscrições e desenhos lançados sob a forma de *graffiti*. Estes elementos, muitos deles tidos por coisas marginais, são, depois de sujeitos à necessária crítica histórica, relevantes para compreender todo o processo de edificação do complexo monástico.

É certo que a memória local oral preservou algumas lendas acerca da história do próprio estaleiro, em parte já indiciadas pelo dominicano Fr. Luís de Sousa, que descreveu o edifício cerca de 1621, de que a da famosa "abóbada" se tornou a fábula mais visível, inspirando a conhecida narrativa de Alexandre Herculano. Fr. Luís de Sousa permaneceria a fonte histórica de todos quantos se pronunciaram sobre este Mosteiro, mormente de D. Fernando de Menezes, Conde da Ericeira (1677: 413-425), de Thomas Pitt (1760), de James Murphy (1795, 1798) ou de William Beckford (Beckford, 1835) e de muitos outros curiosos nacionais e estrangeiros que lhes sucederam.

Deve-se a D. Fr. Francisco de S. Luís, futuro Cardeal Saraiva, no entanto, um estudo, publicado em 1826, no qual se estabelecem os elementos identificativos essenciais acerca dos principais arquitectos e artistas que trabalharam nesta edificação. Juntamente com Fr. Luís de Sousa, foram os autores que serviram ao conhecimento histórico do monumento por parte daquele que, em 1840, se tornou no seu grande restaurador, Luís Mouzinho de Albuquerque[6]. Esta informação viria a ser ampliada pelo esforço de Francisco Sousa Viterbo (1899--1922). Os dados carreados por estes dois autores só viriam a beneficiar de ampliação com o trabalho exaustivo que, bem mais tarde, Carlos Vitorino da

---

[6] (Albuquerque 1854), Cf. Maria João Baptista Neto, *James Murphy e o Restauro do Mosteiro de Santa Maria da Vitória no Século XIX*, Lisboa: Editorial Estampa, 1987.

Silva Barros dedicou ao estudo dos vitrais do monumento (1983), problemática revisitada e mais recentemente ampliada por Pedro Redol (2003).

Mas só a abordagem sistemática a que eu próprio pude proceder, há alguns anos, dessa informação, reapreciada, nalguns casos, pela crítica diplomática dos actos que se impunha, e complementada sobremodo por nova e mais ampla investigação sobre fontes originais, veio revelar pela primeira vez, clara e evidentemente, a complexa estrutura orgânica do estaleiro gótico que deu expressão a este monumento.

O organograma, que lográmos estabelecer, demonstra muito bem que o caso da Batalha assumiu uma complexidade e uma logística de organização muito semelhantes às realidades que se verificavam entre os grandes estaleiros arquitectónicos europeus dos tempos medievais[7].

A edificação do Mosteiro da Batalha, como podemos observar pelo organograma das suas obras, processou-se de acordo com uma lógica dos processos de decisão e da organização do estaleiro mesteiral que poderemos classificar de dual ou bipolar. Em termos do processo de decisão, ele derivava da vontade régia, acolitada por um promotor ou requeredor (inicialmente o Dr. João das Regras) e por um provedor (sempre um frade dominicano), canalizada para um todo-poderoso vedor ou juiz das obras que superintendia toda a burocracia de controlo deste grande empreendimento. Um dos mais sgnificativos vedores das obras foi Fernão Rodrigues Homem, no ofício desde antes de 1452 e ainda em 1486, sucedendo-lhe nesse cargo o seu filho (Gomes 1990: 73).

---

[7] Cf., para elucidação desta matéria, COLOMBIER P. du, *Les chantiers des cathédrales*, Paris: 2ª ed., 1973; GIMPER Jean, *Les Bâtisseurs de cathédrales*, Paris: 1980, e os diversos estudos reunidos em *Chantiers Médiévaux* (Dir. Roberto Casanelli), Paris: Desclée de Brouwer, 1996. Na "Introdução", assinada por Roberto Casanelli (pp. 7-10), como no estudo de síntese de Dieter Kimpel, intitulado "Structures et évolution des chantiers médiévaux" (pp. 11--52), encontra-se abundante bibliografia. Em Portugal, será útil a consulta do precioso livrinho de Jean Gimpel, *A Revolução Industrial da Idade Média*, Lisboa: Publicações Europa-América, 1976, em particular as páginas 115-143, para além do que eu próprio deixei escrito no meu livro *O Mosteiro de Santa Maria da Vitória no Século XV*, cit., pp. 11-146 e nos artigos, sobre os mesteirais destas obras coligidos em *Vésperas Batalhinas. Estudos de História e Arte*, Leiria. Edições Magno, 1997. A ter presente, para um contexto histórico sobre o trabalho "mecânico" na Idade Média portuguesa o livro de A. H. de Oliveira Marques, *A Sociedade Medieval Portuguesa. Aspectos da Vida Quotidiana*, Lisboa, 4ª ed., Sá da Costa, 1981, bem como, deste mesmo Autor, o seu *Portugal na Crise dos Séculos XIV e XV*, Vol. IV de *Nova História de Portugal* (Dir. Joel Serão e A. H. de Oliveira Marques), Lisboa: Ed. Presença, 1986, pp. 430 e seguintes.

Este vedor ou juiz exercia mando e jurisdição sobre dois corpos determinantes na construção: o corpo dos mesteirais afectos às obras de pedraria, propriamente considerada, e o corpo dos oficiais administrativos que acompanhavam, gerindo e fiscalizando, todo o estaleiro. O financiamento da construção exigiu a criação de um almoxarifado das obras, estrutura complementar da administrativa e a ela essencial, pois que era por este almoxarifado das obras que se providenciava e canalizava o financiamento de todo o demais processo.

Os oficiais administrativos do estaleiro, propriamente considerados, distribuíam-se por oito secções ou áreas de intervenção (vedor, juízes, ouvidor, escrivão geral, escrivão "dante o juiz", vedor dos cabouqueiros e homens das obras), sendo que o almoxarifado se subdividia, por seu lado, em cinco escrivaninhas (o almoxarife, o juiz das sisas, o escrivão das sisas, o recebedor e, finalmente, o requeredor das sisas).

No todo, estes oficiais de mando e fiscalidade atingiriam um número que podemos estimar entre uma dezena e meia a duas dezenas de pessoas. Constituíam uma verdadeira elite local, uma aristocracia na comunidade batalhense, permanecendo activos vários destes ofícios e escrivaninhas muito para além do esgotamento do período construtivo do monumento que se alongou, sensivelmente e posto que a ritmos diacrónicos diversos, como se sabe, por cerca de século e meio (1388-1530).

A grande comunidade obreira era, naturalmente, constituída pelos muitos mesteirais de pedraria. Fr. Luís de Sousa, que teve acesso a documentos entretanto perdidos, regista a informação segundo a qual D. João I estabeleceu como tecto operário deste estaleiro, a cujos oficiais honrou com isenções e liberdades, "hum numero mui crescido" de 125 pedreiros, 56 cabouqueiros, 20 carreiros, 10 servidores, dois carpinteiros e um ferreiro, juntando-se-lhes, finalmente, um vidreiro (Sousa 1623: 662).

Esta informação, ainda que deva ser acolhida com alguma prudência e crítica, permite apontar para uma população de mesteirais, entrevista para os primeiros anos das obras, de 215 homens. A este elenco deveríamos acrescentar alguns outros indivíduos nomeadamente os mestres vidreiros e escultores e alguns poucos pintores (Gomes 1990: 96-127).

Data de 29 de Maio de 1388, a primeira carta de privilégio de D. João I a todos quantos quisessem servir na construção do Mosteiro, ficando isentos os seus filhos, criados e mancebos de serem levados para serviços de outrém. Que o estaleiro estava organizado reconhece-se de nova carta, de 1 de Junho desse ano, determinando que o vedor das obras fosse o juiz dos respectivos mesteirais (Gomes 2000-02: I 2-3)[8]. Uma outra carta real, de Maio de 1390, concedida por solicitação do mestre e do vedor da obra, impede a cobrança de sisa sobre as empreitadas de "braçagem" ou "afam de seus corpos" que estavam a ser levadas a cabo, mencionando-se a recolha de pedra, o fabrico de cal e de telha e de outras coisas semelhantes, lembrando o monarca que as pedreiras e as ferramentas da obra eram coisa sua (Gomes 2000-02: I 8). Uma outra carta de 1393 menciona, como valores confiadas ao vedor, "os dinheiros (...) cordas e feramentas" da construção (Gomes 2000-02: I 8). Nesta obra, como vemos, todos os materiais de construção, incluindo as ferramentas e cordas, eram postos inteiramente pelo encomendante.

Refere-se D. João I, em 1394, aos assentadores e "aparelhador" da obra, com direito a receberem um par de sapatos por mês. O pagamento dos trabalhadores era feito em dinheiro e em mantimento traduzido geralmente em vestuário ou tecidos para ele, em calçado e, ainda, em cereais. O "aparelhador", referido no singular nesta carta de 1394, deverá corresponder ao próprio mestre das obras (Gomes 2000-02: I 9). Lembremos, aliás, que Martim Vasques, mestre das obras entre 1438 e 1448, era tido por oficial especializado no "aparelhar (...) da pedrarya" (Gomes 1990: 99).

Aos cabouqueiros cumpriria a preparação do terreno da construção, orograficamente irregular, aos carreteiros a extracção e o transporte da pedra calcária abundante nas pedreiras da região, integrando a classificação de pedreiros oficiais aparelhadores e assentadores, auxiliados por serventes e aprendizes. O apoio de carpinteiros e de ferreiros, senão de cordoeiros, sobretudo para o fabrico de materiais e de instrumentos de trabalho, era essencial. A execução, por exemplo, de algumas peças de escultura imporia, por vezes, o fabrico ou a adaptação de instrumentos mais adequados[9].

Em 1399, renovaram-se as isenções de encargos municipais a todos quantos trabalhassem no Mosteiro (Gomes 2000-02: I 14) e, em 1401, concedeu-se a mercê aos pedreiros, assentadores, cabouqueiros e a dois carpinteiros, que lavravam ou viessem a lavrar futuramente, nas obras, bem como a um carniceiro

---

[8] Nota do editor. Para simplificar as referências à obra de Saúl António Gomes, *Fontes Históricas e Artísticas do Mosteiro e da Vila da Batalha (Séculos XIV a XVII)*, 4 vols., Lisboa: IPPAR, indica-se o número do volume em numeração romana e o documeto citado em numeração latina.

[9] Como nos recordou, por várias vezes, o saudoso Mestre Alfredo Ribeiro, mestre-canteiro e escultor que trabalhou longos anos no restauro do monumento e ficou ligado à fundação e recuperação de uma escola de canteiros nesta vila.

e a três homens de serviço, para além do mantimento e vestir que recebiam, a escusa de pagarem em pedidos reais ou de terem de dar jugadas ou oitavos do pão, vinho, linho e de outros bens que produzissem nas suas terras (Gomes 2000-02: I 16).

Pedreiros, carpinteiros, oficiais, moradores e servidores das obras recebem, em 1401, autorização para abrirem uma caminho a fim de tirarem toda a água de que necessitassem para beber da Fonte da Freiria, nos arredores da construção, pois lhes "era muy compridoira e necesaria (...) pera beberem della e despemderen per seus mamtymentos", queixando-se da poluição do rio do lugar, sujo pelas lavagens dos linhos dos lavradores da região(Gomes 2000-02: I 17). O abastecimento de água potável revelava-se uma necessidade primária para os mesteirais, o mesmo se verificando em matéria de moagem de cereais. Já antes de 1423, aliás, se levantara uma azenha, bem junto ao Mosteiro, a qual seria, entretanto, ampliada por Martim Vasques, o mestre das obras (Gomes 2000-02: I 47-48).

A avaliar pelas datas de emissão das cartas reais favorecendo a comunidade operária batalhina, os tempos de maior actividade da comunidade coincidiam com a Primavera e o Verão, sem que isso signifique, necessariamente, que possamos falar em paragens nas obras por motivo das invernias. Muitos dos pedreiros e mesteirais das obras, no entanto, como a documentação revela, exploravam, como proprietários ou como arrendatários, terras agrícolas, factor que lhes exigiria tempo sobretudo, como é lógico, em período de colheitas de pão, de vindimas e de safras de azeite, assim como por ocasião das sementeiras, das podas e cavas de vinhedos, pomares e de olivais, actividades estas mais coincidentes com o fim do Estio, a estação outonal e o pleno Inverno. É bem provável que esta realidade se reflectisse nas dinâmicas construtivas do complexo monástico.

As isenções de impostos e os privilégios sociais dos oficiais, pedreiros e carpinteiros das obras tornariam bem apetecível trabalhar no estaleiro. O seu número rondaria, como se viu e segundo Fr. Luís de Sousa, as duzentas pessoas ou pouco mais. Mas este número talvez nunca tenha sido verdadeiramente alcançado. O estaleiro conheceu seguramente as dinâmicas próprias de uma comunidade humana com ritmos migratórios e demográficos plurais, com baixas causadas por acidentes, doenças, actos de violência, incorporações em exércitos – como sucedeu em 1449 –, pelo abrandamento, redução ou esgotamento de determinadas tarefas que tornavam desnecessária, a certo momento, a continuidade de mão-de-obra elevada em áreas específicas, ou, por contraste, a contratação de operários mais adequados às necessidades que a evolução e desenvolvimento do empreendimento revelavam prioritárias.

No ano de 1450, depois da batalha de Alfarrobeira que tanto afectou o estaleiro, D. Afonso V determinou que os carreiros das obras deveriam ser 45 (Gomes 2000-02: I 170), indício de que se avançava na ampliação do complexo, mormente pelo acrescento do novo claustro que virá a receber o nome justamente deste soberano.

Num documento de 1421, vemos referida a "casa das medidas", lembrando que o processo de construção arquitectónica pressupunha instrumentação e capacidade de cálculo e medição essenciais à projecção arquitectónica. Junto dessa "casa das medidas" habitava Lourenço Martins, escrivão dos livros, confinando, ainda, com caminho levava à casa do mestre das obras. Num chão que lhe estava pegado, deveria levantar João Brandão, sapateiro e criado do Mestre de Santiago, uma nova habitação, "fecta e madeirada e cuberta de telha" (Gomes 2000-02: I 43).

Uma informação já de 1514-1519, refere-se às "cassas da carpentaria", defronte da porta principal do Mosteiro, enquanto um outro documento, posto que bem mais tardio, recorda as "casas dos vidraceiros", defronte da Capela Real do Mosteiro, ou seja, próximas da conhecida Capela do Fundador[10]. Para servidão das obras fora necessário abrir fornos de cal e de telha,

---

[10] Os padres dominicanos, segundo contrato celebrado em 5 de Setembro de 1773, citamos, "Heram senhores e pessuhydores de huns pardyeyros que estam nesta dita vila que algum dia foram cazas chamadas dos vidraceyros do dito Rial Convento as quais lhe havia pedido de aforamento emfetiozim para sempre o Doutor Joam Simoins da Natividade medico do partido do dito Rial Convento (...). Cazas chamadas do vidraseyro sitas defronte da Capela Rial deste Mosteyro e partem do Nassente com Visente de Almeyda sarralheyro desta vila e com cazas chamadas das tulhas desta mesma comonidade e das mais partes com rua publica. E porque o dito asentamento lhe faz munto a bem do augmente da sua caza pertende o suplicante lhe aforem (...). Huns pardyeyros que antigamente forom cazas em que asistiam os vidraseyros do mesmo convento (...). E logo os ditos louvados prinsipiaram a medir a dita propriedade que foy do Nassente para o Poente da banda // (Fl. 2v] da banda do Sul e acharam ter de largo por esta banda doze varas e dois palmos e parte desta banda do Sul com serventia que vem da Rua de Sima para a prasa desta vila e medindo de hum marco que fica na esquina da parede dos ditos pardyeyros que he do Sul para o Norte da banda do Nascente acharam ter de comprido vinte varas e hum palmo e parte desta banda do poente com logradouros dos mesmos pardyeyros. E medindo do Poente para o Nassente da banda do Norte acharam ter de largo quatorze varas e dois palmos e parte desta banda com estrada publica que vem da Rua de Sima para a Prasa da mesma vila. Estas tres medisoins se fizeram pela parte de fora dos ditos pardieiros por serem murados em roda e medindo pela parte de dentro do Norte para o Sul e do canto que devide a parede do muro dos mesmos pardyeyros e as cazas de Visente de Almeyda seralheyro desa mesma vila acharam ter de

"dentro na povoaçam delle e ha darredor", ainda activos em 1499, momento em que o rei D. Manuel os cedeu, conjuntamente a uma moendas de pão que estavam numa das casas do azeite, aos frades pregadores (Gomes 2000-02: II 455).

O estaleiro das obras predefiniu, de algum modo, a evolução urbana do burgo emergente. Cumpriu aos pedreiros levantarem as suas próprias habitações, recebendo chãos da benesse régia ou aforando-os a outros senhorios, sobretudo aos frades. Nasceram, assim, casas sobradadas e casas chãs, geralmente dotadas de quintais e pardieiros. Excepcionalmente a casa de Mestre Huguet, com antecâmara e torre.

Documentos da primeira metade de Quatrocentos lembram a existência, na envolvência da Ribeira da Calvaria e do ponto de afluência neste, à Boca do Cano, da Ribeira de Marialinha, das "carniçarias", de uma taberna, das moendas de Martim Vasques, da estalagem de Prestes Afonso, que para além de estalajadeiro era vendedor de peixe, do chão para realização da feira anual de Agosto. Nessa zona se situava, como referimos, a Boca do Cano, onde "tomam agua para beber".

A elite dos oficiais administrativos e dos de pedraria fixara-se no casario da Rua Direita, perpendicular à porta ocidental da igreja, dispersando-se outros oficiais e mesteirais pelo casario da Rua de Baixo ou já no núcleo, além-rio, da Mouraria. Era próximo da Rua de Baixo que se situavam as Ferrarias, lembrando a importância do trabalho do ferro e demais metais para o estaleiro, bem como os fornos "da poia" (Gomes 1990: 133-137)[11].

As fontes documentais subsistentes permitem exemplificar prosopograficamente oficiais como o mestre das obras, mestres menores, artistas especiais como escultores e pintores, pedreiros, assentadores, vidreiros, cabouqueiros, carreiros, mesteirais e outros obreiros.

O sector dos pedreiros e mesteirais era naturalmente maioritário, sendo aquele que os oficiais burocratas tinham de gerir, pagando-lhes as jornas e

---

comprido pela parte de dentro vinte e duas varas. E parte desta banda do Nassente com cazas do dito Visente de Almeyda e com cazas de Fernando Leyte e Joze Eugenio desta vila chamadas dos Canos foreiros do mesmo Convento // [Fl.. 3] Convento e com cazas das tulhas em que se recolhe a azeytona que vay para o lagar do Cano que sam proprias do mesmo Convento. E por esta maneira deram os ditos louvados a dita medisam e comfrontasam e devizam por acabada e bem feyta debayxo do juramento que resebido tinham (...)." (Arquivo Distrital de Leiria – Convento de S. Domingos da Batalha (VI-24-A-1), Escrituras, Nº 58).

[11] ANTT – Mosteiro da Batalha, Livro 1, fls. 8-8v.

mantimentos, para além de garantirem a boa paz e ordem entre todos. Uma comunidade mesteiral, anotemo-lo, diversificada social, económica e culturalmente. Desde logo, aliás, pelas diferentes proveniências e origens desses homens, uns vindos de além-fronteiras, outros de lugares distantes do próprio Reino, alguns outros, ainda, de terras mais próximas onde dinâmicas construtivas locais os ocupariam, como sucederia em vilas e cidades como as de Coimbra, Leiria, Abrantes, Santarém, Lisboa ou Évora, senão mesmo dos povoados vizinhos e laboriosos do couto de Alcobaça ou de Porto de Mós e de Ourém.

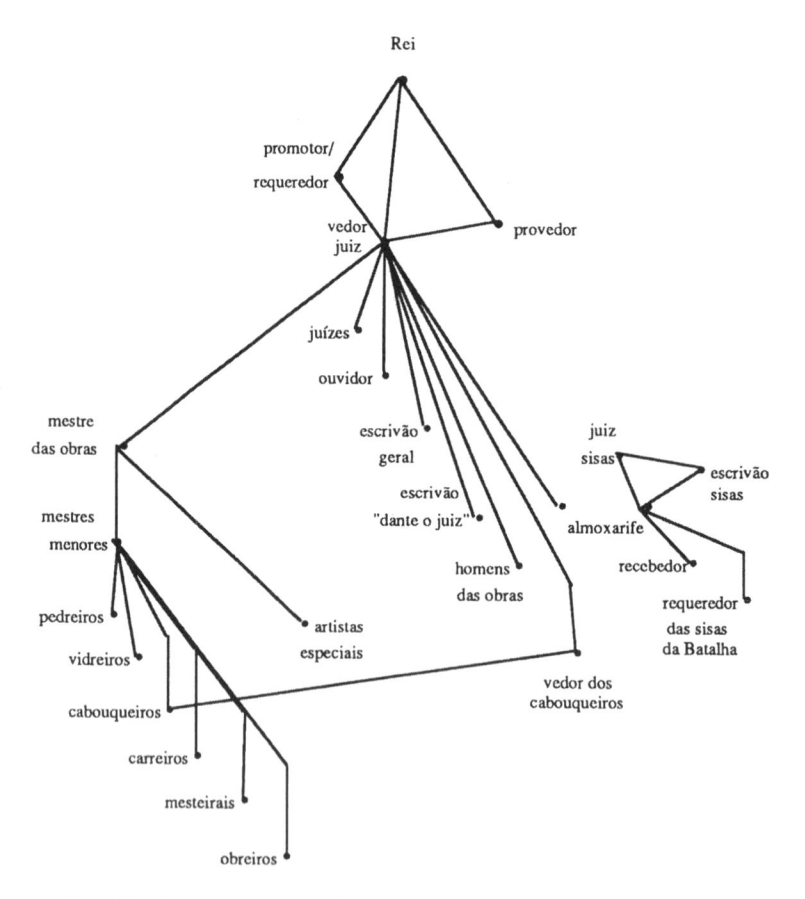

FIG. 3.7 – Organograma das obras de Sta. Maria da Vitória, sécs. XV/XVI, Gomes (1990).

Geográfica e culturalmente todos esses homens se associavam numa ecúmena heterogénea de costumes e de falares, de mundividências e de sensibilidades. Sem esquecermos que alguma mão-de-obra bem exógena deve ter sido trazida para aqui como terá sucedido com alguns mouros, talvez cativos, surgindo na periferia do burgo batalhense o topónimo Mouraria, elemento historicamente significativo. Esta comunidade de gentes de pedraria ganhou raízes bem manifestas, entretanto, na sua capacidade reivindicativa de privilégios e isenções fiscais junto do poder real, no estabelecimento, em 1427, da Confraria e Hospital de Santa Maria da Vitória ou, já por 1455, na tentativa de fundarem município próprio, posto que à revelia do próprio rei, assim procurando porem termo aos conflitos que os iam opondo às justiças concelhias de Leiria, senhorio municipal do burgo batalhino.

Os mestres das obras, cujas elevadas remunerações e mantimentos os colocavam no topo da escala salarial do estaleiro, cumulavam em si tanto as funções de arquitecto como as de engenheiro, de "contratador de rendas", investindo, prudentes como eram, a riqueza gerada na compra de terras. A ama do Mestre Afonso Domingues, Margarida Anes, num quadro raro que nos faz intuir um pouco mais a vida deste primeiro arquitecto do monumento, possuía, por 1401, uma ou mais vinhas além do ribeiro do burgo, ou seja, num sítio muito próximo do edifício em construção (Gomes 2000-02: I 19). Mestre Huguet, tão agraciado pelo rei D. Duarte, tinha uma casa com torre fronteira à fachada ocidental da igreja monástica, da qual a sua viúva, Maria Esteves, em 1450, viria a ser despejada (Gomes 1990: 98).

Martim Vasques, que poderemos identificar como sendo Martim Vasques de Almeida, trabalhava simultaneamente para vários clientes, documentando-se obras suas não só na Batalha como ainda em Santarém e em Alcobaça. Nesta abadia cisterciense, aliás, aparece rodeado, em 1438, de uma companha em que se citam Fernão de Évora, Álvaro Peres, Martim Peres e Estêvão Gomes, trabalhando todos eles nos muros da cerca e noutros cómodos habitacionais do abade D. Fr. Estêvão de Aguiar. Pertenceu à sua iniciativa, como vimos, a ampliação de uma azenha junto do Mosteiro. Em 1442, aparece como rendeiro ou tratante das sisas geral e dos vinhos no julgado de Alcobaça (Gomes 1990: 99-101).

A Martim Vasques sucedeu Fernão de Évora, seu sobrinho, mestre das obras até 1477, arquitecto do agrado de D. Afonso V, que o premiou, para além de se revelar um investidor em propriedades rurais. Morava nas casas que partiam com as do vedor da obra, na Rua Direita (Gomes 1990: 102-103). O estaleiro sofreu alguma instabilidade de direcção entre os finais da década de 1470 e a de 1480, estabilizando com a direcção de Mateus Fernandes I que se alongou entre finais dos anos de 1480 e 1515, ano da sua morte. Este Mateus Fernandes, aliás, foi não só o arquitecto do esplendoroso período manuelino do Mosteiro, como o vemos a orientar, entre 1504 e 1506, a construção de pontes e de estradas (Gomes 1990: 31), lembrando que, nesse tempo, um mestre-de-obras tinha tanto de arquitecto como de engenheiro e de prático de construção civil.

No estaleiro distinguiram-se, também, os mestres vidreiros, todos eles estrangeiros (Mestre Luís Alemão, Mestre Guilherme, Mestre Ambrósio e Mestre João), os mestres escultores (Mestre Conrate (?) e Mestre Gil Eanes), os mestres caprptinteiros (Mestre Fernão Pires) e, ainda, um mestre-de--obras da casa do Infante D. Pedro, Mestre Estêvão Gomes, presente no estaleiro da Batalha por 1428-1429. Entre outros, destacaram-se artistas específicos como o pintor João Afonso e o "capitalador" Álvaro Eanes (Gomes 1990: 106-117).

Estes mestres estabeleceram laços de solidariedade e de parentesco entre eles, o mesmos e verificando, aliás, ao nível os oficiais e pedreiros dos níveis mais baixos do estaleiro. A sociedade medieval conduzia, por norma, os seus indivíduos a partilharem as suas vidas preferencialmente no seio dos estados ou classes sociais em que tinham nascido.

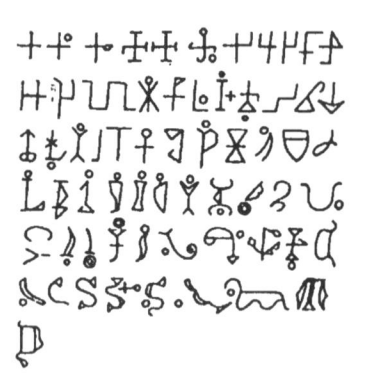

FIG. 3.8 – Siglas presentes na parede do lado do Evangelho, no corpo do templo do Mosteiro de Sta. Maria da Vitória, Gomes (1997).

FIG. 3.9 – Em cima, grafitos alfabéticos "Lço (Lourenço) e "Frz" (Fernandez). Em baixo, pedra de traçaria, Gomes (1997).

Como sabemos, no entanto, o estaleiro da Batalha criou oportunidades de enriquecimento e de ascensão social. Não menos importante foi o germinar de níveis culturais inovadores. A comunidade das obras cedo se afirmou como uma micro-sociedade com elevada consciência política e capacidade reivindicativa, usufruindo, ainda, de mundividências culturais enriquecidas pela diversidade do recrutamento e da origem geográfica da mão-de-obra, bem como pela maior exigência de cultura de trabalho, assim como de sensibilidade estética apurada, sempre educativa, que se respiraria no estaleiro.

Detectamos níveis de literacia nalguns núcleos sociais destes obreiros, devendo ainda ter-se em linha de conta que as suas cúpulas, sobretudo entre os mestres, se cultivavam conhecimentos científicos e técnicos de excepção. Mas é de literacia gráfica, ainda, que falamos quando olhamos para as marcas ou siglas dos canteiros que povoam os milhares e milhares de silhares da construção.

Respirava-se uma elevada auto-estima no seio da comunidade batalhense. Como vimos, os servidores da obra usufruíam de privilégios e isenções invejáveis, sendo considerados "homens do rei". Vários deles ascenderam socialmente, sendo nomeados escudeiros ou aparecendo entre a clientela de alguma alta-nobreza. O pedreiro Álvaro Esteves era protegido da Condessa de Viana (1467), enquanto João Afonso, do memso ofício, recebia a protecção de Gonçalo Vaz de Castelo Branco (1469). Escudeiros, do rei ou do Duque de Bragança, eram oficiais das obras como Diogo do Vale (1471), Diogo Gonçalves (1450) e Diogo Leitão (1478), entre outros casos (Gomes 1990: 125).

Da auto-estima de que falamos dão testemunho, necessariamente, as representações retratistas e escultóricas dos próprios pedreiros. Tenhamos presente o conhecido arquitecto com o esquadro exposto na mísula sudeste da Sala do Capítulo, ou o arquitecto com o fio-de-prumo, numa mísula no canto superior noroeste do transepto, senão ao casal partilhando uma taça numa outra mísula no canto sudoeste do mesmo transepto. Muitos outros rostos devem ter servido de modelo e inspiração às numerosas figuras de evangelistas, apóstolos, anjos, profetas, reis, mártires, santos e santas do portal ocidental da igreja. Figuração que não se esgota neste lugar, encontrando o visitante novos personagens, talhados com expressão realista, em capitéis e fechos de abóbadas na igreja e ainda nos capitéis do primeiro claustro.

Podemos considerar que, em geral, trabalhar nas obras da Batalha enriquecia. Diremos que a construção civil, já então, constituía uma boa oportunidade de subir na vida. Privilégios sociais, isenções fiscais, benesses e favores vários que lhes reduziam rendas e foros de terras emprazadas, tudo isso lhes permitia acumularem valores e riqueza. Nas casas de alguns desses pedreiros encontrava-se alguma baixela de prata. A maior parte destes pedreiros, ainda, investia na compra de terras (Gomes 1990: 117-127).

Fig. 3.10 – O portal manuelino das Capelas Imperfeitas
(Mestre Mateus Fernandes I: *ca.* 1509).

Um desses homens de sucesso foi João Afonso, aparelhador das obras. Casou com Catarina Pires, tendo falecido por volta de 1474. Neste ano já havia sido edificada pelo casal uma pequena ermida na aldeia, vizinha ao Mosteiro, da Golpilheira, na qual um capelão deveria rezar, por alma dos instituidores, 24 missas em cada ano. Para dotação dessa capela foram-lhe anexadas as rendas de pardieiros e de casas sobradadas em Leiria e na dita aldeia, de um olival junto desta vila, mais um casal e mais treze talhos de terras de pão, pomar, vinha, mato e figueiral (Gomes 2009: 112, 182-185). Eram, efectivamente, gente de posses. Os seus herdeiros e descendentes administraram este vínculo e investiram parte dos seus proventos na ampliação e embelezamento desta ermida, ainda hoje existente. Dentro dela, junto à capela-mor, encontra-se a lápide rasa recordando o instituidor.

Fig. 3.11 – Túmulo de Mestre Mateus Fernandes I e sua família (Mosteiro da Batalha).

Se a Sala do Capítulo foi túmulo raso, cremos, para Mestre Afonso Domingues, e o seu sucessor, Mestre Huguet, talvez não sem algum deslustre para o que merecia, recebeu sepultura na velha igreja de Santa Maria, sem que conheçamos o lugar de descanso dos mestres que lhes sucederam, já a igreja monástica, bem mais pomposamente, foi túmulo prestigioso para Mestre Mateus Fernandes I, o arquitecto do manuelino na Batalha e no Reino, não menos significativa foi a capacidade de criação e, de alguma forma, de associação a um modelo de projecção social inspirado no exemplo real da Batalha, por parte de João Afonso, aparelhador das obras, mas também criador, por sua vontade e riqueza, da sua própria capela funerária.

FIG. 3.12 – Capela do Bom Jesus da Golpilheira (Batalha), fundada por João Afonso, aparelhador das obras da Batalha, cerca de 1474
(Foto de Luís Ferraz: 2010)

Fig. 3.13 – Interior da capela do Bom Jesus da Golpilheira
e pormenor da lápide da sepultura do fundador
(Fotos de Luís Ferraz: 2010).

Com a Batalha se relacionou, ainda, um outro estrangeiro e arquitecto, Mestre Boytac, genro de Mateus Fernandes I, autor do projecto da igreja matriz de Santa Cruz, em cujo portal deixou o seu monograma inscrito em brasão ao modo itálico, vindo a ser sepultado em Santa Maria-a-Velha.

Fig. 3.14 – Portal da igreja de Santa Cruz da Batalha
(Projecto de Mestre Boytac: obra finalizada em 1532).

No Mosteiro da Batalha ou na sua tranquila sombra encontraram, como vemos, os seus arquitectos a garantia do descanso eterno e de que a sua memória, no espelho da obra que haviam criado, jamais cairia no esquecimento. O desejo da memória, de se ser lembrado, era partilhado, irmãmente, tanto pelos reais senhores de Avis, como pelos seus fiéis servidores das obras de Santa Maria da Vitória.

OBRAS CITADAS

ACENHEIRO, Cristóvão (1535), *Chronyca dos reis de Portugal: D. João I*, Lisboa. (Consultada a partir da edição de *Inéditos de Historia Portugueza*, Lisboa: Academia Real das Sciencias de Lisboa, Tomo V, 1824, pp. 236-237).

ALBUQUERQUE, Luiz da Silva Mouzinho (1854), *Memoria Inedita acerca do Edificio Monumental da Batalha*, Leiria: Typ. Leiriense.

BARROS, Carlos Vitorino da Silva (1983), *O Vitral em Portugal. Séculos XV-XVI*, Lisboa: Comissão para XVII Exposição Europeia de Arte, Ciência e Cultura do Conselho da Europa, Banco Espírito Santo e Comercial de Lisboa. (2ª edição, Lisboa: INCM 1988).

BECKFORD, William (1835), Recollections of an Excursion to the monasteries of Alcobaça and Batalha by the author of "Vathek", London: Richard Bentley... publisher, printed by Samuel Bentley.

DIEULAFOY, Marcel (1913), *Art in Spains and Portugal*, New York: Charles Scribne's Sons.

ERICEIRA 2º Conde da (1677), *Vida e accçoens d'el Rey Dom João I*, Lisboa: Oficina de João Galrão.

GOMES, Saúl António (1990), *O Mosteiro de Santa Maria da Vitória no Século XV*, Coimbra: Instituto de História da Arte da Faculdade de Letras da Universidade de Coimbra.

GOMES, Saúl António (1997), *Vésperas Batalhinas*, Leiria: Estudos de História de Arte.

GOMES, Saúl António (2000-2002) *Fontes Históricas e Artísticas do Mosteiro e da Vila da Batalha (Séculos XIV a XVII)*, 4 vols., Lisboa: IPPAR.

GOMES, Saúl António (2007), *A Batalha Real. 14 de Agosto de 1385*, Lisboa: Fundação Batalha de Aljubarrota.

GOMES, Saúl António (2009), *Golpilheira Medieval (Concelho da Batalha). Documentos Históricos*, Batalha, Ed. Jornal da Golpilheira e Câmara Municipal da Batalha.

GUILLOUET, Jean-Marie (2008), *Le portail du monastère de Batalha et l'art européenne de son temps*, Paris (no prelo).

MURPHY, James (1795), *Plans, elevations, sections and views of the Church of Batalha in the province of Estremadura in Portugal with the History and Description by Fr. Luiz de Sousa: with remarks to which is prefixed an Introductory Discourse on the principles of Gothic Architetcure*, Londres: printed for I. & J. Taylor, High Holborn.

MURPHY, James (1795), *Travels in Portugal: through the provinces of Entre Douro e Minho, Beira, Estremadura and além Tejo*, London: A. Strahan, T. Cadell Jun. and W. Davies (com tradução francesa, Paris, 1797).

MURPHY, James (1798), *A General View of the state of Portugal*, London: printed for T. Cadell Jun. and W. Davies.

PITT, Thomas (1760), *Observações de uma Viagem a Portugal e Espanha / Observations in a tour to Portugal and Spain (1760)*. Introdução de Maria João Neto; Transc. Bernardo Sá Nogueira; Trad. Pedro Flor; Coord. Ed. Miguel Soromenho, Lisboa, Ippar, 2006.

REDOL, Pedro (2003), *O Mosteiro da Batalha e o vitral em Portugal nos séculos XV e XVI*, Batalha: Câmara Municipal da Batalha.

SOUSA, Luís de (1623), *História de S. Domingos*, Parte I, Livro VI, Cap º XXII. Socorremo--nos da edição com Introdução e revisão de M. Lopes de Almeida, Vol. I, Porto, Lello & Irmão, 1977.

VITERBO, Francisco de Sousa (1899-1922), *Dicionário Histórico e Documental dos Arquitectos, Engenheiros e Construtores Portugueses ou a Serviço de Portugal*, 3 vols., Lisboa: Imprensa Nacional. Reedição da INCM, 1988.

O PALÁCIO DA AJUDA "A FERRO E FOGO"
– OPÇÕES CONSTRUTIVAS E ESTÉTICAS: DA REAL BARRACA, AO PROJECTO TARDO-BARROCO E À PROPOSTA NEOCLÁSSICA

José de Monterroso Teixeira (UAL – IGESPAR)

> *... (o Príncipe Regente D. João) do meio de tão gloriosas fadigas só se vê descer para repousar no seio das Artes e das Ciências que reconhece como a mais segura e permanente base da monarquia.*
> RODRIGO DE SOUSA COUTINHO, 19.I.1802

Com o terramoto de 1755 a dimensão da catástrofe tornou a cidade um cenário piranesiano, fantasmagórico de ruínas e escombros.

D. José I sucumbe psicologicamente a tal destruição e resolve ficar na zona de Belém, onde estava aliás no 1º de Dezembro[1], propondo-se erigir um palácio para a corte, que utilizasse sobretudo madeira.

Durante alguns meses a família real ficou instalada na Quinta de Baixo, nome porque eram conhecidos o palácio e a cerca do 3º conde de Aveiras, D. João da Silva Tello de Meneses, que D. João V tinha adquirido em 1726. Tendas foram armadas no jardim, evitando-se assim os edifícios de alvenaria, e a correspondência da rainha D. Mariana Vitória de Bourbon[2] para sua mãe, Isabel Farnésio, em Madrid, revela com algum ensombramento e perplexidade os terríveis acontecimentos e os estragos que o temporal, num Inverno tornado rigoroso, ia provocando em cómodos tão precários.

Uma construção alternativa emergia como prioridade absoluta e o Paço do Sítio de Nossa Senhora da Ajuda ou Real Barraca como passou a ser correntemente designado (por vezes Paço de Madeira), avançou com assinalável rapidez; meses depois Giovanni Carlo Sicino Galli da Bibiena (1717-1760), o arquitecto que materializara o sonho de D. José – que a História poderia cognominar

---

[1] "Aí a surpreendeu (a Côrte) o cataclismo do primeiro de Novembro." (Ribeiro 1940: 15).

[2] "Cartas de Mariana Vitória a sua mãe Isabel Farnésio, Belém 4 de Novembro de 1755, Arquivo Histórico Nacional de Madrid, Legajo 2312. In Beirão (1956); v. tb. RIBEIRO (1940: 16): "como os abalos sísmicos continuassem a suceder-se com frequência, Sua Majestade Fidelíssima deixou-se avassalar pelo pânico, apegou-se com quási todos os santos da Corte de céu e jurou não voltar a residir em casas de Alvenaria.".

de "o rei Melómano" – ao edificar a magnificente Real Ópera do Tejo junto do Paço da Ribeira, tomará a rédea das operações.

Reduzida a cinzas no 1º de Novembro de 1755, no vazio de projectos que no horizonte imediato se eclipsaram, o rei vai socorrer-se do prestigiado arquitecto (Machado 1923: 151) oriundo da célebre família de arquitectos – cenógrafos italianos, que maravilhara a cidade com a sua obra-prima decorada a estuques e a ouro. Na sequência do risco que anteriormente propusera para outros dois teatros, de menor dimensão, um para o Paço da Ribeira, o "Teatro do Forte" e outro para Salvaterra, onde o rei estagiava na temporada cinegética.

Bibiena era o artista moldado para responder a um programa de arquitectura "efémera", a cenografar para receber os aposentos de uma corte em que o monarca sobreviveria ao seu quotidiano – anestesiado por Pombal – sob o pânico do colapso sísmico.

Fig. 4.1 – Lisboa arruinada e as tendas de ocasião para o acolhimento dos desalojados pelo terramoto (Museu da Cidade de Lisboa).

A 8 de Dezembro, dia de Nossa Senhora da Conceição Padroeira de Portugal, a família real que assistia à missa na igreja paroquial da Ajuda sentiu de novo um abalo fortíssimo (Castro 1763: 208; Freitas 1309: 5)[3].

---

[3] "Logo após o terramoto, em Belém, arredores de Lisboa, foram construídas à pressa umas barracas de madeira, caiadas, onde a corte foi instalar-se", in (Carrère 1796: 58).

Das descrições da época e dos levantamentos ligados às incessantes tentativas de acabamento do Paço, mais do que pela informação que se retira da Planta que se encontra na BNP levantada poucos anos antes do incêndio que a atingiu devastadoramente em 1794, sabe-se que o pólo imprescindível do novo conjunto residencial era precisamente o Real Teatro da Ajuda. Deste modo a formação e a experiência de Bibiena poderiam ser, uma vez mais, aproveitadas e compensar o rei do infortúnio que se abatera sobre Lisboa, dar-lhe um novo teatro à altura da sua cultura musical e um equipamento que dignificasse a representação dos cerimoniais áulicos.

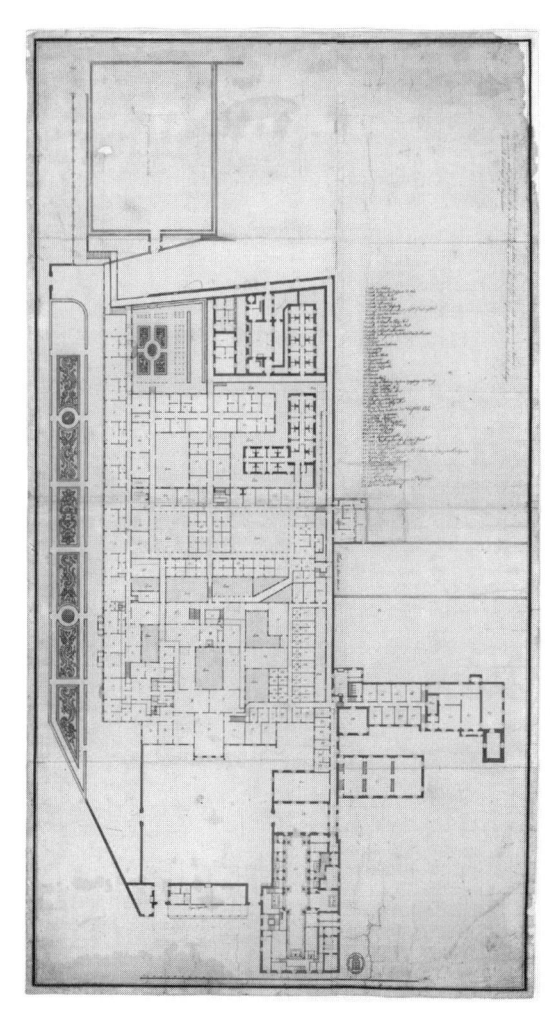

Fig. 4.2 – Planta do Paço do Sítio de Nª Sra. da Ajuda ou Real Barraca (BNP).

A análise da citada planta[4] permite identificar vários dispositivos domésticos adaptados ao constrangimento de uma construção palaciana em madeira cuja área alcançada por todas as divisões era superior à actual superfície do palácio da Ajuda.

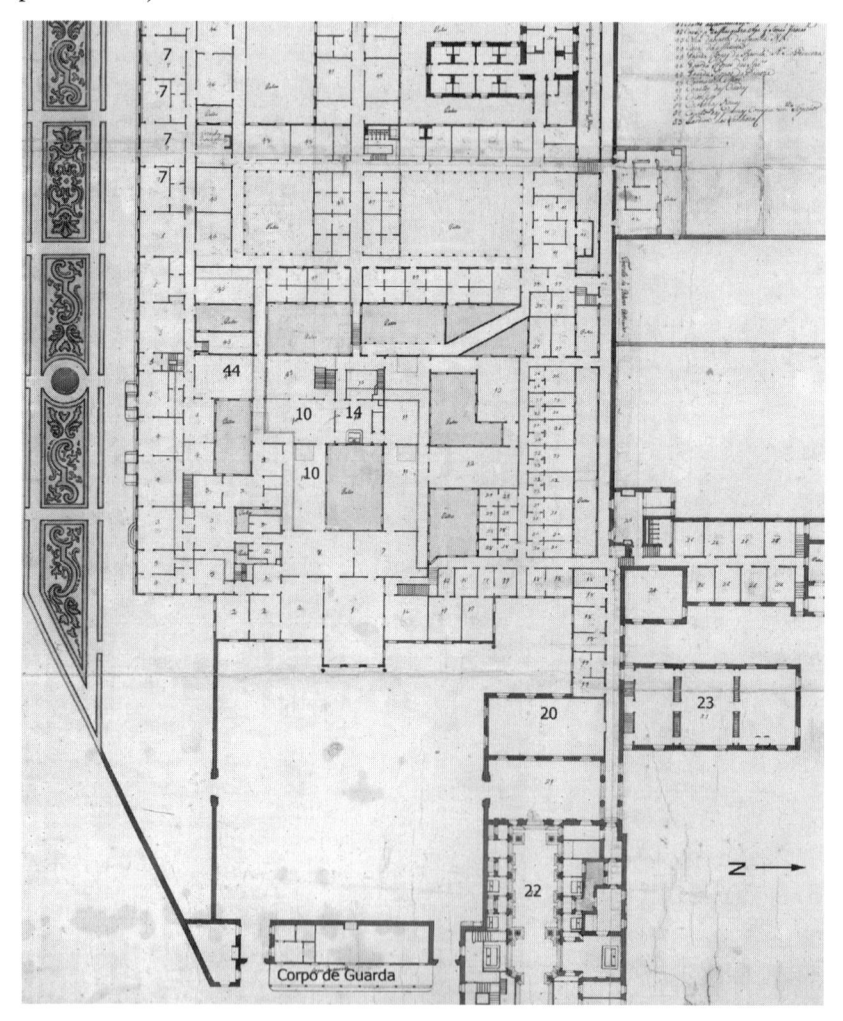

FIG. 4.3 – Detalhe da Planta do Paço do Sítio de Nª Sra. da Ajuda ou Real Barraca (BNP).

---

[4] Biblioteca Nacional de Portugal, *Iconografia*, DES 28R; (Carvalho 1977: 631); (Abecassis 2009: 24).

Aí é possível entender que a igreja da Patriarcal ou Capela Real (nº 22) de que subsiste a Torre Sineira, da autoria de Manuel Caetano de Sousa, levantada *ca*. 1790 – depois beneficiada noutros programas intermédios de remodelações – se tratava de um edifício, parte de alvenaria e parte de madeira, cuja nave se desenvolvia para poente atingindo a Casa do Corpo da Guarda. Em cada um dos seus flancos possuía duas portas de acesso ao grande terreiro do palácio.

FIG. 4.4 – Torre Sineira da Igreja da Patriarcal ainda existente (Eduardo Portugal, AFML).

Este largo do Paço, que é chamado noutra planta rudimentar, de Rossio do Palácio, (Sanches 1940; Ramalho 1997) albergava à direita, na parte Norte, a Sala do Tesouro da Tapeçaria (nº 20) (que corresponde hoje à casa onde viveu

Alexandre Herculano, enquanto bibliotecário da Ajuda). No mesmo eixo erguia-se a designada Livraria (nº 23), que pela circunstância de em termos construtivos se autonomizar do restante paço, não sofreu os pavorosos danos do incêndio de 1794. Ainda neste alinhamento, esta área veio a enriquecer-se posteriormente com a Sala dos Serenins (subsistente) e as Casas para o Gabinete de Física, também designadas Salas de Estudo dos Príncipes.

Continuando a analisar a planta, na cartografia das suas funcionalidades, ressalta a importância dos aposentos régios dedicados aos membros da real família, com especial relevo para os da rainha D. Maria I, do rei-consorte D. Pedro III (v.g. Sallas do Dozel de Elrey, nº 10), da princesa D. Maria Francisca Benedita, o do seu marido o príncipe D. José (1761-1788), (nº 7) e os dos príncipes da Beira, D. João e D. Carlota Joaquina, contíguos às Salas do Dossel referidas, onde as pessoas reais realizavam as audiências de cerimónia.

Fig. 4.5 – Retrato do Príncipe D. José (1761-1788), PNA.
À direita, a Sala dos Serenins da Real Barraca, IPM.

Detectamos ainda alguns oratórios particulares (nº 14) para além da mencionada capela real, bem como de uma Sala de Música (nº 44), usada para concertos para um restrito número de eleitos.

Quanto ao afamado Real Teatro da Ajuda, ele não se vê representado na planta, já que a sua localização era junto do antigo palácio do meirinho-mor, conde de Óbidos, depois designado por Quinta de Cima, também adquirida por D. João V.

Refira-se que em 1737 se inaugurava por este monarca o Teatro da Ajuda, para apoio às récitas de corte quando a família real estava em Belém, o que terá constituído uma memória para aquele que veio a ser construído na época Josefina.

Em diversas plantas de época posterior e mesmo na que o capitão engenheiro José António de Abreu realizou em 1854, recenseamos a denominação do Pátio da Ópera, cujos vestígios desapareceram, mas que se sabe ter tido entrada pelo actual quartel da Guarda Nacional Republicana (calçada do Galvão), situado nos terrenos da Quinta das Plácidas.

A mitificação que lhe anda associada, o que muitos estrangeiros desde embaixadores e visitantes ilustres ajudaram a difundir, deriva sobretudo da qualidade das récitas; que é possível inferir através do levantamento dos libretos e pelo conhecimento do nível dos cantores e músicos. As representações atingiam o melhor nível europeu. Beckford, de exigência superlativa, testemunhou neste sentido: *"A orquestra da capela da rainha de Portugal ainda é a primeira da Europa; em excelência de vozes e instrumentos nenhuma outra corporação deste género, nem mesmo a do Papa, se pode gabar de ter reunido tão admiráveis músicos como estes"*[5].

Ao que parece acolhia apenas cento e cinquenta pessoas (a Ópera do Tejo tinha capacidade de cerca de 600) numa planta muito elementar com a tribuna real e dois camarotes, um de cada dos seus lados. Os espectáculos realizavam-se ao fim da tarde a partir das sete da tarde acabando por volta das dez da noite. Um silêncio irrepreensível era mantido e nos intervalos reverenciava-se a família real.

Sobre as problemáticas da execução da obra propriamente dita, temos conhecimento que a remessa de madeiras chegadas ao porto de Lisboa, logo

---

[5] (Beckford 1901): confirmando a itinerância das récitas conclui" para onde Sua Magestade vai eles aconpanham-a, seja a uma caçada de altanaria a Salvaterra, seja a caçar a saúde nos Banhos das Caldas. No meio destes rochedos e montes agrestes (Sintra), aqui mesmo está rodeada dum rancho de mimosos cantores, tão gordos como codornizes, tão gorgeadores e melodiosos como os rouxinóis. Os violinos e os violoncelos de Sua Magestade são todos de primeirem ordem, e em flautas e oboés a sua *ménagerie* musical não tem rival."; v. (Câmara 1996: 60-63).

em 1756, se destinaram à aplicação na Real Barraca: "Rezumo extrahido das parcellas da folha de Taboada apursado, vindo no Navio Hollandez" (ANTT 1756: II 6) ou o Rezumo extraído das parcellas do rol do gasto que se fez com a descarga de sinco navios de taboado e vigam.t.º que se tomarão p.ª as obras que S.Mag.de manda fazer no sitio de N.S. da Ajuda, assim do real Pallacio como da sua capella" (ANTT 1756: II 17).

Fig. 4.6 – Vista do Real Paço de Madeira (final do séc. XVIII).

Em 1758 Amador Patrício nas suas *Memorias das principaes providencias...* reporta-nos que "Era para causar justa admiração, ver o breve tempo, em que se levantarão mais de nove mil barracas muitas dellas edifícios nobres, acabados com grossas despesas". (Lisboa 1758: 25; Carvalho 1979). A capital tornara-se um gigantesco acampamento.

Sabemos que quando o rei D. José ia para Mafra preferia ainda assim ficar numa tenda armada para a corte, acontecendo o mesmo nas estadas em Salvaterra.

Quando nos finais de 1794 ocorre o sinistro incêndio, a reacção face ao miserável estado em que a real Barraca ficou, o desânimo de toda a corte perante tão alarmantes prejuízos nalguns casos irremediáveis, como o caso das obras de arte que desapareceram, atingiu também a cidade e o país. Aquilatou-se da dramaticidade do acontecido: *Mas Ceos q assôbro! Q'espectaculo horrivel / Á vista se me offerece! / Ondada crepitante labareda / Eu vejo aos Ceos alçar-se; / E espes-*

sas nuvens de emglobado fumo / Os Astros encobrirem...Que a Regia habitaçaõ vai transtormando / Em denegridas cinzas"[6].

As resoluções subsequentes pautaram-se pela memória do impulso pombalino, que marcou a Reconstrução de Lisboa. Entrega-se então a Manuel Caetano de Sousa a responsabilidade do levantamento imediato de um novo palácio no local, onde cerca de 40 anos existira a Real Barraca, numa debilidade quase incompreensível. Voltara-se a Novembro de 1755...

Logo em Março de 1795, o arquitecto José da Costa e Silva (1747-1819) elabora um parecer eventualmente dirigido ao marquês Mordomo-mor, também presidente do Erário Régio e Inspector Geral das Obras Públicas, Martinho de Mello e Castro, sobre questões que lhe foram colocadas "a respeito do Paço incendiado no sitio de Nossa Senhora da Ajuda" (ANRJ 620: 143-145; BNRJ Costa e Silva).

Circunstância que teria gerado alguma susceptibilidade em Caetano de Sousa, porquanto ambos, isto é, Costa e Silva e este último, estariam incompatibilizados pelo braço-de-ferro havido entre eles, cinco anos antes. A casa que aquele possuía à Cotovia veio a ser demolida para a construção do Erário Régio, com a intransigência, aparentemente justificada de Costa e Silva. A decisão de Costa e Silva substituir Caetano de Sousa no acabamento da capela-mor da igreja do Loreto em 1788, vincaria ainda mais o ressentimento que é fácil conjecturar. A partir de então as relações entre ambos terão ficado tensas. No entanto, a notoriedade de Costa e Silva, conquistada com as grandes obras públicas do Reino, levou a que fosse consultado para se pronunciar com objectividade, numa encomenda de tão grande ambição e responsabilidade.

Ele reagiu aos três quesitos colocados no modo directo que o caracterizava, sustentado na experiência conseguida com os monumentais empreendimentos do Erário Régio, da Patriarcal queimada (hoje Príncipe Real), 1789 (que se transformou num campo de batalha pela ferocidade crítica dos seus opositores e sobretudo pela escala colossal da obra de uma dificuldade ciclópica) e do Teatro Real de São Carlos, inaugurado em 1793, depois de menos de um ano de obras – direcção eficaz, num registo galopante invulgar entre nós, a que o

---

[6] (A.M.L. 1794:6); "Relação do triduo celebrado pelos estudantes de Coimbra em acção de graças pela felicidade com que S.M. e AA. se livrarão do desastre que experimentou o Real Palácio d'Ajuda", in *Gazeta de Lisboa*, nº 52, 30 de Novembro de 1794; v. (Bastos 2007: 193--228); v. tb. "conta do oiro que existe no real Thesouro... e pertencente ao espolio que se livrou do Paço da ajuda na ocasião do incêndio do mesmo paço em 10 de Novembro de 1794" (ANTT 3060).

Intendente Geral de Polícia Pina Manique deu respaldo governativo e financeiro musculado.

Do ponto de vista das pré-existências havia opções de fundo a enfrentar, segundo o seu entendimento, para defesa dos interesses da Fazenda pública:

1) A primeira tinha que ver com as terraplanagens;
2) A segunda referia-se às demolições;
3) A terceira era a reutilização dos materiais resultantes dessas mesmas demolições.

Quanto ao aspecto topográfico, Costa e Silva defendia que se deveria manter o nível existente, correspondente à implantação que a Real Barraca tinha com a eliminação de todos os acidentes do terreno da envolvente serem eliminados, para se conseguir uma plataforma uniforme. Preconizava ainda o derrube de todas as paredes remanescentes, considerando insusceptível o seu reaproveitamento. Embora fosse tarefa morosa a decisão tornava-se inevitável.

Concordava também com o terceiro problema, o da reutilização da caliça. Advertia porém que ao ser misturada, esta deveria ser previamente limpa de forma irrepreensível, para não prejudicar a liga obtida com a junção dos materiais.

Em fase subsequente, já para o arranque efectivo da obra conhecemos o Contrato de Desentulho – "Arrematação que fez o mestre Antº Vicente do entulho e dezentulho do novo Real Passo no sitio da Ajuda" – realizado na altura, em 27 de Julho de 1795. Um documento que reflecte aqueles julgamentos, afigura-se-nos, sobretudo no que respeita à orçamentação da operação de desentulho, imprescindível ao começo dos trabalhos.

Os escombros retirados deveriam ser depositados "para lá da estrada da Opera das Casas Reais" (ATC 685/1: 76-78; Anacleto 1986), isto é, por detrás do palácio do conde de Óbidos como vimos atrás, na localização avançada do teatro.

Como curiosidade assinale-se que na escritura intervêm, além do próprio Manuel Caetano de Sousa, o seu pai Caetano Tomás de Sousa, mestre empreiteiro e arquitecto, e o seu filho Francisco António de Sousa, também arquitecto. Uma conjuntura que denota, embora ambos fossem ajudantes da Real Casa do Risco das Obras Públicas, o interesse não inocente de Caetano de Sousa neste empreendimento. Tudo mais tarde lhe virá a ser cobrado, como veremos.

É conhecido, como se mencionou, que o autor do projecto que vem a substituir a Real Barraca é Manuel Caetano de Sousa (1747-1802), arquitecto muito influente nos meios cortesãos, das Ordens Militares e da alta burguesia – promovera-se havia pouco, pela morte de Reinaldo Manuel em 1792, ao cargo de arquitecto supranumerário das Obras Públicas. Caetano de Sousa acabara recentemente (1786-1792) de dirigir a importante construção do Quarto da Camareira e das Damas e do corpo do palácio de Queluz conhecido como "Ala de D. Maria I". Instalações relativamente autonomizadas do restante palácio, numa iniciativa que se prenderá com a fragilização do estado de saúde da rainha e com a assunção dos assuntos governativos por parte do príncipe D. João. Mantinha também a posição invejável de ser Sargento-mor com exercício de engenheiro e arquitecto, Arquitecto da Casa do Infantado, da Patriarcal, para além do cargo inicial de Arquitecto das Ordens Militares de Avis e de São Bento (1762).

O projecto para o Paço da Ajuda, de Caetano de Sousa, foi realizado de modo veloz, em face das circunstâncias de emergência e da necessidade de reparar uma calamidade aflitiva. Os pressupostos da encomenda entroncam-se num modelo da residência de corte sumptuária, que reportando embora ao arquétipo de Queluz, o qual ainda se colava ao discurso tardo-barroco matizado pelo vocabulário *rocaille*, virá a repercutir-se na concepção de todo o seu projecto. Nesta equação deve ressaltar-se a ala de Mateus Vicente de Oliveira, 1747-1748, correspondente à fachada de cerimónia de Queluz, cujo exemplo Caetano de Sousa não deixa manifestamente de tomar de empréstimo, face à predilecção que os monarcas manifestavam por este seu palácio.

A escala do novo edifício da Ajuda deriva porém em primeira-mão do modelo de Mafra, que bem recentemente tinha sido objecto de uma revisitação (1779-1789) na Basílica da Estrela, através do risco do próprio Mateus Vicente de Oliveira. Esta obra, dedicada às Carmelitas Descalças, muito cara à rainha D. Maria I, retoma a estética joanina numa retórica de poder, em que os valores ideológicos e religiosos conotados a seu avô são reafirmados num programa que quer envolver o reinado. A espiritualidade mariana vertia-se naquela reapropriação, restaurando decisivamente uma linguagem que o pombalino procurara contornar ou reenquadrar, ao nível da arquitectura religiosa. (Silva 1997: 146 ss.; Silva 2004; França 1977).

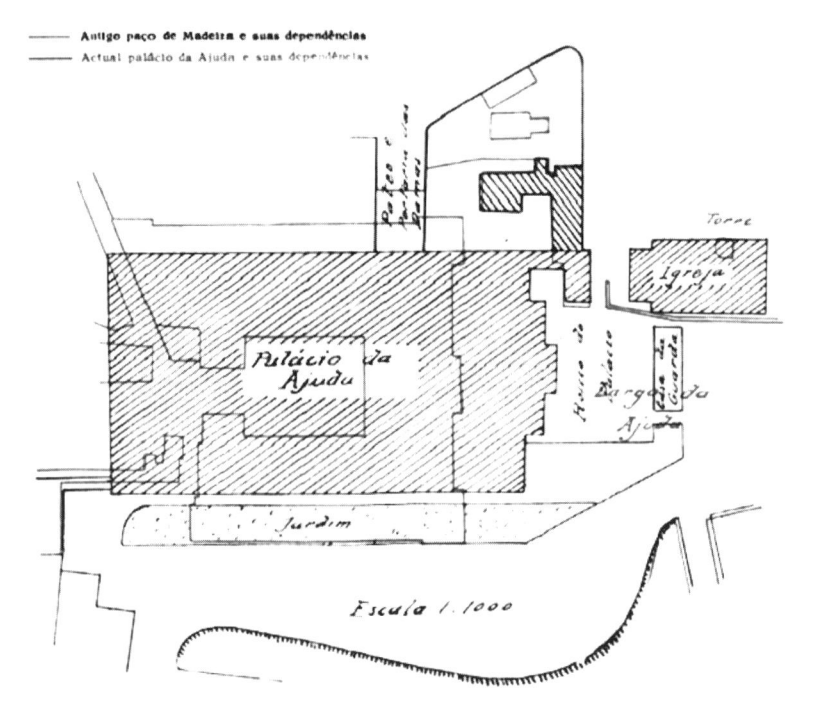

FIG. 4.7 – Plantas sobrepostas do antigo Paço de Madeira
e do novo Palácio da Ajuda (Sanches 1940).

Voltando à Ajuda, o risco de Caetano de Sousa retoma a morfologia dos dois torreões laterais, identificadores do monumento mafrense, que terão recebido influência directa por sua vez do torreão filipino do Paço da Ribeira. As cúpulas bulbosas que aqueles apresentam resultam inequivocamente de influências germânicas, tendo em atenção a nacionalidade do arquitecto responsável da obra. João Frederico Ludovice (1670-1752), natural da Suábia, no Sul da Alemanha.

Facto é que o projecto de Caetano de Sousa viria a ser aprovado juntamente com a obrigação de lidar com todas as dificuldades de construção impostas pelo lugar. A inclinação do terreno era no mínimo considerável e a fachada principal que viria a ser a Sul, tinha uma cota substancialmente inferior ao *plateau*, onde a Real Barraca fora levantada.

A gigantesca mole de Mafra fora transportado para a Ajuda, regendo uma monumentalidade que nenhum outro edifício desde a época joanina tinha atingido – a sua envergadura é comparável apenas à desmesura do edifício do Erário Régio: "uma construção maior do que o próprio reino", e que acabou por nunca ter passado das fundações: premonição nefasta para o que haveria de suceder à Ajuda.

A sua representação arquitectónica, na paisagem de fundo do retrato de aparato do Príncipe, da autoria de Domingos António de Sequeira (1768-1834) hoje no palácio da Ajuda, ajuda-nos a confirmar a sua gigantesca volumetria. Mesmo as suas morfologias caucionam esta leitura, ainda que não sem alguma controvérsia[7].

Fig. 4.8 – Retrato do Príncipe Regente D. João por Domingos António de Sequeira, 1802 (PNA).
À direita, em cima, detalhe do retrato com o Palácio da Ajuda.
Em baixo, um dos torrões de Mafra.

---

[7] A data da pintura normalmente estabelecida em 1802 levanta a interrogação do motivo, porque Sequeira terá usado ainda a maqueta Caetano de Sousa e não a de Costa e Silva, posto que o recomeço das obras, sobre o novo projeto é desse ano precisamente; v. (Porfírio 1996: 180).

Os alçados do Palácio da Ajuda que se encontram na Biblioteca Nacional do Rio de Janeiro reforçam esta apreciação estética. O vocabulário empregue parece ser o de Caetano de Sousa, sobremaneira as áticas do coroamento das janelas arquitravadas, precisamente as que vemos hoje no piso térreo dos torreões Norte e Sul. O mesmo se pode dizer da composição dos corpos centrais da fachada no desenho citado, onde a articulação da portada principal com o janelão nobre (em duas versões) segue as regras sintácticas deste arquitecto (BNRJ Iconografia; França 1977). Estes dois documentos transportam finalmente informação susceptível de nos esclarecer sobre o delineamento do projecto de Caetano de Sousa de 1795.

Apreciaremos mais adiante a interposta conflitualidade (já anunciada) entre os dois arquitectos, Caetano de Sousa e Costa e Silva, e as consequências terríveis para o primeiro que verá o seu projecto substituído por outro da responsabilidade da Costa e Silva e de Fabri.

No que se refere à execução da obra do Real Palácio da Ajuda, temos conhecimento da existência da Escritura definitiva feita com os mestres empreiteiros para a obra do Real Palácio da Ajuda, lavrada em 8 de Abril de 1796 (ATC 685/1: 82-92; Carvalho 1977: 68), cerca de um ano após o parecer do arquitecto Costa e Silva. A escritura é dividida em duas partes, sendo:

a) a primeira constituída por todas as cláusulas respeitantes à Construção do edifício;
b) a segunda enunciando todos os Custos relativos aos encargos descriminados na primeira parte do documento:

Primeiro: A obra de **alvenaria** *deverá ser de pedra rija, saída das* **pedreiras** *de:*
Rio Secco,
Penedo,
Outras Terras de Sua Magestade
E outras que o arquitecto indicar

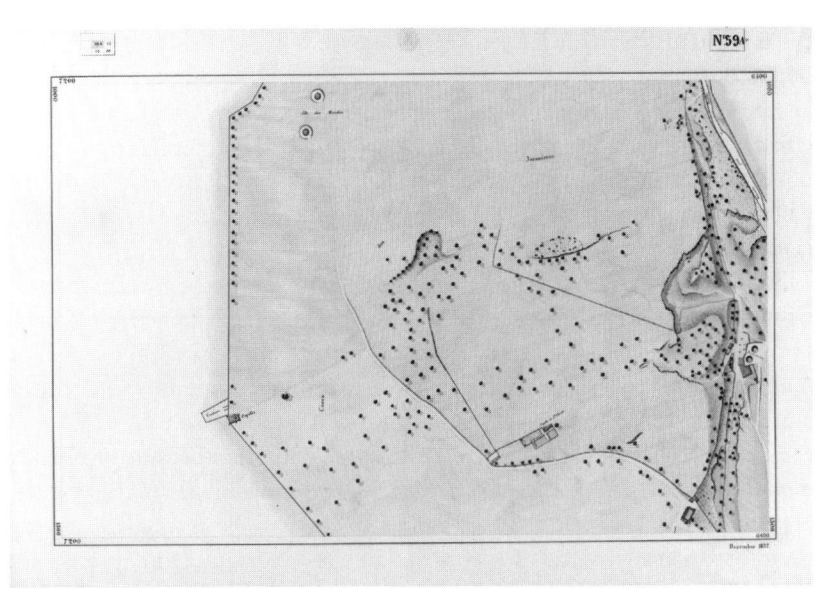

FIG. 4.9 – Sítio da Pedreira de Alcolena, onde hoje se situa o Estádio do Restelo. Levantamento de Lisboa de Filipe Folque, 1857 (AHM).

Neste aspecto, Costa e Silva recomendará que: "quando se determina de abrir uma pedreira por conta das obras, he sem duvida que a da Carrasqueira hé, por juízo de todos os práticos julgada a melhor, tanto pela facilidade do arranco, como pela boa qualidade da pedra, capas de toda a qualidade de obra, e atè para estatuas" (ANRJ 620: 9, 12, 19; Pinto 2005: 29).

Segundo: A **Cal** para construir este edifício deverá vir de Alcântara e a melhor que for fabricada nos montes por "ser caldada com agoa doce".

A **Areia** deve vir do sítio do Alfeite cavada na Carreira (observando-se que não se receberá a que vier vizinha ao mar por trazer partículas salinas).

Terceiro: O **Tijolo** necessário para as abóbadas e arcos das Salas será proveniente de Alhandra; mas para outras partes poderá ser de sequeiro.

A pedra que se considerava toda de lioz sem quaisquer imperfeições, nas colorações avermelhadas, azuladas e pardo seria obtida em Pero Pinheiro, mas se fosse "bastardo" viria de Belas, Vila Chã ou de Monsanto.

A escritura é preciosa de informação sobre a minúcia da prática construtiva, primacialmente nas vertentes de obra ligadas à preparação de cantaria para o programa arquitectónico, com referenciais à gramática das ordens clássicas ainda usadas pelos arquitectos tardo-barrocos. Exigências de elevada mestria de execução.

Distinguiam-se os balaústres, a arquitrave, a cornija, as bases e as próprias colunas ou pilastras, o capitel jónico, "de quatro volutas metidas em ângulos dos ábacos do capitel com seus festoens, cauniculos, ovos, e contas torneadas na forma da sua ordem" – com todos os seus preços afinadamente enunciados.

Sublinhe-se que se atribuía a consignação semanal para os pagamentos da Obra em 900.000 reis, impondo de modo taxativo que as: "As mediçoens desta obra seraõ feitas pelo Architecto com dous ou mais, Engenheiros, escrevendo hum em quaderno, e o outro em livro separado, os quais assentos seraõ conferidos por todos os trez, e pellos louvados dos mestre arrematantes" (ATC 685/1: 82-92; ANRJ 620: 143-145). A verba era consideravelmente avultada a demonstrar que se queria celeridade, pelo que a pontualidade dos pagamentos era um requisito inquestionável. Sabemos que os deslizes orçamentais se repetiam com toda a impunidade e a calendarização constituía um objectivo de somenos importância.

De modo enfático é ressaltado que o estaleiro e os seus responsáveis são obrigados ao cumprimento estrito da execução dos desenhos e plantas fornecidos pelo arquitecto, anotação que impunha um princípio de autoridade e de protecção do responsável pelo projecto. Aos mestres pedreiros era exigida a observância dos riscos que superiormente estavam aprovados. Isto é "executar a mesma Obra coma maior perfeiçaõ, e segurança pelos desenhos que receberem do Coronel Ingenheiro Manoel Caetano de Souza por elle assignados" (ATC 685/1: 82-92; ANRJ 620: 143-145).

À coroa competia providenciar a preparação dos telheiros em que os canteiros deveriam trabalhar. Nas plantas estas construções são assinaladas no gaveto da rua do Mirante com a calçada da Ajuda. O encargo com a sua realização era semelhante ao que já havia sido assumido com os barracões para a preparação da "pedraria" para a Obra do Erário Régio, situados no local onde hoje é a Travessa do Abarracamento de Peniche, confinantes com os terrenos do palácio do conde de Soure.

FIG. 4.10 – Pormenor do Alçado da fachada nascente do Palácio da Ajuda, Manuel Caetano de Sousa, *ca*. 1795 (BNRJ).

Apesar de todos estes "regimentos" e passados cinco anos, o desenvolvimento da obra entra em trepidação provocando um volte face, no mínimo teatral, em toda a sua estrutura. Para melhor entender esta mudança, estabeleçamos uma micro-cronologia dos factos que a partir deste período irão ocorrer e que terminarão por levar à queda de Manuel Caetano de Sousa, como responsável máximo da construção, em Janeiro de 1802.

Assim, logo em 10 de Novembro de 1801 um severo Aviso é estabelecido, colocando uma espécie de sindicância à Obra, alterando doravante e bruscamente o *modus operandi* até aí em vigor. Esta nova imposição consistia de clausulado violento, quer do ponto de vista da administração do estaleiro quer da sua avaliação quanto ao desenho arquitectónico. Condições referidas a uma perfeição que deveria passar a ser controlada por "Professores e Pessoas de conhecidas luzes em Architettura Civil" (BNRJ 29.11.1801). Uma exigência que parecia ser destinada a melindrar os engenheiros-arquitectos militares.

Pedia-se expressamente uma peritagem às obras da Ajuda, não só dos desenhos que obrigatoriamente deveriam ter sido seguidos e dos que por qualquer motivo não se puderam concretizar. Inquiria-se sobre os custos dos materiais que se tinham já realizado. Dava-se primazia a uma cláusula fulcral que passaria a ser sempre objecto de escrutínio que consistia em saber responder às seguintes questões: Quando acabaria a obra? E qual era o orçamento necessário à sua conclusão?

O parecer a elaborar deveria ser acompanhado de "todas as justas considerações sobre o risco actual e desenho da obra com o juízo mais imparcial". Esta condição é a que tem sido mais empolada pelos estudiosos para explicar o afastamento, sem apelo nem agravo, de Manuel Caetano de Sousa da direcção da obra.

Fig. 4.11 – Retrato de Rodrigo de Sousa Coutinho.
Desenho de F. Bartolozzi (MNAA).

A nova conjuntura era completada por um Decreto do Príncipe Regente D. João que passava a dar plenos poderes a D. Rodrigo de Sousa Coutinho, Secretário dos Negócios da Fazenda e Presidente do Erário Régio para conduzir o implacável inquérito inopinadamente levantado (BNRJ 20.11.1801). O Relatório considerado de emergência, ainda datado de Novembro, desejava obter fundamentação rápida nas opiniões isentas dos arquitectos José da Costa e Silva, Francisco Xavier Fabri (1761-1817) Joaquim de Oliveira.

A aceleração dos factos caminhava em desfavor de Caetano de Sousa e viria a sustentar, com efeito, um veredicto que se afigurava já estar tomado.

Face à inegável ruptura que iria ocorrer mais uma vez entre Costa e Silva e Caetano de Sousa, agora a 29 de Novembro de 1801, era pedido novo parecer a Costa e Silva, tal como acontecera em 1795. Em resposta eloquente a esta incumbência de D. Rodrigo de Sousa Coutinho, Costa e Silva formula não só uma espécie de teoria geral de gestão de uma obra monumental, como também os princípios básicos de economia que nela se devem observar.

Quanto à avaliação das verbas dispendidas, respondendo ao pedido para que "se dé uma conta dos materiais e jornas que até ao presente forão empregadas na construção daquela parte do novo palácio como está feito..."(BNRJ 29.11.1801), Costa e Silva considera que o método mais seguro para a levar a cabo seria através da Medição dos materiais e da mão-de-obra. Como a obra tinha sido dada de empreitada, as certidões do arquitecto medidor constituiriam o elemento mais seguro para obter o valor que se queria conhecer. Adiantava no entanto assertivamente e por mera estimativa que: "parece-me que o valor da Obra já feita, e dos materiais ainda não empregados, poderá ser de quasi um milhão de cruzados"(ATC 685/1: 76-78).

No que se refere ao custo total previsível que lhe era solicitado arriscava também categoricamente a cifra de cerca de quinze de milhões de cruzados. Cálculo baseado fundamentalmente na análise minuciosa que teria efectuado a partir dos desenhos que lhe tinham sido entregues para avaliação.

Várias décadas mais tarde em 1865, Possidónio da Silva, outro arquitecto experiente no acompanhamento de estaleiros, estimará em 11 milhões de cruzados a verba dispendida nos 3/8 oitavos do palácio efectivamente construídos (ou seja, a área actual). Uma verba que resultaria credível depois das múltiplas indecisões e atropelamentos que tinham acabado por conduzir a administração do estaleiro a uma situação caótica, geradora de ónus financeiros brutais[8]. Por sua vez Pinho Leal, em 1872, referindo-se no seu *Diccionario* ao palácio da Ajuda, empolará a sua magnificência legitimando os gastos mesmo que escandalosos, neste registo: "Posto que ainda nem metade d'este edifício esteja cons-

---

[8] (Silva 1865: 6), onde ressoa uma mordacidade para com os gastos excessivos da obra: "Vejamos agora o que presentemente substituiu a extravagante decoração de uma sala que estava prompta, pertencente a um palácio real em que se gastaram onze milhões de cruzados nas obras !!".

truído (a seguir-se a planta d'elle) póde afoutamente dizer-se que é um dos mais vastos e sumptuosos palácios reais da Europa.". (Leal 1873: 42).

Mas voltando ao período de 1801-1802, deve-se acrescentar que sobre o escalonamento das verbas a afectar à construção, Costa e Silva também não demonstrava muitas hesitações. Especificava que ela poderia ser realizada em seis anos e concluía que os restantes 14 milhões a disponibilizar deveria ser consignados em anuidades, com o seguinte faseamento:

1º ano – 600.000 cruzados;
2º ano – 1 milhão de cruzados;
3º ano – 2 milhões de cruzados;
4º ano – 3 milhões de cruzados.

Assim nos primeiros quatro anos a despesa seria de seis milhões e 600 mil cruzados. Nos dois anos finais, o quinto e o sexto, gastar-se-iam 7 milhões e quatrocentos mil cruzados. Estas estimativas eram acompanhadas de considerações de suposto bom senso, da maior "ponderação e attentissima consideração", relativamente ao método a adoptar na medição dos trabalhos, cuja discussão se centrava entre:

1) o pagamento à jorna, isto é, com salários diários ou semanais;
2) o pagamento por empreitada.

De forma determinada, propunha que fossem realizadas "empreitadas e subempreitadas, em detrimento da solução "ordenado" que lhe parecia a menos rentável. Esta opção permitiria a redução do risco de falsificação, se o empreiteiro não fosse uma pessoa honrada e visasse apenas obter lucros fáceis. Uma modalidade que pressupunha uma ética irrepreensível, que apelidava de "boa e sã consciência".

Os preços antes contratados seriam pagos, depois de as obras serem realizadas, através de medição, devendo os louvados ser pessoas bem formadas e sem interesses na obra, "pessoas desinteressadas e de consciência bem justa".

O PALÁCIO DA AJUDA "A FERRO E FOGO" 99

Ioze Pedro d.º Carv.º Grad.º no Foro d.º Repost.ª, e M.e da Repart.ão dos Pedreiros, nesta R. Obra do Novo P. d'Ajuda p.ª S. Mag.e Fidel.ma com 72 an.s d.e Id.e eo p.ri.mo q. assentou a primeira pedra nesta d.ª Obra em Maio, 179º

Fig. 4.12 – Retrato de José Pedro de Carvalho, Mestre da Repartição dos Pedreiros na Obra do Novo Paço da Ajuda, de Bartolomeu Calisto, 1818 ((PNA).

Assinalava também com ênfase que qualquer trabalho arrematado por empreitada ou por pagamento de jorna, deveria ser fiscalizado por um grupo de fiscais nomeados pela Inspecção das Obras Públicas, nas suas palavras "Mestres intelligentes, fiéis, e vigilantes" (ANRJ 620: 143-145). Esta medida o que se traduziria num instrumento de economia e de rigor construtivo, pelo efeito de prevenção de desvios e de distorção de qualidade comuns nestes casos. A execução dos trabalhos passaria assim a ser enquadrada por controladores de qualidade e por boas regras de aplicação dos materiais. Era também exigida a vigilância sobre a identificação e a proveniência dos materiais. Os lugares de origem deveriam ser acessíveis e a sua preparação devidamente controlada de modo a não haver interrupção dos trabalhos, "porque huma falta, além de causar retardação e demora, ordinariamente porta consigo, também augmento de despeza" (ANRJ 620: 143-145, 1795). O aprovisionamento deveria ser assegurado de modo a que o ritmo e a dinâmica construtivas não implicassem paragens desnecessárias e não constituíssem factor de sobrecarga orçamental.

O escrupuloso documento era rematado ainda com uma declaração de grande humildade em relação a todo o seu conteúdo. Tudo correspondia no essencial ao seu pensamento "para a boa e económica construção de uma obra".

Quanto ao modo de encarar a obra do palácio da Ajuda entretanto realizada ao longo de quase seis anos e as estratégias a definir para o novo projecto, Costa e Silva demarcava-se de Francisco Fabri, gerando uma situação de autoria partilhada ou bicéfala.

Assistiam-lhe várias razões, que iam desde a localização alternativa ao aumento de escala do edifício. Por estas razões não assinou o memorando preparado por Fabri, alinhando os seus considerandos num relatório autónomo.

Costa e Silva opunha-se a que a nova proposta advogasse o crescimento do palácio, quer para Sul (já que provocaria uma ruptura com a pré-existência e implicaria a demolição do que já estava feito) quer para Norte na direcção do Jardim da Princesa (porque iria encontrar um significativo desnível de terreno). O crescimento no sentido Norte seria muitíssimo dispendioso, por arrastar o desentulho do dito monte. Trabalhos cifrados por Fabri em 270.000 cruzados, mas que Costa e Silva considerava subestimados. A demolição de toda a envolvente da Patriarcal era igualmente inevitável, o que deveria ser levado em conta nos orçamentos.

Sempre segundo Costa e Silva, a ampliação da obra seria uma insensatez, posto que crescendo mais cem palmos (ou seja 22 metros lineares) os custos subiriam a 3 milhões de cruzados.

Revistos os novos ditames de Costa e Silva é útil regressar à processualidade em torno da direcção da obra. Na verdade, Sousa Coutinho engendrou um método expedito de cercar Caetano de Sousa, nomeando uma espécie de Junta

Directiva em que este se viu despromovido, embora nela mantivesse assento (ATC Bahia: 236). Para além dos pedidos de pareceres, Sousa Coutinho determinou que:

1. Todos os riscos fornecidos à obra passassem a necessitar de quatro assinaturas: três de arquitectos (José da Costa e Silva, Francisco Xavier Fabri e Joaquim de Oliveira) e a do Coronel Manuel Caetano de Sousa);
2. Todos os ordenados de todos os canteiros passariam a ser sujeitos a visto;
3. As folhas das obras obrigatoriamente seriam assinadas pelos três arquitectos referidos, deixando de lado a Caetano de Sousa;
4. As verbas entregues para o pagamento dos ordenados seriam expressamente entregues, e só, a José da Costa e Silva e a Francisco Xavier Fabri.

FIG. 4.13 – Vista da actual fachada principal do único corpo construído do Palácio. O edifício em primeiro plano à direita correspondia à Sala da tapeçaria da Real Barraca (postal ilustrado *ca.* 1900).

Patente é a subalternização de Caetano de Sousa, que configura uma espécie de moção de censura, onde os factores de administração da obra parecem ter pesado significativamente. Ou fosse pela intermediação do Príncipe Regente, que queria ainda proteger um velho e dedicado servidor mantendo-o na obra, ou pela astúcia de Sousa Coutinho de forçar Caetano de Sousa a uma demissão *motu proprio* (que a D. João certamente agradaria muito mais), o certo é que a fórmula urdida veio a surtir a estratégia maquinada.

Depois de nos últimos dias de Dezembro os ordenados dos operários ainda terem sido remetidos para a Junta dos três arquitectos, cerca de um mês depois o Inspector-Geral das Obras Públicas manda afastar Caetano de Sousa. Em sua substituição é nomeado Joaquim José de Azevedo (o futuro barão do Rio Secco), (ATC Bahia: 238). Como Inspectores da obra são escolhidos o já guarda-jóias da corte João Diogo de Barros Leitão de Carvalhosa (depois 1º visconde de Santarém) e Januário António Lopes da Silva.

Se dermos crédito ao relato de Cyrillo, Caetano de Sousa muito incomodado com todos os constrangimentos indecorosos dispôs-se a enfrentar Sousa Coutinho no Palácio de Queluz, sem perceber a correlação de forças que lhe eram adversas pelo que o ministro frontalmente lhe terá dito "diante de Sua Alteza cousa que se apaixonou tanto, que morreo logo em 1802". Altercação tempestuosa com resultado fulminante levou a que num ambiente patético, a 24 de Maio, se efectuasse o enterro de Manuel Caetano de Sousa na Igreja do Carmo, segundo instruções do Príncipe Regente (ANBA 1936; SL).

Outros desfechos de duelos entre arquitectos régios tinham ocorrido em Portugal em períodos históricos anteriores. O espaço hegemónico conquistado por João Frederico Ludovice na corte joanina, foi conseguido obstaculando a acção de Antonio Canevari que acabou por regressar abruptamente a Roma em 1732 depois de uma prestação excepcional. Para não recuar tão longinquamente, basta recordar a época manuelina e invocar o surpreendente afastamento inapelável de Boytaca do estaleiro dos Jerónimos, assumindo João de Castilho a direcção do monumental empreendimento em 1517.

A "decapitação" de Caetano de Sousa tornou-se na sua dramaticidade o caso mais brutal na História da Arquitectura em Portugal, na pessoa de um coronel-engenheiro, que ao seu tempo absorvia fatia significativa da encomenda régia, militar e civil, num contexto de intensa dinâmica construtiva.

FIG. 4.14 – Proposta de construção global do Palácio da Ajuda ao nível do piso térreo que compreendia três corpos com a escadaria nobre a os jardins virados a Sul, atribuído a A. F. Rosa (AHMF).

Conclusão

Não dispomos de documentação suficiente para uma clarificação das motivações de alguns dos protagonistas deste folhetim algo "cabalístico". Seria Sousa Coutinho o único autor da estratégia para a concretização do afastamento de Caetano de Sousa? Sabemos que depois de toda a conflitualidade aberta com o levantamento do Erário Régio (1789) e da assunção do cargo de Inspector, dois anos depois quando da morte do marquês de Ponte de Lima, este Secretário da Fazenda se defrontou com incompatibilidades e divergências, que se tornavam onerosas para os cofres públicos (Silva 1997: 208-212; Monteiro 2009:431)[9]. Eventualmente não terá apreciado as exigências de

---

[9] Sousa Coutinho foi antes enviado extraordinário à corte de Turim e depois ministro plenipotenciário, tendo no regresso obtido pelo competente desempenho, a nomeação para

Caetano de Sousa que tinha recebido uma indemnização milionária, paga pelo Cofre do Donativo dos 4%, como compensação de ter visto demolida a sua morada de casas à Cotovia.

Cyrillo levanta o véu quanto aos escrúpulos profissionais de Caetano de Sousa aludindo ironicamente que "Nunca a Arte da Pintura foi tão mecânica, nem a d'Arquitectura tão liberal..."[10]. Se assim era os custos de intermediação que arrecadava e a gestão de obras como no caso do Quartel de Queluz, onde receberia comissões, terá criado uma nuvem de fumo de culpabilização, que Sousa Coutinho não poderia tolerar, ele que se batia denodadamente pelo rigor contabilístico. O Decreto que afasta Caetano de Sousa da administração financeira da obra é expresso em afirmar que os canteiros serão tabelados pelos valores que pelas "obras publicas e reaes, se costumão pagar." – ressalva que conotará alguma inflação menos regulamentar, mas já de conhecimento generalizado.

No plano estético da obra, qual é a cota neste processo de despedimento sumário que se lhe pode atribuir? Isto é, teria o projecto tardo-barroco, no grau de avanço da obra, causado tanta rejeição ao ministro que a sua dardejada obsolescência caucionaria a implosão do projecto de Caetano de Sousa?

Conhecemos a posição política de fundo de Sousa Coutinho ao advogar a importância do conhecimento científico e das artes para a transformação e o progresso do país: "as Luzes são sempre um grande e necessário instrumento da grandeza das nações" (ANTT 1786). Acrescentava que em monarquia essa compreensão do progresso se traduzia na "inclinação natural com que todos os grandes soberanos... se mostraram sempre protectores das artes e das ciencias"[11]. Sustentava mesmo que o Príncipe D. João, a quem vinha lisonjeando repetidamente como forma de fazer passar todo o seu criticismo explícito face aos ministros sem competência, "que do meio de tão gloriosas fadigas só se vê

---

a pasta da Marinha, 1795, não sem antes ter sido apontado para a Embaixada em Viena de Áustria. Veja-se que o novo Hospital de Marinha é igualmente uma iniciativa sua, ligada a novos propósitos sanitários e à importância que lhe dava no contexto ultramarino e foi buscar Fabri, um projectista que trabalha depois na Ajuda, para o seu desenho. A Cordoaria nesta mesma orientação esteve também sob o seu impulso.

[10] Já em Setembro de 1796, pouco tempo depois de obra ter começado já a Contadoria do Erário Régio que controlava as despesas da Ajuda faz uma inquirição a Caetano de Sousa sobre os pagamentos que efectuara dos destroncamentos, que eram contratualmente da responsabilidade dos Empreiteiros (Machado 1922).

[11] Discurso de 5 de Fevereiro de 1801 (Coutinho 1783-1811: II 197).

descer para repousar no seio das artes e das ciências que reconhece como a mais segura e permanente base da monarquia"[12].

Este posicionamento permitiria concluir que tal determinação veemente se reflecte num enunciado que programaticamente convoca um dirigismo ilustrado das Artes – a que se associava a obstinação de querer ver no Soberano o expoente de uma vocação imperial que ele próprio congeminava e que importava reinstalar a curto prazo já que se encontraria moribunda. Robustez política na conjuntura parecia não lhe faltar e sua parada política e governativa, na senda do aprendizado com Pombal, consignava-lhe um autoritarismo que ninguém poderia deter.

No que se refere às opiniões dos pares de profissão de Caetano de Sousa, sabemos que já depois da decisão de afastamento tomada, Fabri verrinoso, taxava a arquitectura do palácio da Ajuda própria de um mestre entalhador. Costa e Silva, por seu turno, situava as suas observações negativas na definição do programa e no excesso decorativo patente através de muitas "pilastras e pilastrinhas", subscrevendo o aforismo que "ornato é delito". Chegando na ortodoxia da gramática clássica a considerar que: "Não consiste a belleza, de que se falla, na profuzão de ornamentos e efeitos, e na qualidade da matéria se pode e se deve dar" (ANRJ 620: 143-145; Gomes 1988: 79-95). Pondo sempre a tónica também em questões de administração da obra e de planeamento, segmentos a que Sousa Coutinho era particularmente sensível.

A estruturação do "governo" da obra, da fiscalização e até do *timing* que o ministro Sousa Coutinho invoca parecem derivar dos considerandos de Costa e Silva. Mas será conjecturável que este tivesse intrigado nos bastidores, com subtileza, ajudando a catalisar um afastamento e a empurrar Caetano de Sousa para o precipício?

Caserta era o arquétipo de Costa e Silva, como mais de uma vez revelou, nomeadamente em 1776 quando duma viagem de estudo feita a Nápoles onde transmite a Joaquim Inácio da Cruz Sobral (ANRJ 1776) as impressões que tinha diligentemente colhido das muitas "fabricas tanto antigas, como modernas. Entre estas o Real Palácio de Caserta, hum dos maiores da Europa, ainda que não inteiramente acabado, me tem dado largo campo de estudar, produzindo no meu animo ideias magníficas, grandiozas, e todas conformes ao bom gosto da arquitectura". Uma Versailles ofuscante nos arredores da capital do

---

[12] "Discurso para se ler na sessão da Sociedade Marítima que S.A.R. o Príncipe Regente Nosso Senhor se digna honrar com a sua real Presença", 19 de Janeiro de 1802 (Coutinho 1783-1811: II 198).

reino de Nápoles e das Duas Sicílias para o Bourbon Carlos III (de Espanha), começada a construir em 1752 por Luigi Vanvitelli. Em 1773, à morte deste ainda não estava concluída.

Será ainda que a monumentalidade interiorizada e que contaminava os seus megalómanos desenhos apresentados na Clementina de Bolonha (e o da colossal residência régia com que foi admitido na Accademia de San Lucca de Roma em 1788) o teriam impulsionado a "minar" a pertinência de um projecto que nestas premissas não era digno de uma corte europeia civilizada? – Uma situação que para o cosmopolita Rodrigo de Sousa Coutinho constituiria um argumento de Estado?

Costa e Silva redimir-se-ia assim do desaire do Erário Régio, frustração que o importunaria. Vingar-se-ia, ultrapassando letalmente Caetano de Sousa, e o ministro assinaria um projecto que a história colocaria no patamar da contemporaneidade artística – ele que na verdade era um governante com estatuto europeu.

Inquestionável é que a modernidade política e intelectual era iluminada, o que correntemente faz associar tal modelo ideológico ao neoclassicismo. Contudo reconheçamos que o que lhe proporcionou uma cultura estética requintada, até pela ligação à corte do Piemonte, foi a assombrosa complexidade estrutural e ilusionística de Guarino Guarini (1624-1683) e a obra tardo--barroca de Juvara (1678-1736). Inseridas numa cenografia urbana de grandes virtualidades expressivas, que se tornaram o ápice da sua escalada (Schulz-Norberg 1980)[13]. O teatro e a ópera de corte demonstrariam outros dos seus consumos culturais mais regulares.

Estão assim por esclarecer as opções subjacentes à sua informação artística, já que também desposara uma aristocrata, a condessa Dona Gabriela Asinari, que cultivava com mérito a pintura.

É de admitir que uma corte transatlântica – numa projecção histórica convicta, a sua: "O Brazil, sem duvida a primeira Possessão de quantas os Europeus estabelecérão fóra do seo continente, não pelo que he actualmente, mas pelo que pode ser tirando a sua extenção situação e fertilidade todos os partidos, que a Natureza nos offerece". (Funchal 1908: 44) – se reveria mais na grandiosidade monárquica de Caserta, inscrita no imaginário faustoso Luís Quatorziano Versaillesco, do que num palácio cenário retardatário para uma corte

---

[13] Na colecção de manuscritos da Biblioteca de Sousa Coutinho que foi posta à venda em 1895, refere-se uma "Nota dos modelos de architectura militar, em madeira, feitos em Turim para a côrte de Portugal, n°96".

hedonista no seu auto comprazimento. Fantasmaticamente, porém, o real paço da Ribeira de Terzi na sua grandiosidade à beira do Tejo, revisto arquitectonicamente no programa (ilustrado) pombalino, seria o arquétipo que lhe servia para uma modernidade, porque nela se reveria, e que também queria para o país:

"Tu, que ao Sexto JOÃO darás grão Nome,
/Qual deo Carvalho ao grão JOSÈ Primeiro." (Rédmund 1802: 9, 17)[14]

Para Sousa Coutinho o pragmatismo de Pombal (de quem era afilhado de baptismo, sendo este em 1755 Secretário de Estado dos Negócios Estrangeiros e da Guerra) inspirava-lhe ainda um modo de sustentabilidade governativa – evaporados que haviam sido, perto de cinquenta anos.

---

[14] Em (Rédmund 1802: 17) insiste-se na homologia ainda mais retórica: "Observa num pedestal de ouro a seu lado,/ Que já gravado tem: Sousa Coutinho:/Como a par de Josè, Carvalho e Melo!."

BIBLIOGRAFIA

ABECASSIS, Maria Isabel (2009), *A Real Barraca, A Residência na Ajuda dos Reis de Portugal após o Terramoto (1756-1794)*. Lisboa: Tribuna da História.

A.M.L.(1794), *Ao Incendio do Real Palácio de N. Senhora da Ajuda. Ode.* Lisboa: Off. de Antonio Gomes.

ANACLETO, Regina (1986). "Neoclassicismo e Romantismo", in *História da Arte em Portugal*, vol. 10. Lisboa: Alfa.

BASTOS, Celina (2007). "A Real Barraca no sítio da Ajuda e as encomendas da Casa Real: alguns elementos para o seu estudo", Separata, *Revista das Artes Decorativas*, nº 1, U.C. Portuguesa.

BECKFORD, William (1901), *A Corte de D. Maria I, Correspondência*. Lisboa: Tavares Cardoso e Irmão.

BEIRÃO, Caetano (1956), "O Terramoto de Lisboa de 1755 – Novos Documentos". *Panorama*, III Série, nº 1.

CÂMARA, M. Alexandra T. Gago da (1996), *Espaços Teatrais Setecentistas*. Lisboa: Livros Horizonte.

CARRÈRE, J. B. (1796), *Panorama de Lisboa no ano de 1796*. Série Portugal e os Estrangeiros. Lisboa: Biblioteca Nacional, 1989.

CARVALHO, Ayres de, coord. (1977), *Catálogo de Desenhos da Biblioteca da Nacional de Lisboa*, Lisboa: BNL.

CARVALHO, Ayres de (1979), *Os Três Arquitectos da Ajuda. Do Rocaille ao Neoclássico*. Lisboa: Academia Nacional de Belas-Artes.

CASTRO, Padre João Baptista de (1763), *Mappa de Portugal Antigo e Moderno*, Tomo V, Lisboa: na Officina Patriarcal de Francisco Luiz Ameno, 2ª ed. rev. e aumentada.

COUTINHO, Rodrigo de Sousa (1783-1811), *Textos Políticos, económicos e financeiros: 1783-1811, D. Rodrigo de Sousa Coutinho*, coord. Andrée Mansuy. Lisboa: Banco de Portugal, 1993, Tomo II.

FRANÇA, José-Augusto (1977), *Lisboa Pombalina e o Iluminismo* (2ª ed.), Lisboa: Livraria Bertrand.

FREITAS, Jordão de (1909), *A Capella e a Igreja Patriarcal na Ajuda*. Lisboa: Typ. da Casa da Moeda e Papel Sellado.

FUNCHAL, Marquês do (1908), *O Conde de Linhares, Dom Rodrigo Domingos António de Souza Coutinho*, Lsboa: Typographia Bayard.

GOMES, Paulo Varela (1988), "Aspectos da teoria arquitectónica produzida em Portugal no Século XVIII". In *A Cultura Arquitectónica e Artística em Portugal no Século XVIII*. Lisboa: Caminho, 1988.

LEAL, Augusto S. Pinho (1873), *Portugal Antigo e Moderno, Diccionario Geographico, Estatístico, Chorographico, Heraldico, Archeologico, ...* Lisboa: Liv. Editora de Mattos Moreira & Cª, Vol. 1.

LISBOA, Amador Patrício (1758), *Memorias das principaes providencias, que se derão no terremoto que padeceo a corte de Lisboa no anno de 1755, ordenadas, e offerecidas á Magestade Fidelíssima de ElRey D. Joseph I Nosso Senhor*. Lisboa: (s.n.).

MACHADO, Cyrillo Volkmar (1923), *Collecções de Memorias relativas às vidas dos pintores, esculptores, architectos e gravadores portugueses*. Lisboa: 1823, 2ª edição, Coimbra, 1923.

PINTO, Maria João P.R. Sousa (2005), *Levantamento Cartográfico de locais de pedreiras no concelho de Lisboa*. Lisboa: CML, Colecção de Estudos Urbanos, LXXXI, 5, 2005, pp. 29--29.

PORFÍRIO, José Luís (1996), Catálogo da Exposição *Sequeira um Português na mudança dos Tempos, 1767-1838*", Lisboa: Museu Nacional de Arte Antiga, nº 78.

RAMALHO, Carla L. M. Magalhães Ramalho (1997). "Real Barraca e Patriarcal da Ajuda (1756-1843), Estudo Histórico e Arqueológico" in *3º Encontro de Arqueologia Urbana*. Almada.

RÉDMUND, José Cypriano F. (1802), *Visão Lyrica em applauso do Ill.mº e Exc.mº Senhor D. Rodrigo de Sousa Coutinho...*, Lisboa, Off. De Simão Thadeo Ferreira.

MONTEIRO, Nuno (2009). "A Idade Moderna" in RAMOS Rui (coord), *História de Portugal*. Lisboa: A Esfera dos Livros.

RIBEIRO, Mário de Sampaio (1940), *A Calçada da Ajuda*, Lisboa: Inácio Pereira Rosa.

SANCHES, José Dias (1940), *Belém e Arredores através dos tempos*. Lisboa: Livraria Universal.

SCHULZ-NORBERG, C. (1980), *Architettura Tardobarroca*. Milão: Electa Editrice, 1980.

SILVA, Joaquim Narciso Possidónio da (1865), *Descripção das Novas Salas do Real Paço da Ajuda*. Lisboa: Typografia Portugueza.

SILVA, Pedro Miguel C. A. Da (1997), *O Despotismo Luminozo, Introdução ao Pensamento de Dom Rodrigo de Sousa Coutinho*, Dissertação de Mestrado, Lisboa: Universidade Nova, FCSH.

SILVA, Raquel H. da (1997), *Lisboa Romântica, Arquitectura e Urbanismo, 1777-1874*, 2 Vols, Dissertação de Doutoramento, FCSH, Universidade Nova, Lisboa.

SILVA, Raquel H. da (2004), "A Arquitectura Religiosa Pombalina". *Monumentos*, nº 21, Set., Lisboa, DGEMN, pp. 108-116.

FONTES DE ARQUIVO

ANRJ 620: 143-145: *Cx. 620*, pp.143-145. "Breves Relexoens sobre vários pontos pertencentes à huma Obra de Arquitectura civil de Grande Importância, e sobre a economia, que se deve observar na construcção della"

ANRJ 620: 9,2,19: *Cx 620, Pac^g 9, 2,19*, datado de Lisboa 24 de Agosto de 1803

ANRJ 1776: *Cx. 620*, Roma, 31 de Julho de 1776.

ANBA 1936: *Boletim da Academia Nacional de Belas Artes*, II, Documentos, Lisboa, 1936, p. 93.

ANTT 1756: II 6: *Arquivo da Casa Real*, (AHMF), Documentos da Despeza do Tezoureiro, Contas Diversas, 1755-1756, Caixa 2, nº 6, Lisboa, 12 de Janeiro de 1756.

ANTT 1756: II 17: *Arquivo da Casa Real*, (AHMF), Documentos da Despeza do Tezoureiro, Contas Diversas, 1755-1756, Caixa 2, nº17, Lisboa, 8 de Abril de 1756.

ANTT 3060: *Casa Real*, Cx 3060, fl 40 v.

ANTT 1786: *Ministério dos Negócios Estrangeiros*, Legação de Turim, Recompilação dos ofícios de 1786.

ATC 685/1: 76-78: *Erário Régio*, 685/1, fls76/78, 27 de Julho de 1795.

ATC 685/1: 82-92: *Erário Régio*, 685/1, fl.82-92 "Copia do termo de arremataçaõ q. fizeraõ Francisco António e Joaq.m Baptista das differentes Obras de que se deve compor o edifício do novo Real palácio, no sitio de N. Srª da Ajuda".

ATC Bahia 236: *Bahia*, 682/4, fol. 236, invº nº 4310, "Decreto dirigido ao Prezidente do Real Erario, a fim da boa economia da Obra do Real Palacio principiado no sitio de N. S. Srª da Ajuda, e do Orçamento da Despeza, que serà necessaria para a sua concluzão".

ATC Bahia 238: *Bahia*, 682/4, fol. 238, inv.nº 4310, 1792-1812, "Decreto pelo qual se manda continuar a obra do Novo Palácio, no sitio da Ajuda, com As Providencias, que fazem parte do dito Real Decreto", 9 de Dezembro de 1801.

BNRJ Costa e Silva: *Colecção Costa e Silva*, Documentação não catalogada respeitante à construção do Palácio da Ajuda, s/cota, nº 2.

BNRJ Iconografia: *Iconografia*, Desenho ARC.29.1.4 (12).

BNRJ 29.11.1801: Carta de Sousa Coutinho de 29 de Novembro de 1801. *Colecção Costa e Silva, Documentação não catalogada, relativa à construção do Palácio da Ajuda*, II, 30, 9,7, Pasta III.

BNRJ 29.11.1801: Decreto do Príncipe Regente de 20 de Novembro de 1801. *Colecção Costa e Silva, Documentação não catalogada, relativa à construção do Palácio da Ajuda*, II, 30, 9,7, Pasta III.

SL: Cx 419, Arquivo dos Extintos Paços Reais.

APÊNDICE DOCUMENTAL

Copia do Termo da arremataçaó que fez o mestre Ant.º Vicente do entulho e dezentulho do novo Real Passo no sitio da Ajuda
ATC, Erário Régio, 685/1, fls. 76 /78.

Aos vinte e sete dias do mez de Julho de mil sete centos noventa e cinco em o sitio de Nossa Senhora da Ajuda na Caza do risco pertencente á Santa Igreja Patriarcal onde se achava presente Manoel Caetano de Souza coronel de Infantaria com exercício de engenheiro, e assim mais António Vicente Mestre Canteiro assistente na mesma Obra da Santa Igreja Patriarchal, por elle Coronel Engenheiro foi dito, que por ordem que tinha do Illustrissimo, e Excellentissimo Senhor Marquez Mordomo Mor, e Insoector geral do novo e Real Palácio, digo Paço, que Sua Magestade manda fazer naquelle sitio de Nossa Senhora da Ajuda: procedia á rrematação do Entulho e desentulho que fosse precizo tirar se para a mencionada construcção por se haver contractado pelo menor preço que pode obter no dito António Vicente, e approvaçaó do Illustrissimo Snr Mordomo mor; em cada huma braça de dezentulho de terra cavada á enchada, ou picarete deitado no sitio da Pedreira que fica para lá da estrada da Caza das Operas Reaes, pela quantia de cinco ml e oitocentos reis, tendo cada braça dez palmos de comprimento, dez de largo, e dez de alto, que fazem mil palmos cúbicos, pagando-se-lhe por conta deste trabalho as porçoens de dinheiro conforme a obra que se achar feito, preenchendo primeiro a informação do mesmo coronel Engenheiro Manoel Caetano de Sousa a quem foi confiada a direcçaõ, e regência desta Obra, e no caso della ser suspensa por quaesquer motivos ou falência dos mesmos pagamentos, se fará a mediçaó total para se saber na sua liquidaçaó a fallecia de qualquer das partes: e nesta forma se obriga elle arrematante ao cumprimento dos seus bens havidos, e por haver, eo mais bem parado delles; dando por seu fiador a este Contracto Jozé da Silva Mafra relojoeiro da sancta Igreja Patriarcal, assistente na rua larga de Saó Roque, e sendo Testemunhas prezentes Jozé de Almeida Mestre carpinteiro assistente em Alcolena, Caetano Thomaz de Souza ambos Ajudantes da real Caza do risco das obras Publicas, que todos comigo assignaraó, e eu Francisco Jozé a rogo do sobredito Mestre António Vicente o escrevi, e assignei = Manoel Caetano de Souza=Frnacisco Jozé=Antonio Vicente=Jozé da Silva Mafra=Caetano Thomaz de Sousa=Francisco Antonio de Souza=Jozé de Almeida=).

Copia da Escriptura feita com os Mestres Empreiteiros da obra do Real Palácio da Ajuda feita aos 8 de Abril de 1796
ANRJ, Cx., 620, fls.143-145
Cf. O mesmo documento nas na cópia existente na BNP, Reservados, Cód. 805, fls. 314, n.º 52, (fls.312-318), que apresenta pequenas variantes.

Aos Dezanove dias do mez de Maio de Mil Sette Centos Noventa e seis em Caza do Illustrissimo e Excellentissimo Senhor Marquez Mordomo-Mor, Prezedente do real Erário, e Inspector Geral das Obras Publicas; aonde se acharão as pessoas abaixo declaradas, e que neste termo assignarão, para se proceder á arrematação da obra do novo e Real Palacio, que Sua Magestade manda fazer no Sitio de

Nossa Senhora Da Ajuda, debaixo das condiçoens descriptas no Planno approvado pela mesma senhoria feito pelo Architecto Geral das obras publicas, manoel Caetano de Souza, Corfonel de Infantaria com o exercicio de Engenheiro, que se acha encarregado da construcção do mesmo Palacio; as quaes conptão na primeira addição, que toda a obra de alvenaria, ou seja feita em caboucos, paredes de encosto, e alicerces, o seu material será de pedra rija; e sahida das pedreiras do rio Secco, Penedo, Monsanto, e terras de sua Majestade ou qualquer Sitio que for approvado pelo Architeto que reger a ditta obra; fabricando-a com dois cestos de arêa, e hum de Cál; e serão as paredes medidas em tosco, para se Conhecer em todo o tempo a a qualidade de material. = Segunda= Que a Cal com que se deve construir este edificio será de Alcantara, e a milhor que for fabricada nos montes, por ser caldeada com agoa doce, de que vem rezultará obra milhor solidez; e da mesma forma será a arêa, que dve vir do Sitio do Alfeite, cavada na barreira, e naõ da que se tira Vizinha ao mar, por trazer particulas salinas: devendo ser esta em todos os cazos refutada, e nunca aceita na obra. = Terceira = Que o tijolo precizo para as abobedas das cazas e sobrearcos será do mais bem cozido do sitio da Alhandra; nas todo o que for precizo para as simalhas e fachas das mesmas cazas, será de sequeiro, aonde não haja lago salgadisso, e que seja bem cozido. = Quarta = Que as pedrarias sendo todas liozes, claras e sâans, livres de brocas, roturas, lazins, ou manchas, que se dão Muito a conhecer na sua lavoura, avermelhadas, azuladas, e pardas; devendo ser toda de Pêro Pinheiro; e sendo necessário bastando, será de bellas, e Villa Chãan, e Monsanto, do mais firme destes continentes. = Quinta = Nunca será ademitido nesta obra qualidade alguma de saibro, ainda sendo approvada pelos profesores esperientes. Sexta = Todos os desmanchos que se houverem de fazer nas ruinas do edificio incendiado, o poderaõ executar os arrematantes da obra à sua Custa, sem que a fazenda Real lhes pague couza alguma este trabalho, mais do que servirem-se da alvenaria para a factura da obra, que dele extrahirem; ficando para Sua Majestade, Telha, Tijolo, Ferro, chumbo, e cantaria que se achar capas de servir. = Setima = Toda a pedra de Alvenaria que se achar em montes pela obra, da que já foi demolida das ruínas, e toda a que se achar de novo chegada á obra; e estiver nas pedreiras cortada por conta de Sua Majestade, e vier no Caminho, assim como Tijolo, cal trçada, arêa, e Cantaria chegada à mesma obra, entregará aos dittos arrematantes como dinheiro, arbitrado pelo seu justo preço; e o mesmo se entenderà com as madeiras, no estado em que se acharem, quando não forem precizas para os estroncamentos dos caboucos; bem entendido, que naõ entraraõ estas parcelas na Consignação que se lhes fizer, mas sim como pagamento, por Conta da empreitada. = Oitava = Toda a obra que se fizer em Caboucos, Acquaductos, e partes occultas, será tomada por lembrança a tempo opportuno de ser vista pelo Architeto que reger a dita obra, com a assistência de outros Architetos ou Engenheiros, que Sua Majestade for servida nomear; ficando obrigado ao arrematantes, a Construir este edificio, com toda a segurança e fortaleza, em qualquer extenção e altura que o pedir, e não se achando capas, será demolido à sua Custa, sem que para isso possão requerer couza alguma dos seus suppóstos prejuízos, antesserão obrigados a faze-llo de novo = Nona = As mediçoens desta obra, serão feitas pelo Architeto com dois mais, ou Engenheiros; escrevendo hum em Caderno, e outro em livro separado, os quaes assentos serão conferidos por todos os três, e pelos louvados delles Mestres arrematantes, e vendo-os certos, assignarão termo, tanto no Caderno, como no Livro, que fiquem servindo de encerramento, e todos assignarão, para se evitar para o futuro duvidas, fazendo-se outro sim estas mediçõens, de seis em seis mezes, ou quando os Mestres requererem, alem do tempo descripto, para se observar se a obra feita, escede ao valor das consignaçõens recebidas e não em menos em que ficam obrigados a augmentar = Decima = A Consignação prezentemente será de Novecentos Mil Reis por semana, a que não faltarà; e sendo necessário maior adiantamento na factura da obra, Sua Majestade rezolverà o que de mais se deverà dar, segundo o merecimento e boa conducta dos mesmos arrematantes o merecerem. = Undecima = Os arrematantes desta obra não poderão innovar couza alguma das figuras e apontamentos que se lhe derem pelo Architeto da obra, e não serem attendidos em tempo algum; e menos poderão assentar em seu lugar, ou dar por acabado algum Corpo deste edifício, sem estar approvado pelo architeto que o delinear. = Duodecima = Que os carros de pezo que forem precizos para as simalhas, columnas, capiteis, vazos, e utras pedras grandes, cadernaes, e pranchadas para a elevação, e transportes de pedras grandes, de que os arrematantes darão conta, acabado de servir; e se lhe Concertarão as calsadas; para transporte dos generos, as vezes que elles requererem, na forma praticada nas obras do real Erario: = Todas as madeiras precizas para formarem as cambotas, e pioeiras das abobedas e sobrearcos, serão por conta dos arrematantes, sem que para isso Sua Majestade seja obrigada a saptisfazer-lhas. Debaixo destas condições, lançarão os Mestres Pedreiros Francisco Antonio, e Joaquim Baptista, e se obrigarão arrematar esta obra, pelos preços abaixo declarados, que elles já tinhão, e foi approvado por Sua Majestade, a qual he do theor seguinte: Lanços que offerecem os Mestres abaixo assignados, para a factura do novo palaqcio, que Sua Majestade Fidelíssima manda Construir, no Sitio de Nossa Senhora da Ajuda, debaixo do plano e Condiçoens approvadas pela mesma Senhoria. = Primeira= A braça de parede de pedra e cal tosca, nos fundamentos, accquadutos, letrinaes e encosto de muralha, na forma e Condiçõens do plano junto, = Cinco Mil e oitto centos reis. = Segunda = A braça de parede de pedra e cal rebocada e guarnecida onde for preciza em qualquer altura que o pedir o edifício, = Seis Mil = e seis centos Reis = Terceira = A braça de aboboda dobrada e guarnecida em tosco digo e guarnecida onde for preciza em qualquer altura que o pedir o edifício, = Seis Mil = e seiscentos reis. = Quarta = A braça de aboboda singela na ditta forma assima referida, = Quatro Mil e sete centos Reis. = Quinta = A braça da de simalha, do feitio do molde à margem e grandeza nelle descripto, feita com tijollo de sequeiro, na forma das condiçõens expressadas, rebocada e guarnecida, Seis Mil Reis. = Sexta = A braça de colarete do feitio do molde à margem, e grandeza descripta, rebocada e guarnecida, Quinhentos Reis. = Sétima = A braça de moldura corrida em tectos, feita de estuques de gesso, e arêa do rio Secco, guarnecida de branco, do feitio e grandeza descripta no molde á margem, Mil e seis centos Reis. = Oitava = Pedraria Liós em lancil lavrado de escoda, com Mucheta, Filete e (Nascelada?), e meio bucel na aresta entre dois filetes, sentado em seu lugar, aonde o pedir o edifício, = cada palmo, por Quatro centos e sincoenta reis. = Nona = Ditto Lancil Liós, e feitio, burnido, e assentado em seu lugar, por Quinhentos Reis o palmo. Decima = Dito Lancil liós, lavrado de escoda assentado em seu lugar aonde o pedir o edifício, cada palmo, por Quatro centos Reis. = Decima primeira = A vara de pedraria Lióz do feitio e grandeza descripta no molde á margem, lavrada de escoda, sentada em sima da muralha que serve de pé ao Palacio, Dezasseis Mil e Quatrocentos Reis. = Decima Segunda = Pedra Liós lavrada de escoda em zoccos, Plintos, Forros, Fachadas, aonde precizar o edifício, assentando em seu lugar, cada palmo por Trezentos e sincoenta Reis. = Decima Terceira = Ditta pedraria Lióz lavrada de escoda em zoccos interiores, que vem a servir de enxilharia, com a grossura que se Costuma ordinariamente sentada em seu lugar, cada huma vara por Dois Mil seis centos e sincoenta Reis. = Decima Quarta = Ditta pedraria, sendo burnida, e da parcella numero treze, sentada em seu lugar, a vara por Quinhentos Reis. = Decima Quinta = A vara de pedraria lióz lavrada de escoda, em baze das Columnas, e pilastras do primeiro Corpo do Palacio, e aonde lhe for necessario, do feitio e grandeza descripta no molde à margem, sentada no seu lugar, por Treze Mil Reis. = Decima Sexta = A vara de pedraria Lióz lavrada de escoda nos entrecolumnios do primeiro corpo do Palacio, e aonde lhe for necessário, do feitio e grandeza descripto no molde à margem, sentada no seu lugar, por dez mil reis. = Decima Septima = Por huma Columna de pedraria Lióz, na forma das condiçoens expressadas, lavrada de escoda com Quatro palmos e nove décimos de Diâmetro, com seu escapulo e Colarete, e trinta e oitto palmos de alto, sentada em seu lugar, Dois Contos e Quarenta mil reis. = Decima oittava = Por hum Capitel jonico de Quatro Volutas, metidas em angulos dos abacos do Capitel com seus festōens, cauniculos, ovos e Contas torneadas, na forma da sua ordem, tendo de comprido seis palmos em quadro, e três palmos de alto, lavrado de escoda, sentado em seu lugar, por cento Quarenta e sette mil reis. = Decima nona = Architrava de pedraria lióz, lavrada de escoda, com a largura de oitto palmos, e corpos salientes, e do feitio e medida do balanço da moldura, como se vê do molde à margem, sentada em seu lugar, cada vara por Settenta mil reis. = Vigesima =Ditta Architrave em galaria, sentada sobre as paredes, com três palmos de Largo, e três de alto, cada Vara por Vinte Mil Reis. = Vigesima Primeira = A Cornija, ou simalha Real, Lavrada de escoda sentada em seu lugar, Com Nove palmos de sacada, e tardós, do feitio, e medidas da sua altura, descripta no molde á margem, sendo Lióz, cada vara por Secenta Mil reis. = Vigesima Segunda = Huma janella desta ordem jónica, que se compōem de duas Hombreiras, peitoril, e verga, de Mucheta Mais bucel, filete, e na aresta outro meio bucel entre dois filetes, peitoril sanqueado e por sima da verga Colarete, frizo, e sua simalha, pela figura do molde à margem, tudo de pedraria Lióz, e de Escoda, em seu lugar nas Galarias, tendo de alto cada hum vinte e sinco palmos, e de largo Dez ao todo, por Duzentos e dez Mil reis. = Vigesima Terceira = A vara de moldura em quadraxapim dos balaústres de pedraria Lióz, lavrada de Escoda, do feitio e grandeza do molde descripto á margem, sentado em seu lugar por Tres Mil e Duzentos reis.= Vigesima Quarta = A vara de Moldura de Corrimão de balaustadas de pedraria lioz, do feitio e grandeza do molde á margem, sentada em seu lugar, lavrada por Seis Mil e Duzentos Reis. = Vigesima Quinta = Hum Balauste do feitio e grandeza descripta no molde á margem, de pedraria Lióz lavrada de escoda, sentada no seu lugar, lavrada por Tres Mil e Seis centos Reis.

Vigesima Sexta = Lagedo Liós lavrado de escoda sentado no seu lugar, por onde for precizo em qualquer parte do edificio, tendo Meio palmo de grosso, cada vara por Mil e Quinhentos Reis. = Vigesima Septima = O Palmo de pedraria Múar, rija, para Liadouros lavrada desgasta de picão, sentada no seu lugar aonde for precizo, cada palmo cubico, por Setenta Reis.= Vigesima oitava = Lagedo Bastardo, ou Muar claro, lavrado de desgaste de piccola, sentado aonde o pedir o edificio, Cada vara, por sete centos e sincoenta Reis. = Vigesima Nona, = Ladrilho roçado e Cortado feito do lodo de sequeiro, bem cozido, sentada aonde for necessário, cada Braça, por Dois Mil e sete centos Reis. = Trigesima = Ladrilho tosco na ditta forma, só cortado e sentado em seu lugar aonde for necessário, cada braça, por Dois Mil e Trezentos Reis. = Trigesima Primeira = Panno de Tijollo em capellos de Chaminéz, rebocado e guarnecido por onde for necessário no edificio, cada Braça por Dois Mil e Quatro Centos Reis. = Trigesima Segunda = Ferro tosco feito em linhas, Gattos, Cunhas, Pernes, e chumbado, assentado aonde pedir o edificio, cada arratel a Secenta Reis. = Trigesima Terceira = Ditto ferro lavrado em grades de macho e femea, em janellas e outras partes firmes aonde pedir o edificio, cada arratel a

Noventa Reis. = Trigesima Quarta = Ditto ferro em gattos, Linhas, Linhotes, so para mãons e chumbo; sentado em seu lugar, dando Sua Majestade o ferro, cada arrátel por Secenta Reis. Tudo o mais que se innovar neste edifício, não só das figuras descriptas nestes apontamentos e Condições, será avaliado segundo o seu merecimento; assim Como, o assento e lavoura da pedraria, e tijolo, telha, e o mais que se achar pertencer a Sua Majestade e servir no ditto edifício. = Declarão elles Mestres que lançarão nesta obra, não têm duvida sugeitarem-se às declarações descriptas, para a factura da obra do Real Erário, aprontando-se por Conta de Sua Majestade, os Tilheiros para trabalharem os officiaes de Canteireo: Lisboa, oito de Abril de Mil Sette centos Noventa e seis = Francisco Antonio e Joaquim Baptista = E sendo examinados e Confrontados os dittos lanços, com Relação das differentes qualidades de que se compoem as manufacturas da referida obra do novo e Real Palacio de Nossa Senhora da Ajuda, detreminou, o Illustrissimo e Excellentissimo Senhor Marquez Mordomo Mor, que se aceitassem os sobreditos lanços, debaixo das condições e clauzulas assima descriptas; e houve o mesmo Senhor por arrematada a ditta obra do novo e Real Palacio, obrigando-se os Empreiteiros Francisco Antonio, e Joaquim Baptista, a executar a mesma obra, com a maior perfeição e segurança pelos desenhos que receberem do Coronel Engenheiro Manoel Caetano de Souza por elle assignados; e aprezentarem fiadores idoneos à segurança da real fazenda, de que se farà termo necessario na Contadoria Geral a que pertencer; em firmeza do que se lavrou este termo, do qual se darà huma Copia authentica aos dittos Empreiteiros para seu governo, remetendo-se outra á Caza do Pagamento das obras Publicas, para ser alli registada, e dando-se todas as mais copias que forem necessárias a bem da sua execusão e observância. E na prezença do Illustrissimo e Excellentissimo Marquez Mordomo Mor offerecerão elles Mestres arrematantes Francisco Antonio e Joaquim Baptista para seus fiadores a Rodrigo de Passos e Lagos assistente à Pampulha, e Antonio Joze Duarte negociante, assistente ao Desterro, e todos se obrigarão por seus pessoas e bens, elles arrematantes, e seus fiadores, a fazerem bom tudo quanto neste Termo se Conten com a Rubrica do Illustrissimo e Excellentissimo Senhor Marquez Mordomo Mór, =Joaquim Jozè de Sousa, = Francisco Antonio Joaquim Baptista= Rodrigo de passos alagos, = Antonio Jozè Duarte. Está conforme.

Theotonio Rodrigues de Carvalho

Carta de Costa e Silva dirigida ao Príncipe Regente D. João
ANRJ, Cx 620, Pac.ª 4,12

Senhor
Tendo-me Vossa Real Alteza por sua Real Clemência nomeado para assistir à edificaçaõ do Real Palácio de Nossa Senhora da Ajuda, na companhia do Arquitecto Francisco Xavier Fabri; e tendo-se em execução do que mandava o Real decreto feito algumas consultas sobre o modo de continuar o edifício segundo a disposiçaõ, que já está delineada, e com paredes levantadas, tem das mesmas consultas resultado a questaõ, ou para melhor dizer a duvida, de ser o circuito do rectangulo proposto pequeno e não sufficiente para todas as accomodações necessarias ao Real serviço, de maneira que tem sido propostas varias ideias, mas todas a meu ver de difficultosa execuçaõ a respeito da situaçaõ do terreno. Sobre esses pontos fez o Arquitecto Francisco Xavier Fabri hum papel para se por na Real

presença de Vossa Alteza; e tendo eu sido requerido de assignar o dito papel, pareceu-me ser do melhor serviço de Vossa Alteza, examinar com a maior diligencia possível o terreno, antes de proceder à assignatura. Em comsequencia desta minha duvida me foi ordenado de dar o meu parecer por escrito: o que faço agora com o presente papel, que tenho a honra de pôr na prezença de Vossa Alteza Real.

He sem duvida, que devendo-se allargar o Real Palácio, seria hum grande inconveniente allargalo para a parte do Rio, por que isso traria consigo quasi a total rutura da porçaõ, que está feita com pouco ou nenhum proveito da cantaria, que jà està feita com pouco ou nenhum proveito da cantaria, que jà està em obra: motivo pelo qual se veio no projecto de allargar o plano do edifício para aparte do monte; onde presentemente se acha o jardim chamado da Princeza; e isto julga o meu companheiro Fabri que seja o milhor expediente porem traz comigo as difficuldades seguintes.

A primeira he a maior despeza no dezentulho do monte, que o meu companheiro faz subir à soma de 270$000 cruzados, e que eu julgo que será maior; pois estou quasi certo, que se há de encontrar muita pedreira, e neste caso o custo do entulho será como tenho dito maior do que se julga.

A segunda, que tambem neste caso se deverà desmanchar quasi toda a ametade da frente, que fica para a parte da Patriarcal; o que tambem se deve contemplar em despeza.

A terceira o augmento de obra no interior do edifício, o qual augmento sendo pelas medidas, que aponta o meu coleega, isto he de 200 palmos de largura por 1200 de comprimento, deitando a conta à altura do Edifício, que he mais 100 palmos, sempre serà um augmento de obra que pedirà huma despeza de três milhoens de cruzados.

A quarta a retardaçaõ e demora da Obra, porque havendo-se de deitar abaixo a porção da frente, que deve symetrizar o Edifício e havendo-se tambem de dezentulhar o monte, não se poderá taõ cedo dar principio ás accomodaçoens de Vossa Alteza Real.

A quinta finalmente, que a estrada que fica por detraz do jardim havendo-se de affastar para mais longe, ficarà a sua construcçaõ difficultoza para mais lonje, Ficarà a sua construcçaõ difficultoza por causa da irregularidade do terreno não se lhe poderá dar huma boa direcçaõ sem grande despeza.

Considerando eu todos este relevantes pontos, e de naõ pouco ??? e tendo sobre elles feito as mais serias reflexoens; passo a pôr na Real presença de Vossa Alteza hum projecto, que segundo a minha fraca intelligencia, me parece o mais conveniente, ajuntando a este escrito hum pequeno papel que mostra a configuraçaõ do que exponho. O rectângulo marcado com a letra A, he o sitio destinado para o real Palacio. O espaço B, he a praça, que fica diante da fronteria para a parte de Lisboa. A letra C indica a sitio escolhido e determinado para a execuçaõ da Patriarcal, a qual faz frente a praça pelo lado D. ora em discordo desse modo. Se da parte opposta notada com a letra E so forma outra praça igual a praça B, e do lado F se fizer outro corpo da Obra G, que corresponde ao marcado com a letra C, podemos nesta porção da obra collocar tudo o que não he do quotidiano serviço de Vossa Alteza, como são por exemplo Gallerias de paineis, Livrarias, Gabinetes de Física, e de outras artes e sciencias, e tudo o mais, que Vossa Alteza for servido ordenar.

Este projecto produz de ficar o Real Palácio mais symetrizado, porque accompanhado de ambas as partes de correspondentes Obras, e no meio de duas praças, e juntamente dà campo para todos os commodos, que se quizerem, sem nos embaraçarmo-nos com a altura do monte, que se trata de dezentulhar. He certo, que com este projecto se augmentaria huma porção da Obra, que naõ he pequena; porem jà notei, que a Obra que se accrescentar allargando mais o rectângulo, tambem seria de huma despeza não indifferente. Isto he quanto posso, e devo expor com todo o zelo be sinceridade. Vossa Alteza Mandarà o que for servido.

*De Vossa Alteza Real
O mais humilde servo e subdito
Jozè da Costa e Silva*

Decreto dirigido ao Presidente do Real Erario, a fim da boa economia da Obra do Real Palacio principiado no sitio de N. Srª da Ajuda, e do Orçamento da Despeza, que serà necessaria para a sua concluzão.
ATC, *Bahia*, 682/4, fol.236, nº de Inv. 4310, 1792-1812

Cfr com a versão do mesmo documento na BNRJ, *Colecção José da Costa e Silva*. Documentação não catalogada, relativa à construção do Palácio da Ajuda, II-30, 9, 7. Pasta nº 3.

Para que o Palacio Real, principiado no Sitio de Nossa Senhora da Ajuda seja construido de baixo de principios economicos, e com a perfeição, que so póde conseguir-se empregando Professores, e Pessoas de conhecidas luzes em Architectura Civil: Hey por bem ordenar a Dom Rodrigo de Souza Coutinho; Presidente do Meu Real Erario Ministro e Secretario de Estado da Fazenda, que convoque o Coronel Manoel Caetano de Souza, o Sargento Mór Joaquim de Oliveira, Jozé da Costa, e Francisco X.er Fabre, e formando huma Junta dos ditos Professores, lhes encarregue, não somente hum exame individual dos Planos que se tem seguido no principio da Obra, reconhecendo os que existem, e os que podem faltar por se não haverem delineado; da despeza feita; dos materiaes que se achão em ser: mas tambem o orçamento da despeza que será necessaria para sua conclusão; e huma exacta informação sobre o methodo económico com que deve ser executada; unindo tambem todas as justas considerações sobre o risco actual, e Dezenho da Obra com o juizo o mais imparcial, e conforme aos bons Planos, Contas, e Orsamentos á Minha Real Prezença pelo Prezidente do Meu Real Erário, para Eu Mandar executar o que melhor convier ao Meu real Serviço. O mesmo D. Rodrigo de Souza Coutinho, Prezidente do Meu Real Erario o tenha assim entendido, e faça executar com as Ordens necessarias. Mafra em dez de Novembro de mil oitocentos e hum = Cumpra-se e regista-se e se passem as ordens necessarias, Lisboa, 24 de Novembro de 1801 com a rubrica do E.m⁰ D. Rodrigo de Souza Coutinho Presidente do Real Erario.

Instrução do 1º conde de Linhares Rodrigo de Sousa Coutinho
BNRJ, *Colecção José da Costa e Silva*. Documentação não catalogada, relativa à construção do Palácio da Ajuda, II-30, 9, 7, Pasta nº3

Objectos que os Senhores Arquitectos hão-de ter em vista, e procedendo no seu exame com a maior actividade, procurar pô-los na Real Presença com a maior brevidade, e exação possível.

Em 1º lugar: o Exame do visto, e Plantas, considerando se nas mesmas há algum defeito, e pondo tudo na Real Presença, seja no que toca à Beleza, seja no que diz respeito à Segurança de tão grande Edifício, a fim que nada possa desejar-se em tal matéria.

Em 2º lugar: o Exame da Obra que está feita, dos materiais e jornais dos empregados, seu Custo, e igualmente o dos materiais que se acham promptos, e seu valor, para cujo efeito os Senhores Arquitectos se transportarão à Ajuda, e a Pero Pinheiro para darem de tudo a mais exacta Conta, e ficarem responsáveis pela exação com que devem se informar a S.A.R. O Príncipe Regente Nosso Senhor. A despesa das viagens e mais trabalhos será paga pela conta que darão todos juntamente.

Em 3º Lugar: O Orçamento do Custo de toda a obra segundo o Plano que se aprovar, e proposerem ligando-se ao que está principiado, e usos da Corte, pondo sempre uma terça parte mais do custo, para toda a conveniente segurança da Avaliação.

Em 4º lugar: A Quantidade proporcional de Obra que poderá fazer-se em Cada Ano, para o princípio de cada Ano se apromptar por meio de Empréstimo a soma necessária para a mesma Obra, e poderá tomar-se por base que no 1º Ano de 1802 se dispenda até 600 mil cruzados, no 2º Ano de 1803 até 1.000$000 de Cruzados no 3º Ano de 1804 até dois milhões de Cruzados, e no de 1806 a obra que se pode fazer no ano, de maneira que se tentasse ver se em cinco ou seis anos se acabava a Obra.

Em 5º lugar Todos estes trabalhos juntamente com os Planos e riscos bem delineados de toda a obra, e com as diferenças de opiniões a fim de que tudo seja presente à S.A.R., e o mesmo Augusto Senhor dá as suas Reais Ordens ao mesmo respeito, podendo também cada Arquitecto dar as suas ideias e vistos sobre os meios mais económicos de Concluir a obra com toda a perfeição.
Secretaria de Estado da Fazenda, 29 de Novembro de 1801
D. Rodrigo de Sousa Coutinho

"Decreto, pelo qual se manda continuar a Obra do Novo Palácio, no sitio de Nossa S.rª d'Ajuda, com as Providências, que fazem parte do dito Real Decreto."

BNRJ, *Colecção José da Costa e Silva*. Documentação não catalogada, relativa à construção do Palácio da Ajuda, II-30, 9, 7, Pasta nº3

Afim de continuar a Obra do Novo Palácio edificado no sitio de Nossa Senhora d'Ajuda com as Providencias que com este baixão assignadas por Dom Rodrigo de Souza Coutinho, do Conselho d'Estado: sou Servido q. o mesmo Dom Rodrigo de Souza Coutinho Presidente do Meu Real Erário, ordene ao Thezoureiro mor delle que entregue por Portarias do indicado Prezidente, e pelo cofre do Donativo de quatro por cento as quantias que se entenderem necessárias pª a continuação da mesma Obra: as quaes se levarão em conta ao sobredito Thesoureiro Mor sendo entregues na conformidade do presente decreto, e das Providencias que fazem parte delle, e isto não obstante quaes quer Leys, e Ordens em Contrario.

Palácio de Queluz em Nove de Dezembro de mil oitocentos e hum = Cumpra-se e regista-se. Lisboa, 29 de Dezembro de 1801. Com rubrica do Ex.mo D. Rodrigo de Souza Coutinho, Prezidente do Real Erario.

Providencia a seguir na Continuação do Novo Palácio da Ajuda.

1. Que prezentemente so se deve continuar com a obra indispensável, e que não alterar o risco actual, e que vem a ser eligir a pedra que se achar prompta: por quanto a Real Intenção do Príncipe Regente Nosso Senhor nas actuaes circunstancias, he empregar os Canteiros, e mais pessoas necessárias, que acharem dezocupadas.

2. Que se não procederá a fazer novas obras sem que o seu risco tenha sido visto pelos, Coronel Manoel Caetano de Souza, e Architectos Joaquim de Oliveira, Jozé da Costa e Silva e Francisco Xer Fabri.

3. Que os preço dos canteiros serão os mesmos, que pelas obras Publicas, e Reaes, se costumão pagar a semilhantes Operarios.

5. Que no fim de todas as semanas, se processarão folhas de venciment^{os} assignadas pelos referidos trez Architectos.

Que pelo Real Erario se darão as quantias competentes para satisfação dos referidos joranaes, as quaes serão entergues no mesmo Real Erario, aos indicados Architectos, Joaq.m de Olivr^a, Jozè da Costa e S^a, e a Joaquim Jozé de Azevedo, actual pagador das Reaes cavahariças, aprezentando huma Procuração dos outros quando todos não venhão fazer estes recebimentos, para aquellas importâncias serem recolhidas em hum cofre de quatro chaves."

O EDIFÍCIO POMBALINO E AS MEDIDAS INOVADORAS DE PROTECÇÃO CONTRA EVENTUAIS SISMOS

Jorge Mascarenhas (IPT)

Introdução
No dia primeiro de Novembro de 1755 a parte baixa da cidade de Lisboa foi destruída por um violento terramoto e por um grande fogo que se lhe seguiu. De imediato foi tomada a decisão de se erguer o novo conjunto urbano no mesmo local sobre os escombros da antiga cidade, um local caracterizado por alguma instabilidade. Numa conjuntura difícil de grande escassez de meios e materiais, tal objectivo só foi possível obedecendo a princípios rígidos que implementaram a aplicação sistemática de medidas construtivas de protecção contra eventuais sismos e uma forma de construir que racionalizasse os poucos meios, com recurso a standardização e a pré-fabricação.

Caracterização das medidas inovadoras de protecção contra eventuais sismos
Lisboa sempre foi uma cidade muito afectada por sismos existindo registos de inúmeras ocorrências desde a antiguidade. Vários factos indiciam que os Engenheiros Militares Portugueses teriam conhecimento sobre como evitar os efeitos dos sismos sobre as construções, Por exemplo, em 1732 fora erguido um vasto aqueduto para o abastecimento da água cidade de Lisboa com uma grande extensão e uma monumental arcaria que nada sofreu com o terramoto de 1755, tal ficou a dever-se ao facto de o aqueduto ter sido construído cuidadosamente ao longo do único afloramento basáltico existente em Portugal continental.

A parte baixa da antiga cidade de Lisboa fora construída de forma caótica sobre os terrenos conquistados a um antigo esteiro pelos seus habitantes, tendo sido facilmente destruída pelo terramoto e o fogo que se lhe seguiu. Entre muitas propostas para a reconstrução da cidade, foi tomada a decisão de se erguer a nova cidade sobre os escombros da antiga segundo um novo plano.

Os Engenheiros Militares conscientes dos perigos que tal localização oferecia impuseram um conjunto de cuidadosas normas urbanas, arquitectónicas e construtivas que nos revelam um profundo conhecimento de como enfrentar um terramoto e as suas consequências. Algumas destas imposições baseadas do conhecimento empírico da observação do comportamento das construções que resistiram ao sismo foram ensaiadas e melhoradas como é o caso da gaiola (estrutura de madeira). A gaiola já existia antes do terramoto sendo possível ainda hoje encontrar em alguns edifícios antigos na Encosta do Castelo da cidade. Os edifícios de rendimento Pombalinos encerram um conjunto de técnicas construtivas que de forma subtil no seu conjunto procuravam melhorar o comportamento dos edifícios contra os efeitos dos sismos.

Ao nível urbano destacam-se as seguintes preocupações:

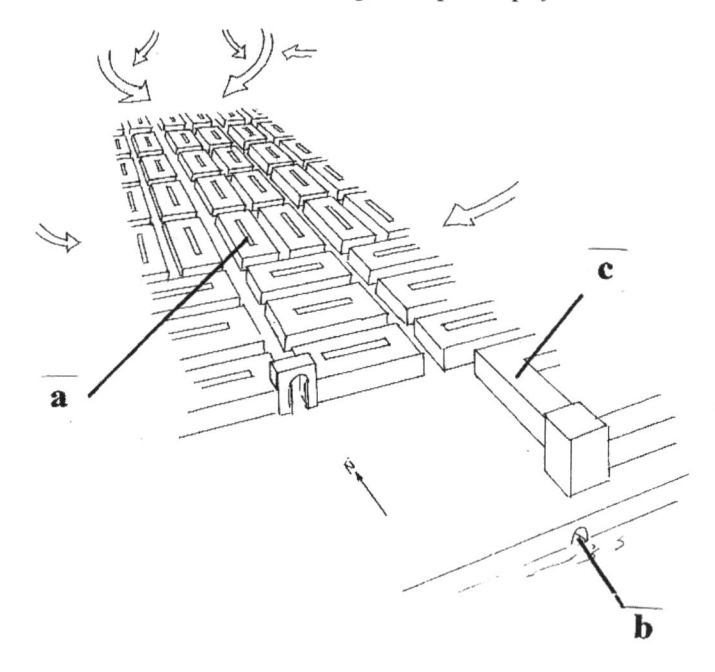

a – Como em geral os abalos em Lisboa têm a orientação Norte-Sul os quarteirões foram orientados de forma que a maior parte das fachadas tivesse esta orientação para evitar o seu fácil desabamento.
b – Houve a grande preocupação de criar um sistema de esgotos que evitasse que as águas das encostas adjacentes e das superfluidades dos habitantes se infiltrassem no solo aumentando o efeito nefasto da liquidificação. O traçado urbano procura favorecer o escoamento das águas para o rio.
c – Os edifícios públicos por possuírem uma configuração diferente dos edifícios de habitação, pés-direitos maiores e arcarias, foram por isso concentrados na Praça do Comércio, onde um conjunto com as mesmas características teria uma resposta mais uniforme aos sismos.

Ao nível do quarteirão também houve preocupações, tais como:

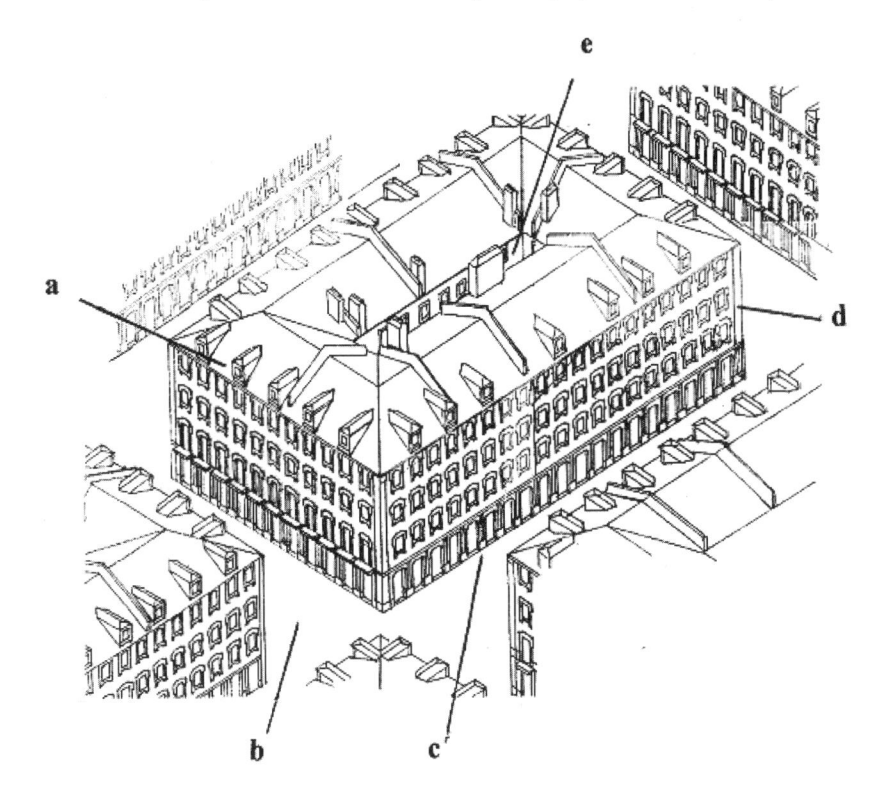

- a – Os edifícios tinham todos a mesma altura o que evitava que existissem empenas mais altas vulneráveis aos sismos.
- b – Nas ruas principais a altura dos edifícios era limitada à largura das ruas.
- c – Os edifícios estavam perfeitamente alinhados e no piso térreo não existiam elementos salientes para facilitar a fuga dos habitantes.
- d – As janelas das fachadas estavam afastadas dos cunhais.
- e – Os quarteirões possuíam um logradouro para mais fácil resgate dos habitantes.

Quanto aos edifícios estão aqui resumidas algumas das preocupações:

- a – As fundações foram construídas sobre estacas para maior estabilidade num solo de aterro.
- b – As fundações foram travadas com arcos de alvenaria.

c – Para tornar mais segura a fuga dos habitantes as ruas tinham faixas de circulação separadas para cavalos e peões.

d – O piso térreo, onde era mais susceptível de surgir um incêndio, era coberto de abóbadas o que evitava a propagação do fogo dos pisos das lojas, armazéns ou oficinas para os pisos superiores de habitação.

e – Os vãos da fachada são rigorosamente alinhados para um melhor equilíbrio de forças.

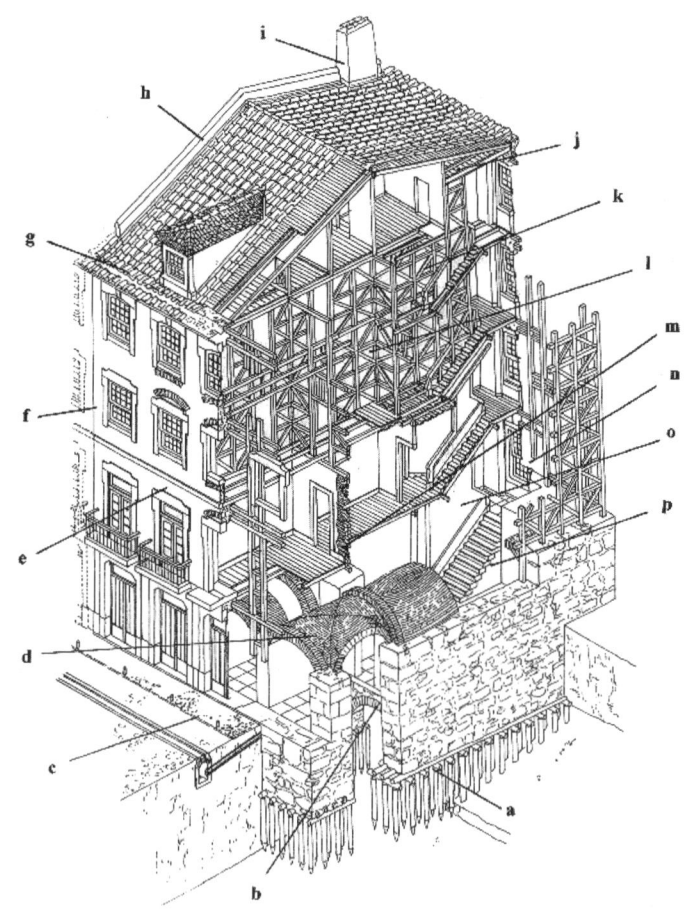

f – As fachadas tinham a mesma espessura em toda a altura com uma estrutura da gaiola muito simplificada o que revela que em caso de sismo esta colapsaria para a rua aliviando a estrutura central da gaiola de uma enorme carga.

g – Os beirados eram longos por forma a evitar que as telhas escorregassem facilmente para a rua.
h – Os telhados e cada edifício eram compartimentados com um muro corta-fogo para evitar a propagação do fogo.
i – As chaminés foram todas localizadas do lado do logradouro o que evitava a sua queda para a rua.
j – A estrutura do telhado estava solidamente ligada à estrutura da gaiola para que em caso de sismo não fosse projectada para fora do edifício.
k – A estrutura da gaiola foi concebida com ligações elásticas que dissipassem a energia de um sismo. Na Praça do Comércio foi construído e ensaiado um protótipo com ajuda de um regimento de soldados.
l – Existiam sempre três linhas de divisões paralelas à fachada da rua de forma a criar uma zona segura no centro do edifício perante a queda das fachadas.
m – As paredes interiores consistiam em panos da estrutura da gaiola revestidas com um fasquiado com um barramento de reboco, o que tornaria estas paredes leves e flexíveis.
n – As escadas possuíam janelas o que permitia a sua iluminação e um mais fácil resgate dos habitantes.
o – As escadas tinham lances rectos e desenvolviam-se à volta de uma parede que lhe dava maior estabilidade e segurança.
p – Os lances térreos das escadas eram em pedra, o que evitava a propagação do fogo dos pisos das lojas, armazéns ou oficinas para os pisos superiores de habitação.

Conclusões
Ainda que as medidas construtivas de protecção contra eventuais sismos tenham sido cuidadosamente estudadas e impostas para a reconstrução, infelizmente esta prolongou-se durante muito tempo devido a diversos factores entre os quais se destaca as invasões Francesas. À medida que os receios da devastação terrível do terramoto se foram atenuando na memória das pessoas, os princípios de segurança inicialmente impostos foram sendo gradualmente negligenciados especialmente nos novos bairros da cidade construídos posteriormente. No entanto é hoje possível verificar que perante a degradação e abandono que afecta muitos edifícios da capital nesta parte da cidade os edifícios nunca sofrem um colapso súbito por maior que seja a sua degradação.

REFERÊNCIAS

França, José-Augusto (1983), Lisboa Pombalina e o Iluminismo, Lisboa: Bertrand Editora.

Macedo, Luís Pastor de (1938), *A Baixa Pombalina, conferência efectuada no antigo Largo de Santa Justa, em 17 de Julho de 1938, Primeira da série ao ar livre promovida pelo Grupo Amigos de Lisboa*, Lisboa: s.n.

Mascarenhas, Jorge (2005), *Sistemas de Construção Vol V. O Edifício de rendimento da Baixa Pombalina de Lisboa*, Lisboa: Livros Horizonte, 2ª. ed. 2005.

Monteiro, Pardal (1949). "Eugénio dos Santos, precursor do Urbanismo e da Arquitectura Moderna". *Revista Museu*, V, nº11, Porto.

Monteiro, Pardal (1949). "Os Portugueses precursores da Arquitectura Moderna e do Urbanismo", *Revista Museu*, Separata 5, II, Porto.

A CONSTRUÇÃO DOS CAMINHOS-DE-FERRO EM PORTUGAL NO SÉCULO XIX

Magda Pinheiro (CEHCP, ISCTE – IUL)

As técnicas e as funções que caracterizam os caminhos-de-ferro inserem-nos no universo da revolução industrial de cuja expansão – por um movimento simultaneamente centrífugo e centrípeto – foram um elemento importante.

O papel dos caminhos-de-ferro no desenvolvimento industrial não se pode reduzir à procura de produtos que a sua construção proporcionou. Nos países onde os seus efeitos foram mais importantes, a construção dos caminhos-de-ferro respondeu a estrangulamentos verificados na capacidade de transporte em regiões que eram bem servidas e que tinham uma economia em expansão. Na história dos transportes dessas regiões a construção do caminho-de-ferro insere-se na continuidade encetada no século XVIII com a estrada e o canal.

No estudo que se segue procurámos apenas indagar um aspecto desta questão tentando avaliar o impacto da procura de produtos industriais directamente provocado pela construção dos caminhos-de-ferro sobre a economia portuguesa. A problemática da procura de produtos industriais provocada pela construção dos caminhos-de-ferro e da sua incidência no desenvolvimento industrial europeu tem sido objecto de controvérsias apaixonadas. O papel da encomenda ferroviária no que respeita ao crescimento da indústria do ferro em países como a Inglaterra e a Bélgica não se pode obviamente restringir à procura provocada pela construção das redes nacionais destes países que exportaram para todo o mundo. A rapidez foi nestes casos um trunfo. Segundo Michel Laffut, a precocidade com que, apenas oito meses decorridos sobre a inauguração da linha Bruxelles-Malines, a primeira locomotiva saiu dos ateliers Cockerill, e a adaptação à fabricação de carris, quatro dias após a primeira encomenda destes na Inglaterra, constituíram a vantagem que permitiu à Bélgica ocupar uma posição importante no mercado internacional (Lafut 1992: 86).

Referindo-se à Europa François Caron salientou a necessidade de não limitar o estudo às indústrias metalúrgicas e considerou provável que os países europeus se tivessem desindustrializado na hipótese de terem renunciado à construção das suas redes ferroviárias. Podemos porém referir que as potencialidades da construção ferroviária só se actualizaram totalmente nalguns países (Caron 1990: 85-95).

António Gomez Mendoza, através de um estudo contrafactual, comparou os custos sociais do atraso das construções ferroviárias, num país sem transportes alternativos, com a incidência que a procura de carris poderia ter tido na indústria siderúrgica (Mendoza 1982). Salientou este autor, estimando a procura de ferro através dos quilómetros de via construídos e renovados anualmente, que a irregularidade da procura teria tornado difícil a resposta dada pela indústria siderúrgica nacional e pouco teria contribuído para a sua prosperidade. A criação de uma indústria siderúrgica nas Astúrias, cedo tornada obsoleta, seria o resultado mais palpável do proteccionismo.

Em Itália, o Estado protegeu através de uma pauta aduaneira a indústria siderúrgica e subvencionou a produção através de prémios e encomendas. Gerchenkron (1968: 86-89) considerou esta política como um obstáculo a um rápido crescimento industrial, já que a falta de carvão teria recomendado o desenvolvimento de indústrias menos consumidoras de combustível, como as das construções metálicas, que até 1887 foram pouco protegidas. Este autor atribui ao facto de o arranque industrial ser posterior à construção dos caminhos-de-ferro, responsabilidades na lentidão das taxas de crescimento verificadas no país.

Um estudo mais aprofundado feito recentemente por Michèle Merger (1998) mostra que a falta de carvão não foi o único factor responsável pela estabilização da produção de ferro fundido entre 1861 e 1885, nem pela pequena capacidade de produção de aço da Itália. A exportação de quase todo o mineral existente na Ilha de Elba teria também constituído um travão ao desenvolvimento da indústria siderúrgica enquanto a competitividade da indústria inglesa e belga, que lhes permitia responder às solicitações do mercado, constituía uma espécie de círculo vicioso que a Itália não podia quebrar facilmente. Assim as empresas que se modernizaram optaram muitas vezes por pequenas dimensões e pela utilização do ferro-velho como matéria-prima.

Michèle Merger concorda que o caminho-de-ferro teve uma influência limitada sobre esta indústria até meados dos anos oitenta, tendo a introdução dos carris de aço agravado a dependência da Península em relação ao estrangeiro. Em 1884, o Estado chamou a si a iniciativa com a criação da siderurgia de Terni, e em 1886 os primeiros carris de aço foram aí produzidos. Outras siderurgias situadas sobretudo na Ligúria e Lombardia começaram a usar fornos Martins-

-Siemens e no fim do século produziam 75% do ferro italiano. No entanto as dificuldades neste sector permaneceram com as companhias ferroviárias a queixarem-se de que os carris italianos custavam mais 12% do que os importados.

Para Michèle Merger, no sector das locomotivas, a falta de especialização resultante da estreiteza do mercado foi um obstáculo inultrapassável até 1890. Após esta data novos investimentos apoiados por capital financeiro contribuíram para mudar radicalmente o panorama. Nos domínios que não exigiam um *know-how* tão importante, como a construção de *wagons*, a Itália tornou-se autónoma e no final dos anos 60 as empresas italianas conseguiram tornar-se construtoras de pontes de ferro, actividade em que foram apoiadas por uma escola de engenheiros, que se formaram em contacto com o estrangeiro.

O caso alemão, estudado por Fremdling mostrar-nos-ia a outra face da questão. Segundo este autor, na Alemanha, uma indústria siderúrgica arcaica, em que os altos-fornos a carvão dominavam ainda, pôde, com a ajuda de uma protecção alfandegária inteligente, renovar-se. O material ferroviário, inicialmente importado, deu origem a um processo de *import-substitution* que se desenvolveu a partir de 1840. Em 1850, a maior parte dos carris era produzida na Alemanha (Fremdling 1977: III 583). A Alemanha começou por importar *pig iron*, que as suas fábricas transformavam em carris. Os carris e o ferro em barra eram então cuidadosamente protegidos pelas tarifas alfandegárias. Mais tarde, só o ferro fundido em fornos de coque foi protegido. Assim, as tarifas não impediram a modernização.

As estimativas da encomenda e produtos industriais provocada pela construção e exploração dos caminhos-de-ferro podem ser feitas, para alguns produtos, em volume (seguindo o método utilizado por Gomez Mendoza). Podem também ser analisadas através das despesas de construção e exploração contabilizadas. Este segundo método foi utilizado por François Caron para o estudo do caso francês. Nenhum dos métodos permite distinguir entre o que é encomenda à indústria portuguesa e o que é importação. Teoricamente existe, na estatística do comércio externo português, uma série intitulada "material ferroviário", mas a utilização dessa série deve ser feita com cautela. Constitui, ainda assim, um indicativo precioso quando confrontado com as listas do material importado ao abrigo das isenções previstas pelos contratos de concessão dos caminhos-de-ferro. Para ensaiar algumas conclusões modestas torna-se também necessário avaliar o papel das importações para os caminhos-de-ferro na balança comercial do País.

Este era o estado da Arte na Europa quando, há bastantes anos atrás, abordámos a questão da construção dos caminhos-de-ferro em Portugal. Hoje novos problemas teriam de ser equacionados. Entre estes estaria sem dúvida a problemática das transferências tecnológicas que vem sendo abordada por Ana Maria Cardoso de Matos (1998). Procuraremos ainda integrar neste estudo o conhecimento que entretanto fomos adquirindo sobre os estaleiros de construção, sua direcção e regulamentação. A construção dos caminhos-de--ferro é importante não só porque eles foram veículos da transferência tecnológica, mas também porque serviram de mediadores na implantação de novos modelos de gestão. Aquilo que nos importa investigar são os mecanismos através dos quais esses processos se deram, a sua amplitude e as implicações que tiveram no mundo ferroviário e na sociedade em geral.

A construção dos caminhos-de-ferro exigia grandes investimentos que só podiam ser imediatamente rentáveis em sociedades onde os capitais eram abundantes, o juro era baixo e a procura de transporte ferroviário elevada. As empresas privadas recorreram à drenagem de capitais de amplas camadas de população através do lançamento de obrigações de juro fixo. Países como a França e a Bélgica conheceram uma intervenção estatal mais importante através dos mecanismos de subsídio à construção, garantia de juro ao capital investido e investimento directo. Estas modalidades exigiam uma fiscalização estatal que foi em grande medida feita pelos engenheiros do Estado. Foi este o modelo disponível que Portugal seguiu.

François Caron apontava desde 1990, no seu relatório ao colóquio de Lovaina, que em França o poder no seio dos conselhos de administração das companhias privadas pertencia aos financeiros, mas no sistema administrativo os engenheiros da *École des Ponts et Chaussées* dominavam. O modelo de gestão francês, fortemente coerente e hierarquizado, resultaria desta presença dos engenheiros e teria sido largamente imitado.

Também ao nível da construção dos caminhos-de-ferro haveria uma diferença entre o modelo de construção ferroviária francesa, em que a estrita rentabilidade económica era muitas vezes condicionada pela busca da perfeição e inovação técnica, e um modelo anglo-americano em que a primazia seria mais estritamente económica.

1. Volume da procura provocado pela construção dos caminhos-de-ferro

1.1. Construção dos caminhos-de-ferro e procura de produtos metalúrgicos

A construção dos caminhos-de-ferro em Portugal no século XIX concentrou-se, grosso modo, entre 1854 e 1891. Não foi, porém, um processo contínuo.

Após uma arrancada lenta, a rede ferroviária conheceu um crescimento muito forte entre 1861 e 1865. Desta data até meados dos anos 70, pouco se construiu. Houve desde então uma maior regularidade, mas a crise de 1882 corresponde a uma quebra profunda, embora rápida. Após 1884 assiste-se de novo a uma expansão considerável das construções.

Para avaliar o impacte da encomenda que essa construção representou em termos de produtos metalúrgicos, comecemos por fazer uma estimativa dos carris empregues. Esta estimativa foi feita por Mendoza para os caminhos-de--ferro espanhóis, partindo dos contratos de concessão e dos quilómetros de via construídos até 31 de Dezembro de cada ano. O peso dos carris a empregar era determinado nos contratos de concessão; estes, porém, nem sempre eram cumpridos, o que nos levou a procurar a realidade em relatórios e correspondências de inspecção. Procedemos da mesma forma para a substituição dos carris, que apenas considerámos regular no caso dos caminhos-de-ferro de Sul e Sueste.

Os carris usados pesavam 30 Kg, 35 Kg, 37 Kg, e por último 39 Kg por metro corrente. Os carris de ferro necessitavam de ser substituídos e a sua vida variava com o movimento. Dado o pequeno movimento dos caminhos-de-ferro portugueses, a vida dos carris foi longa. Nas linhas do Norte e do Leste variou entre 15 e 27 anos para os carris assentes entre 1863 e 1864, dado o carácter tardio das construções, a substituição teve incidência limitada, embora só em 1876--77 se iniciasse a utilização de carris de aço nas novas construções. Estas só necessitaram de substituição quando o peso dos comboios aumentou.

Estimativa do ferro empregue nos carris (via larga)
QUADRO Nº 1

Período	Total (em toneladas)	Média anual (em toneladas)
1856-60	4.488	898
1861-65	47.746	9.549
1866-70	5.425	1.085
1871-75	10.008	2.002
1876-80	33.613	6.723
1881-85	34.755	6.951
1885-90	43.638	8.728

A média anual seria de 5.134 t/ano, mas com grandes desigualdades segundo os períodos. Um *boom* entre 1861 e 1865, uma depressão grave de

1866 a 1870, uma fraca recuperação de 1871 a 1875, para, após esta data, voltar a níveis importantes, mas sem nunca atingir os totais de 1861-65.

Em 1860, quando na correspondência diplomática da Legação Francesa em Lisboa se descrevia a indústria metalúrgica, falava-se de progresso, mas este era descrito nos seguintes termos: "Il existe en Portugal sept fonderies, quatre à Lisbonne et trois à Porto. Elles sont dans un état prospère et travaillent à construire et réparer des machines à vapeur, à distiller, etc." (AMAE 1860).

Para além destas, apenas existiram os tradicionais ferreiros. David Justino refere exactamente quatro estabelecimentos metalúrgicos de mais de 25 operários, em 1852, na zona de Lisboa. É de crer que o diplomata francês fosse pouco sensível aos outros quatro estabelecimentos, com mais de 10 trabalhadores, mas menos de 25, que em conjunto empregavam 67 pessoas (Justino 1988: I 89).

Portugal, contrariamente ao que se pensava na época, é muito pobre em minérios. Em 1862, não haveria quaisquer minas de ferro em exploração. Só após o fim do primeiro *boom* ferroviário se viriam a explorar as minas de Monges, no Alentejo. Após um início prometedor, estas minas estagnaram até finais dos anos 90. Quanto ao carvão, a situação era apenas ligeiramente diferente. As zonas mineiras mencionadas em 1862 pela correspondência comercial da legação francesa incluíam as bacias carboníferas do Douro, do estuário do Mondego, de Leiria e ainda das lignites no Algarve (AMAE 1862). Mas a exploração descontínua de muitas delas apenas atingia mercados locais e o carvão português nem sequer era aceitável para alimentar as fornalhas e as locomotivas.

Devemos considerar a pobreza do País em carvão uma séria limitação para o estabelecimento de uma siderurgia moderna em Portugal. Convém, no entanto, não esquecer que o ferro fundido podia ser produzido com carvão de madeira e que, nesse caso, o aspecto exterior do alto-forno pouco divergiria do de um forno de cal, sendo a produção anual e a dimensão do mercado necessárias muito menores. Essa era a realidade dominante nos meados do século XIX em países da Europa que se vieram a industrializar. Esse ferro, embora mais caro, tinha o seu mercado na indústria transformadora tradicional.

Os primeiros quilómetros de via-férrea construída despertaram a defesa do estabelecimento de uma indústria siderúrgica (Ribeiro 1857: 105; Relatório 1863: 20-21, 43). Em 1863, em pleno *boom* de construções ferroviárias, o súbdito inglês St. John Oliver Croft obteve a concessão da exploração do minério do distrito de Leiria. Técnicos ingleses consideraram o minério de ferro bom para produzir *pig iron*, que seria transformado em *bar iron*. Este *charcoal smithed iron*, produzido com madeira à maneira sueca, parecia justificar-se pela má qualidade do carvão de pedra e pela presença do pinhal de Leiria. Os preços do ferro sueco no mercado português eram mais elevados do que o do ferro fundido inglês e estavam a subir. Os empresários da concessão de Leiria pensavam obtê-lo a 11$035 réis a tonelada, quando o ferro inglês em barra, que nos anos 53-54 rondava os 40$000 réis, subira em 1863 para 55$000 réis.

O alto-forno foi inaugurado em 6 de Março de 1866, mas apesar da presença do duque de Saldanha, o ferro não correu (AHP 1866). Quando se deu a inauguração, já terminara o *boom* ferroviário. A grande crise financeira deu-se na Primavera de 1866 e os caminhos-de-ferro entraram numa depressão duradoura. Quando esta foi ultrapassada, os carris de ferro foram substituídos por carris de aço, que o alto-forno de Pedrenaes não estaria apto a fabricar. O caminho-de-ferro pouco poderia ter contribuído, a este nível, para sua prosperidade.

Esclareça-se que os construtores do alto forno, que esperavam produzir 4.000 t por ano, não tinham contado com a procura de ferro para carris, mas antes com a de peças de fixação de via, ou seja, cochins, chapins, parafusos, tira-fundos, etc. Podemos, a partir das descrições técnicas das vias, estimar grosseiramente o peso destas peças por quilómetro e logo o total empregue[1].

Entre 1866 e 1870, o valor da encomenda dos caminhos-de-ferro não atingiram os 10% da produção do alto-forno e só em 1886-90 se aproximaria dos 25% da procura mínima necessária. No momento em que o empreendimento foi concluído, um momento de grande depressão, à qual aliás não sobreviveu, a utilidade do caminho-de-ferro não lhe poderia ter sido grande.

Estimativa do peso das peças de fixação empregue (via larga)
QUADRO Nº 2

Período	Total (em toneladas)	Média anual (em toneladas)
1856-60	1.346	269
1861-65	14.324	2.865
1866-70	1.628	326
1871-75	3.002	600
1876-80	3.361	672
1881-85	3.476	695
1886-90	4.364	873

Nota – Média anual do período: 900 t.

---

[1] Apenas estimámos a procura representada pela construção da via larga, já que não dispúnhamos de elementos sobre os 150 Km de via estreita. Para estimar o peso dos carris usa-

Vimos qual era a situação destas indústrias no início dos anos anteriores a 1850. Pery considerava existirem em 1867 apenas 4 grandes fábricas de fundição, embora referisse terem sido recenseadas 3566 oficinas de ferraria e serralharia, 40 cutelarias, 65 oficinas de móveis de ferro, 20 armeiros, 11 oficinas de arco e arame de ferro, 28 fundições, 10 oficinas de bronze, 63 de cobre (Pery 1875: 155-156).

O panorama descrito teria podido enfrentar uma procura como a verificada até 1861 mas, embora a tecnologia dos caminhos-de-ferro fosse pouco complexa, não havia qualquer experiência de fabrico. Os engenheiros portugueses continuaram a importar o material de Inglaterra (AHP 1860). Entre 1861 e 1865, pelo contrário, a quantidade de material necessário teria ultrapassado as capacidades das indústrias existentes, ainda que estas estivessem em crescimento. Empreiteiros e subempreiteiros compravam grandes quantidades.

Só após a crise de 1866 parece esta procura estar dentro das capacidades de fábricas, como a do Bicalho, que Pery considera capaz de produzir 12 t por semana ou aproximadamente 626 t/ano em funcionamento contínuo. Representaria, no entanto, cerca de metade da produção anual desta fábrica.

Desde 1875 há referências explícitas a encomendas a empresas portuguesas – de cochins, cavilhas, escápulas, *éclisses* –, mas simultaneamente continuavam a importar-se os mesmos produtos. Sem o podermos demonstrar cabalmente, podemos suspeitar que se faziam no País pequenas encomendas para a substituição e conservação, mas que as grandes encomendas para a construção vinham do estrangeiro. Tal é o caso, por exemplo, no que concerne os caminhos-de-ferro de Minho e Douro (AHP 1876).

Entre 1884 e 1886, os caminhos-de-ferro fizeram encomendas deste tipo de produtos e de algumas peças necessárias à construção e reparação de vagões à Empresa Industrial Portuguesa, Progresso Industrial, Vulcano, João Burnay e Cª e Cooperativa Indústria Social, em Lisboa, e à Fábrica Aliança, no Porto (AHP 1884-85).

A fábrica de João Burnay, uma das maiores de Lisboa, fundada em 1876, estaria bem posicionada, sendo Henry Burnay empreiteiro de obras públicas; mas, no fim do século, os anúncios da empresa Progresso Industrial e da Cooperativa Industrial Social continuavam a anunciar a produção de chapins, tira-

---

mos os relatórios das assembleias-gerais, os contratos de concessão, os relatórios de engenheiros fiscais e os relatórios dos directores dos caminhos-de-ferro do Estado. Para estimar o peso das peças de fixação usamos descrições existentes nas seguintes obras: (CFSS 2869: 84) e (Pimentel 1890: 141).

fundos e cavilhas². A capacidade de produção crescera. A produção de ferro fundido, em 1881, no Porto situava-se entre 1.300 t e 1.430 t (AMOP 1881: II 56-58). A procura de material de fixação das vias estava dentro das possibilidades das empresas portuguesas, mas constituíra, nos anos 80, quase metade da produção das oficinas do Porto.

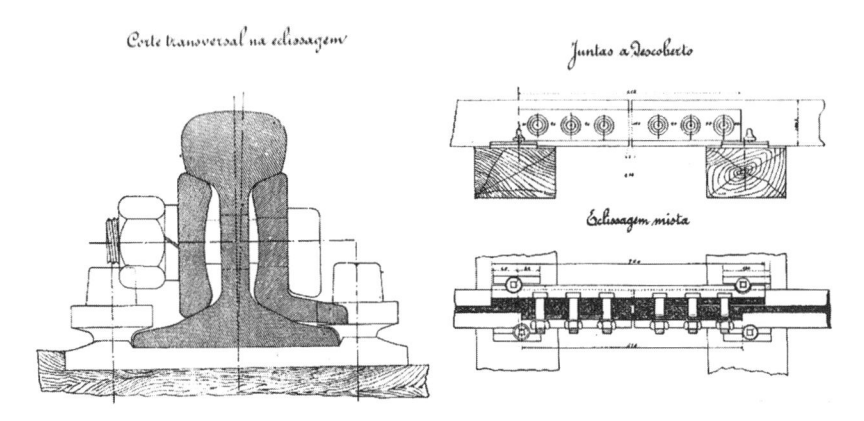

Fig. 6.1 – Detalhes de éclisses, (CFP 1897: 20).

As oficinas portuguesas nunca produziram locomotivas ou carruagens, mas apenas algumas das peças necessárias à sua reparação e à fabricação de vagões. Eixos e rodas foram sempre importados.

Um contributo não desprezável ao crescimento das indústrias metalúrgicas é representado pelas oficinas das próprias companhias ferroviárias. As oficinas de Santa Apolónia, do Barreiro, de Nine e, em menor grau, as da Figueira da Foz ou as da Companhia do Porto à Póvoa no bairro ocidental do Porto, estariam entre as grandes fábricas do País.

Previstas, desde 1845, pela Companhia das Obras Públicas de Portugal, as primeiras oficinas bem equipadas foram as da Companhia Real, nos anos 60. Paulin Talabot exigiu a melhoria do seu equipamento ao empreiteiro, D. José de Salamanca, quando a Companhia tomou posse da exploração³. As oficinas

---

² Publicidades da Cooperativa Indústria Social na *Gazeta Caminhos-de-ferro*, nº 178, 180, 182, 188, e 191. Publicidade da empresa Progresso Industrial na *Revista Ilustrada*, publicada em (Custódio 1981: 43).

³ Sentença arbitral de Paulin Talabot publicada por (Dinis 1915: III 523).

de Santa Apolónia produziram, em 1875, vagões para os caminhos-de-ferro do Estado e, nas suas oficinas, os trabalhadores fizeram greve desde 1873. Em 1895, a oficina, que tinha 600 trabalhadores, entrou em greve por causa da regulamentação do trabalho. Pouco depois, ardeu (Gazeta 1985).

As oficinas dos caminhos-de-ferro de Sul e Sueste, no Barreiro, ocupavam 47 trabalhadores permanentes em 1869 e 52 em 1873. Em 1889, as oficinas empregavam 127 trabalhadores e o quadro de pessoal de 1892 incluía 167, com 18 funileiros, 28 serralheiros, 2 fundidores e 14 ferreiros.

As oficinas dos caminhos-de-ferro de Minho e Douro foram equipadas nos anos 70 com máquinas e ferramentas fornecidas pela companhia Fives & Lille e com duas máquinas de vapor, uma de 25 cv e outra de 30 cv. Em 1892 tinham um quadro permanente de 173 pessoas e entre 1884 e 1895 fundiram de 25 a 62 t anuais de ferro. Produziram para a Companhia Real e para os Correios de Lisboa e Porto. No contexto da metalúrgica nortenha, as oficinas em questão representavam uma grande unidade, só comparável a empresas como a Fábrica Aliança (Massarelos), que tinha uma potência em cavalos-vapor próxima, mas um número de trabalhadores superior.

Longe de ter sido superprotegida, no que respeita ao "material ferroviário" destinado aos caminhos-de-ferro, a indústria metalúrgica sofreu um agravamento da concorrência dos produtos estrangeiros. De facto, apesar de não existir uma siderurgia a proteger, visto que esta apenas funcionou alguns meses em 1866, a matéria-prima importada pagava direitos fixos que rondavam 2 réis por quilograma (2,4 réis para o ferro laminado e 0,8 para o coado, por exemplo). O material destinado à construção ferroviária beneficiou de total isenção alfandegária. Só em 1874 se criou um direito *ad valorem* com o material destinado à exploração, mas o período de construção das linhas do Norte e do Leste estendeu-se até 1878: os caminhos-de-ferro do Estado beneficiaram também de isenções e, por vezes, estas eram insuficientemente contabilizadas. Em 1881, industriais do sector metalúrgico contestaram isenções e direitos sobre matérias-primas que não se produziam no País, mas não os 5% *ad valorem* sobre o material destinado à exploração (AMOP 1881 Dep).

Temos poucos dados sobre preços de transporte dos materiais. Sabemos que, em 1857-58, o transporte representava 10,9% do preço de partida de materiais importados para a linha do Leste (AHP 1859). Em 1869, engenheiros portugueses consideravam que 1 t de ferro para pontes pagava 5,3% do seu preço em transporte e 0,8% em seguros. Tanto a matéria-prima como o produto acabado pagavam seguros e transporte. A diferença, para os dois casos, não seria de molde a constituir uma protecção eficaz.

1.2. Outros sectores envolvidos

Mas, deixemos, por ora, de parte a metalurgia e vejamos os outros sectores envolvidos. A procura provocada pela construção dos caminhos-de-ferro não se restringe aos produtos metalúrgicos, embora sejam estes os que favoreciam um desenvolvimento industrial em moldes clássicos. A encomenda de materiais de construção não deve ser desprezada. Como Karl Gustaf Hildebrand salientou, as indústrias ligadas à exploração florestal tiveram um papel central no desenvolvimento da Suécia (AHP 1859).

A utilização deste tipo de materiais requeria possibilidades de transporte para os estaleiros de construção. Em 1856, Watier, engenheiro do Crédit Mobilier, via vários obstáculos à utilização de calcários hidráulicos que verificara existirem nos arredores de Coimbra. A falta de transporte tornava mais rentável a importação de pozolanas estrangeiras[4]. De facto, pozolanas, cimento de Portland ou romano figuravam nas listas de produtos importados.

Estimativa do volume de balastro utilizado na construção e exploração dos caminhos-de-ferro de via larga (em metros cúbicos)
QUADRO Nº 3

Período	Construção(a)		Exploração (a)	
	Total	Média Anual	Total	Média Anual
1856-60	128.160	25.652		
1861-65	1.253.340	250.668	11.148	2.230
1866-70	130.680	26.136	14.780	2.956
1871-75	289.080	57.816	16.560	3.312
1876-80	475.200	95.040	21.032	4.206
1881-85	631.400	126.280	28.316	5.663
1886-90	1.053.800	210.760	35.316	7.063

(a) O volume utilizado na exploração extrapola dos valores encontrados para os anos 80 nos caminhos-de-ferro de Minho e Douro.

Boaventura José Vieira, que foi o director da construção de caminhos-de--ferro de Minho e Douro referia num relatório que em Portugal só havia pedra, cal e braços para trabalhar, sendo o próprio cimento importado (Vieira 1879: 91-94).

É-nos difícil calcular os quantitativos de pedra utilizados em estações, obras de arte ou túneis. Apenas podemos estimar o balastro da via-férrea.

---

[4] Relatório de Watier publicado em (Dinis 1915: II 87).

Tal como no caso da metalúrgica, o período de 1866 e meados dos anos 70 apresenta uma procura muito reduzida. As indústrias extractivas da pedra são-nos muito mais desconhecidas do que a metalurgia. Este é um domínio em que será difícil ultrapassar a actual ignorância. Pery refere a ausência de estatísticas sobre a actividade das pedreiras, que considera uma indústria importante para o País. Quanto aos fornos de cal, afirma que em 1867 existiam 377. O total das exportações neste sector seria, em 1872, 48.090$000 réis, mas as importações atingiam 32.078$000 réis. O progresso da exploração das pedreiras é-nos atestado pelo relatório da exposição industrial portuense de 1891. Nele se refere o aumento das exportações, mas o interesse vai para as pedras de alto valor, como mármores e ardósias (Exposição 1893). O cimento começa também a ser produzido, mas em 1888 continua a figurar nas listas de importações para os caminhos-de-ferro.

A abundância de pedra e argila possibilitaria que materiais, como a cal e os tijolos, fossem produzidos em explorações feitas ao longo da via e abandonadas após o fim da construção. Foi que aconteceu na construção da linha de Sul e Sueste, em distâncias que não excediam 8 Km da via. Ao contrário do que se passava na metalurgia a tecnologia de pedra não sofrera ainda grandes alterações e era dominada pelos artesãos portugueses.

O planeamento de obras de arte em pedra era antiquíssimo ainda que exigisse vastos conhecimentos e experiência. Em 1844, Luís Mousinho de Albuquerque publicara sob a égide da Academia das Ciências um *Manual da Construção das Pontes de Pedra* destinado aos jovens engenheiros das Obras Públicas em que – para além de descrever os processos de construção – ensinava a planear, orçamentar e apresentar projectos. Uma das particularidades interessantes deste livro é que dava elementos para o reconhecimento químico das propriedades dos materiais que em 1844 eram de difícil transporte. A própria fabricação das argamassas era descrita numa óptica experimental. François Caron considerou que este foi um dos sectores em que a construção ferroviária teve uma incidência importante.

Outro sector em que esta seria importante é o da exploração florestal. As qualidades e o número de travessas a empregar variavam conforme o traçado da via-férrea e a duração dependia de um grande número de factores. É pois impossível estimar o volume de madeira empregue em travessas. Dispomos, no entanto, de referências que indicam que a quase da totalidade da madeira utilizada seria importada. Só após 1891 dispomos de uma referência a zonas de produção, para este fim, em Leiria, Castelo Branco e Portalegre.

Também a construção civil terá conhecido uma significativa procura resultante da construção do caminho-de-ferro. Embora, na maior parte dos casos, os empreiteiros gerais fossem estrangeiros (franceses, ingleses, espanhóis), as pequenas empreitadas, sobretudo nos caminhos-de-ferro do Estado em administração directa, eram distribuídas a pequenos empresários-artesãos. As janelas de uma estação, um muro de suporte, um hangar de mercadorias eram assim construídos.

A exploração ferroviária provocava uma procura de produtos muito diversos, como, por exemplo, o azeite, que, juntamente com o óleo de purgueira, era utilizado na lubrificação e iluminação. Estes aumentos da procura de produtos diversos podem ligar-se a um aumento da população assalariada e, logo, ao crescimento de uma economia de mercado proporcionado directamente pela exploração e construção ferroviárias.

1.3. Crescimento da população assalariada

Dispomos de poucos números sobre os trabalhadores envolvidos na construção e exploração ferroviárias, já que a construção e exploração não eram feitas pelas mesmas entidades e que os relatórios das empresas se preocupavam sobretudo com os resultados ou as esperanças em termos financeiros. O País tinha pouca mão-de-obra qualificada disponível e essa foi importada, e paga a preço elevados, de Inglaterra, de França e de Espanha. Mas a construção ferroviária necessitava também de grandes massas de trabalhadores sem qualificação. Em Outubro de 1860 havia 6.000 trabalhadores empregues na construção ferroviária necessitava também de grandes massas de trabalhadores empregues na construção das linhas da Companhia Real. Esse número subia para 22.000 trabalhadores em 1861, altura em que também começava a construção do caminho-de-ferro do Sueste. Em pleno *boom* atingiu os quarenta mil.

Só estes 40.000 trabalhadores representavam mais de 20% da população recenseada para o pagamento do imposto industrial em 1867 (CFSS 1869: 77; CRCFP 1861). Representavam também mais que o triplo da emigração desses anos e, ainda, o dobro da de 1870. Com o fim das obras públicas, em 1866, ocorre o despedimento de numerosos trabalhadores. Esta crise assumiu, pelo menos em Lisboa, para onde se dirigiam muitos dos desempregados, um carácter social bem marcado. O grito "pão e trabalho" ecoou em Lisboa, na Primavera de 1868, ao mesmo tempo que os desempregados se dirigiam em comissão ao Ministério do Reino, de onde foram escorraçados (Gomes 188-: 311).

O Estado, por razões financeiras, não pôde então ajudar a minorar a crise, como era comum que lhe fosse solicitado. Podemos suspeitar que a emigração seria uma alternativa para alguns desses trabalhadores, tanto mais que o número de trabalhadores só pode ter aumentado significativamente neste sector em meados dos anos 70. Só na segunda metade dos anos 80 se terá voltado a níveis próximos dos anteriores à crise de 1866.

A própria exploração ferroviária dava origem ao emprego de uma abundante mão-de-obra, numa altura em que a sinalização era ainda escassa e em que a triagem e a agulhagem eram completamente manuais. Em 1886, a Companhia Real empregava 2.800 trabalhadores; a Minho e Douro registava 569.400 jornadas efectivas de trabalho, situando-se pouco abaixo. O total dos trabalhadores empregues pela exploração ferroviária seria então bastante superior a 5000 (mas em 1891, o Inquérito Industrial recenseava já 90.384 trabalhadores fabris).

Intervenção do Estado e participação dos engenheiros portugueses na construção dos caminhos-de-ferro no Século XIX

Começarei por reafirmar que a importância que o Estado assumiu em Portugal na construção dos caminhos-de-ferro resultou das baixas expectativas de procura de transporte ferroviário, e consequente baixa expectativa de rentabilização dos capitais investidos na sua construção. O Planeamento, a construção e fiscalização dos caminhos-de-ferro necessitavam ainda de um número significativo de engenheiros. A criação da Escola Politécnica, em 1837, em Lisboa e da Academia Politécnica no Porto forneceram as bases da formação de um corpo de engenheiros em Portugal. No início dos anos quarenta Luís da Silva Mousinho de Albuquerque, como Inspector Geral das Obras Públicas, considerava a necessidade de fazer vir alguns engenheiros estrangeiros para levar a cabo a construção da rede de estradas do País.

O esforço de formação foi pois importante. O governo foi apurando os melhores alunos das suas escolas superiores para estudarem no estrangeiro. Até 1851, formou-se um número insuficiente de engenheiros civis. Meia dúzia de portugueses seguiu para Paris cursando na École des Ponts et Chaussées, alguns deles por determinação oficial. Após esta data, os que procuraram essa formação, como complemento ou não, foram numerosos. Ana Cardoso de Matos identifica 22 engenheiros portugueses a frequentar a École des Ponts et Chaussées após 1853 o que atesta a predominância dos modelos franceses na construção e gestão dos caminhos-de-ferro portugueses.

Em 1868, em plena crise, o governo considerava o número de engenheiros ao seu serviço excessivo. Teria então 110 engenheiros que não se ocupavam só nos caminhos-de-ferro[5]. Este esforço permitiu que a feitura de regulamentos, programas de concurso e fiscalização das obras fosse feita por engenheiros portugueses. Foram ainda estes que se ocuparam de construção e exploração da rede dos Caminhos-de-ferro do Estado.

Nos caminhos-de-ferro de Leste a construção pelo Estado verificou-se logo em 1856, quando os engenheiros Joaquim Simões Margiochi e José Anselmo Gromicho Couceiro passaram de fiscais a directores da construção e exploração. Fizeram-no primeiro sob as ordens de João Crisóstomo de Abreu e Sousa até este pedir a sua demissão em 5 de Agosto de 1858. Em 1859 o cargo era ocupado por Joaquim Nunes Aguiar. Quando a linha foi concedida à Companhia Real os engenheiros portugueses voltaram à sua anterior função de fiscais.

Na rede de Sul e Sueste, após a tomada de posse da administração pelo Estado, em Março de 1869, ou nas linhas de Minho e Douro a presença de engenheiros portugueses ia da exploração à tracção, às oficinas, à via e às obras de arte. A própria construção prosseguia sob a fiscalização e orientação de engenheiros portugueses que fiscalizavam os empreiteiros ou subempreiteiros ou podiam mesmo dirigir a construção por administração directa (CFSS 1869; Pais 1876).

Podemos encontrar os vestígios desta actividade em relatórios diversos mas nem todos os relatórios nos dão a oportunidade de conhecer o desenrolar dos trabalhos. Particularmente interessantes, sob este ponto de vista, são os relatórios sobre a construção das pontes sobre o rio Águeda e sobre o rio Minho, ambas pontes internacionais, que foram publicados na Revista de Obras Públicas e Minas respectivamente no volume XX e no volume XVII[6].

Na construção da ponte do Rio Minho o modelo foi a ponte de Argenteuille em França. O concurso para a atribuição da empreitada foi preparado por engenheiros portugueses e espanhóis. Os portugueses foram João Joaquim de Matos, Augusto César Justino Teixeira e Augusto Luciano Simões de Carvalho. Houve sete licitantes entre espanhóis, franceses e belgas e as empresas eram prestigiadas. O contrato definitivo foi feito com a Société Braine-le-Comte da Bélgica. A responsabilidade da escolha era evidentemente pesada e susceptível de críticas. Os elementos metálicos da ponte vieram de Antuérpia directamente para Caminha. Os métodos utilizados foram muito modernos visto que

---

[5] Exposição dirigida pelos Conselheiros João Crisóstomo de Abreu e Souza e Joaquim Thomaz Lobo d'Avila ao Exmo. Sr. Marquez de Sá da Bandeira um nome dos engenheiros portugueses. Lisboa, 1868.

[6] Tomo XX, p. 122 e p. 68.

se praticou o trabalho em caixões sob pressão, também usado em Antuérpia e no porto de Lisboa (Barjot 1994). Esse trabalho encontrou circunstâncias desfavoráveis e um operário "tubista" faleceu, obrigando a reduzir os turnos e a insuflar ar fresco nos caixões. Estes operários eram especialistas de nacionalidades diversas incluindo argelinos. Se os trabalhos deste tipo não eram orientados pelos engenheiros portugueses, os problemas da gestão do estaleiro tinham que ser avaliados por eles. O conluio dos "tubistas", talvez provocado pela morte do companheiro, ocasionou uma suspensão de trabalhos.

O relatório tece um franco elogio aos pedreiros, em maioria galegos, pela sua obediência aos pequenos empreiteiros e pelos bons costumes revelados através da inexistência de problemas de moralidade em estaleiros onde homens e mulheres coexistiam mesmo em trabalhos duros. Se o projecto da ponte era do empreiteiro, a direcção do lado português foi feita pelo engenheiro construtor do último troço, enquanto a fiscalização da ponte se ficou a dever a Frederico Augusto Borges de Sousa que fora director da construção da 4ª secção do caminho de ferro.

Revela-se também neste relatório a existência de grandes problemas de gestão de mão de obra na construção do túnel do Tamel na linha do Minho. O isolamento do estaleiro teria sido favorável à existência de actos de selvajaria sobre as populações limítrofes.

Fig. 6.2 – Reconstrução do 7º pilar da ponte do Tejo ao km 118 da Linha de Leste. Pilar de madeira provisório (CCFP 1897: 10).

Já o relatório sobre a construção da ponte sobre o rio Águeda mostra como os engenheiros tinham de pensar os problemas de saúde envolvidos pelo trabalho em zonas onde faltavam os recursos e onde a malária ainda era uma realidade. Aqui salienta-se a sagacidade dos engenheiros portugueses organizando o trabalho, face às condições inóspitas de forma a dificultar o ataque pela doença, evitando as horas de rigor do sol e cortando o trabalho com o indispensável descanso. Fornecendo ainda bebidas tónicas em quantidade regular e moderada aos trabalhadores. O trabalho fez-se neste caso em grande parte sob administração directa e não houve quaisquer problemas na coexistência de portugueses e espanhóis.

Os regulamentos da fiscalização davam, em fins dos anos oitenta, muita importância aos problemas da organização e supervisão da mão de obra nos estaleiros de construção. Trata-se de um período de grande expansão ferroviária e portuária. Aparentemente a necessidade dessa atenção não fora só constatada pelos engenheiros fiscais (também houve problemas nos estaleiros dos caminhos-de-ferro construídos por companhias privadas) resultava ainda da gestão directa dos estaleiros dos caminhos-de-ferro do Estado. Para muitos, a experiência neste domínio viria facilmente através do contacto com os engenheiros chefes mas podia também resultar da sua formação militar.

As oportunidades de lucro resultantes das empreitadas e a forma como elas se processavam deram também azo a críticas. Os contratos foram, nos anos oitenta, passados a pente fino pelo Parlamento. Lourenço António de Carvalho precedeu Boaventura José Vieira na direcção da construção dos caminhos-de-ferro de Minho e Douro. A construção deste caminho-de-ferro foi, nas suas palavras, a obra de maior vulto feita em Portugal por engenheiros portugueses.

2. Despesas de construção e exploração

Tentemos agora esclarecer melhor estes aspectos através de um outro indicador importante, o da evolução das despesas de construção contabilizadas pelos caminhos-de-ferro de via larga. As companhias contabilizavam os preços pagos aos empreiteiros gerais. No caso do Estado, não existindo muitas vezes empreiteiros gerais, os preços contabilizados eram pagos a fornecedores e pequenos empreiteiros. A Companhia Real, entre 1861 e 1866, não inclui nas contas o subsídio que o Estado pagou ao empreiteiro. Apesar dos problemas descritos, não podemos desprezar este indicador, disponível para os anos posteriores a 1869.

A média destas despesas, entre 1869 e 1890, foi de 2.405.037$000 réis anuais. A sua distribuição foi, no entanto, muito desigual. A crise iniciada em

1866 estendeu-se até 1873. Depois desta data, e até 1878, as despesas de construção ultrapassavam 1.500 contos anuais. A baixa em 1879 foi passageira e em 1880 as despesas de construção ultrapassavam 4000 contos. A crise, em 1882, foi muito profunda, mas passageira, e em 1885 os totais ultrapassavam 2000 contos, mantendo-se até 1890 superiores a 3.000 contos.

Estrutura das despesas de construção (em percentagem)
QUADRO Nº 4

Rubricas	Total	Companhia Real	
	1861-69	1874-81	1882-88
Estudos	0,6	1,1	1,3
Expropriações	2,1	3,9	9,3
Movimentos de terra	34,0	20,4	27,2
Obras de arte	18,6	19,8	19,4
Túneis	2,5	7,2	12,6
Estações	6,9	4,5	3,4
Via	23,2	23,2	16,6
Telégrafo	0,5	-	0,2
Material Circulante	7,1	13,3	4,6
Direcção	4,6	3,2	3,2
Acessórios	-	3,1	2,1

Fontes: Documentos Relativos aos Caminhos-de-ferro de Sul e Sueste e Seus Prolongamentos, Lisboa, 1869. Relatórios do Conselho de Administração da Companhia Real às Assembleias Gerais e Sindicância aos Actos da Administração da Companhia Real dos Caminhos-de-ferro Portugueses, Lisboa, 1892.

As rubricas em que se agrupam as despesas de construção são também significativas. Em 1861-69, mais de 30% das despesas de construção foram feitas com movimentos de terra, 18,6% com obras de arte (pontes, viadutos), 2,5% com túneis e 6,9% com edifícios. Em todos estes sectores, a mão-de-obra era importante e, para além de lucros de empreitada, a parte de materiais importados era restrita.

Despesas de construção (em 1000 réis)
QUADRO Nº 5

Anos	CFP	Sul e Sueste	Minho e Douro	CPBA	Total
1869	0	34.071	-	-	34.071
1870	0	69.864	-	-	69.864
1871	0	136.952	-	-	136.952
1872	0	127.260	362.390	-	489.650
1873	0	173.099	1.351.764	-	1.524.863
1874	0	117.914	2.030.896	-	2.148.810
1875	114.203	275.519	2.431.310	-	2.821.032
1876	264.952	299.825	3.083.465	-	3.648.242
1877	73.090	199.944	3.291.872	-	3.564.906
1878	0	146.065	1.481.802	-	1.627.867
1879	0	146.945	353.806	182.165	682.916
1880	0	70.864	51.905	4.734.274	4.857.043
1881	1.780.615	89.826	0	2.011.946	3.882.387
1882	106.873	43.905	221.120	1.142.179	1.524.077
1883	9.665	40.040	0	0	49.705
1884	67.980	191.152	0	0	259.132
1885	2.033.706	375.927	0	0	2.409.633
1886	3.067.856	588.112	0	0	3.656.727
1887	3.562.598	718.871	0	0	4.280.710
1888	5.518.051	697.297	0	0	6.215.348
1889	4.969.144	307.798	0	0	5.276.942
1890	3.408.766	351.164	0	0	3.759.930

Fontes: Sindicância aos Actos da Administração da Companhia Real dos Caminhos-de-ferro Portugueses, Lisboa, 1892. Dados Estatísticos sobre a Construção e Exploração dos Caminhos-de--ferro de Sul e Sueste, Lisboa, 1902. Contas Gerais do Estado e Relatório da Direcção de Fiscalização dos Caminhos-de-ferro da Beira Alta, Lisboa, 1887.

Só podemos conhecer a parte que o ferro representa nos custos de construção de túneis e obras de arte nos casos das linhas entre Salamanca e a fronteira (1885): representam 14,8% do seu custo[7]. A partir deste valor podemos estimar que a encomenda total de ferro, entre 1861 e 1869, subiria a 2.648.823$000 réis e a de material circulante ascenderia a 1.067.965$000 réis.

---

[7] AHP, Lisboa, pasta 405, "Sindicância ao Sindicato de Salamanca". Caron usa percentagem de 10%.

A panorâmica descrita não se alterará muito nos períodos subsequentes. Os custos dos movimentos de terra não atingem uma percentagem tão elevada nas linhas da Companhia Real, no período de 1874-81, situando-se em torno de 20,4%, porque o preço da ponte sobre o Douro faz subir a percentagem despendida em obras de arte a 19,8% das despesas de construção. Entre 1882 e 1888, porém, os movimentos de terra ascendem a 27,2% das despesas construção desta companhia. Embora as percentagens variem segundo as fases de construção, François Caron avaliou os custos dos movimentos de terra, juntamente com os das obras de arte, em 1/3 das despesas de estabelecimento durante o século XIX em França.

O estudo das despesas de construção dos caminhos-de-ferro permite verificar que uma parte significativa se distribuía por lucros e salários. Mesmo no caso da instalação da via, 1869, os engenheiros do Estado atribuíram à mão-de-obra 7,4% dos custos. Em 1890, Serpa Pimentel imputava à mão-de-obra 8,2% das despesas de instalações da via.

Custo de 1 Km de via larga

	1869		1890	
	1000 Réis	Percentagem	1000 Réis	Percentagem
Carris	2.331,0	42,9	1.620,0	38,1
P. fixação	748,6	14,5	194,3	4,6
Travessas	1.175,6	21,6	1.847,5	20,0
Balastro	736,0	13,5	1.000.0	23,5
Salários	400,0	7,4	350,0	8,2
Diversos	-	-	238,0	5,6

Fontes: Documentos (...), 1869, p.1.175,6 84, Memorial da Companhia de (...), 1890, p. 141.

Os salários pagos variavam muito. Os caminhos-de-ferro de Sul e Sueste pagavam 4$500 réis por dia a um operário inglês para instalar o telégrafo e 1$200 réis pelo mesmo trabalho ao português que o substituiu (CFSS 1869: 79). No relativo aos caminhos-de-ferro, não dispomos de referências ao trabalho de mulheres e de crianças. Sabemos que este trabalho existiu na construção das estradas da Companhia das Obras Públicas de Portugal nos seus anos 40. A existir, seria muito mal pago. No caminho-de-ferro de Leste em 1857 a secção de obras pagava no máximo 133$000 réis (seguramente a um engenheiro) e no mínimo 9$000 réis, mas a maior parte dos trabalhadores recebia 15$000 réis mensais ou $500 réis por dia. Na repartição técnica o salário máximo era de 270$000 réis.

Importações destinadas aos caminhos-de-ferro
(importações isentas de direitos alfandegários, em contos de réis)
QUADRO Nº 7

Anos	Total	Material para caminhos-de-ferro	Anos	Total	Material para caminhos-de-ferro
1855	368,4	-	1878	31,9	22,5
1856	259,6	-	1879	363,5	277,0
1861	892,9	-	1880	659,3	555,4
1867	20,0	-	1881	314,7	246,7
1869	45,7	-	1882	-	-
1870	45,4	-	1883	-	-
1871	41,0	-	1884	-	-
1872	532,4	-	1885	338,3	147,2
1873	323,4	-	1886	792,9	590,9
1874	143,2	66,4	1887	932,7	810,3
1875	651,5	458,4	1888	754,2	664,2
1876	482,8	451,1	1889	833,8	675,6
1877	454,2	247,8	1890	1.343,9	1.176,8

Em 1868, um assentador de via no caminho de ferro de Sul e Sueste ganhava 200 réis diários, mas, na construção do caminho de ferro de Minho e Douro, em 1875, Boaventura José Vieira dizia pagar um mínimo de 360 réis diários aos trabalhadores sem qualificação e 500 réis aos barreneiros. No entanto, nos caminhos-de-ferro da Beira Alta, o máximo entre 1878 e 1882 seria de 360 réis.

Para os 20.000 trabalhadores empregues no início dos anos 60, seis meses de trabalho, ao salário mais baixo, equivaleriam a 1000 contos. O contingente anual recenseado para o imposto industrial era e 1.649.211$000 réis no final dos anos 60.

As companhias de caminhos-de-ferro e os caminhos-de-ferro do Estado contabilizaram também as despesas de exploração relativas a materiais e salários necessários ao seu funcionamento. Estas despesas rondavam os 800 contos em 1871, tendo baixado posteriormente devido à reorganização dos serviços e às restrições resultantes dos maus resultados financeiros da Companhia Real. Só a construção dos caminhos-de-ferro do Minho e Douro as fez de novo subir. Em 1881 tinham ultrapassado 1000 contos, em 1885, 1500, tendo atingido 2.000 em 1889.

Também nestas despesas os salários correspondiam a percentagens importantes. Em 1880 representavam 58,6% das despesas de exploração nos caminho de ferro de Minho e Douro, tendo chegado a ultrapassar 60% ainda nessa década. Em média, nas diversas redes, entre 1880 e 1886, essas percentagens variaram entre 48,2% e 65% das despesas de exploração.

Assim, pela distribuição de salários, a exploração ferroviária contribuiu sobretudo para o alargamento do mercado interno.

Podemos tentar encontrar pontos de comparação para a importância das encomendas ferroviárias. Para isso podemos somar as despesas de construção com as de exploração, operação que é possível após 1870. A exploração diminui a incidência das crises de construção em 1878 e 1883-84. Só a partir de 1877 o total das despesas consideradas ultrapassa 1000 contos e, até 1880, só em 1876 e 1877 são ultrapassados os 4.000 contos. Entre 1888 e 1889, só durante a crise de 1882 esse total é inferior a 3.000 contos; e a partir de 1886 é sempre superior a 5.000 contos.

Importações de material para caminhos-de-ferro (superstruturas, vias, material rolante e acessórios)
QUADRO Nº 8

Anos	Contos de réis	Toneladas
1874	48,0	44,2
1875	122,7	-
1876	38,7	-
1877	83,2	1.459,2
1878	294,3	7.359,2
1879	527,2	15.128,3
1880	205,9	5.505,0
1881	947	20.038,1
1882	683,8	9.586,8
1883	343,0	4.612,2
1884	305,0	7.717,7
1885	409,5	11.232,6
1886	926,2	28.860,1
1887	1.122,7	25.643,8
1888	1.032,1	26.732,8
1889	1.126,9	35.821,8
1890	1.783,9	38.147,4

Fontes: Comércio de Portugal com as Colónias e as Nações Estrangeiras, volumes de 1855 e 1890.

Se considerarmos que 15% correspondiam a encomendas de produtos metalúrgicos, veremos que em 1875 a encomenda rondaria 500 contos de compras.

Mas sabemos que, desse total, seria pouco o que corresponderia a bens produzidos em Portugal. Se calcularmos esta parte em 3% ela rondará os 100 contos. O total não seria, pois, muito elevado, correspondendo talvez à produção anual de uma das poucas grandes fábricas da época. Nesse momento ainda não se pagavam direitos alfandegários sobre o material ferroviário; mas pagavam-se sobre a matéria-prima com que eram fabricados.

3. Despesas ferroviárias e comércio externo

Se a distribuição de salários, indemnizações e lucros foi um dos resultados mais palpáveis da construção e exploração dos caminhos-de-ferro, tem algum sentido, e corresponde a um ponto de referência válido, comparar o somatório das despesas pagas com as importações para consumo do País. Esta operação não é infelizmente possível para o primeiro *boom* ferroviário, por falha nas estatísticas do comércio externo.

Os construtores dos caminhos-de-ferro pensaram-nos como elemento igualizador e dinamizador do espaço económico nacional e consideraram sobretudo os seus aspectos no comércio externo. Só mais tarde, quando a crise se começava a desenhar, os aspectos negativos foram realçados.

O comércio português teve um desequilíbrio constante neste período. A taxa de cobertura das importações, em 1866, situava-se perto de 40%, se subiu quase aos 80% entre 1869 e 1872, baixou a menos de 60% em 1879. A recuperação de 1880 foi em parte resolvido pela importação de produtos, não só industriais mas também alimentares.

A evolução das séries das despesas ferroviárias e das importações do País mostram divergências significativas. A influência das despesas ferroviárias sobre as importações do País foi restrita. Em 1887 correspondem 13,9% das importações para consumo. Em 1880, essa mesma percentagem atinge 18,7%, baixando em seguida. A partir de 1885, as percentagens máximas são atingidas em 1888, com 21%.

Deixemos de parte este aspecto, para nos centrarmos sobre as importações directamente ocasionadas pela construção e exploração ferroviárias.

Aparentemente, os mapas do comércio externo português fornecem, após 1874, dados sobre as importações de material ferroviário. No entanto, as estatísticas do comércio estão organizadas segundo uma lógica fiscal e são enganadoras. Os materiais importados para construção dos caminhos-de-ferro beneficiarem de isenções fiscais estabelecidas nos contratos de concessão. Os materiais importantes com isenção para os caminhos-de-ferro do Estado abrangeram também as necessidades da exploração.

A partir de 1874, com a Lei de 9 de Abril, vigorou um direito de 5%, que apenas incidia sobre as importações necessárias à exploração ferroviária. Este direito só começou a funcionar para a Companhia Real com a conclusão da ponte sobre o Douro, em 1878. A portaria de 10 de Setembro desse ano estabelecia os limites da sua aplicação ao material fixo e circulante destinado aos caminhos-de-ferro, compreendendo no material fixo os elementos de via, superstruturas, aparelhos e acessórios necessários ao serviço. Não se importavam apenas materiais destes com destino à construção dos caminhos-de-ferro. As importações de carvão, por exemplo, nunca formam autonomizadas.

As listas de produtos importados ao abrigo da isenção figuravam em todos os volumes das estatísticas do comércio externo de Portugal, mas não dispomos de volumes de 1857 a 1860 e 1862 a 1865. Falham também estes dados entre 1882 e 1884. O material para os caminhos-de-ferro isento nem sempre foi totalmente contabilizado na série intitulada "materiais para caminhos-de--ferro", como devia ter sido. Aliás, o aparecimento desta série provoca alterações de conteúdo em séries onde anteriormente eram contabilizados os materiais.

Teoricamente, após 1874, teríamos o total dos produtos importados para os caminhos-de-ferro subtraindo o material ferroviário que figura nas listas das isenções ao total. A este resultado deveríamos somar apenas a estimativa do carvão importado e o material ferroviário da série publicada. Pouco ficaria de fora. Só que os critérios legais nem sempre foram os mesmos. Em 1874, o material ferroviário isento é superior ao total da série relativa aos materiais para os caminhos-de-ferro. Apesar da portaria de 1878, em 1880 as importações voltam a ser superiores às da série.

A partir de 1885, o critério parece estabilizado e a operação antes descrita faz que as importações correspondam a percentagens que oscilam entre 17,7% e 21,5% das despesas ferroviárias. Se avaliarmos a plausibilidade da percentagem para 1855-56, anos para os quais dispomos de dados, obtemos que o material importado representou nessa altura 24,3% das despesas pagas ao empreiteiro pela Companhia dos Caminhos-de-ferro do Leste (AMOP 1853-58; AHP 1856).

Se calcularmos a percentagem das importações do País, veremos que 1855, as importações ferroviárias representavam 1,96% do total das importações, reduzindo-se, em 1856, a 1,27%. Em 1861, no início do *boom* ferroviário, correspondiam a 3,35% do total. Entre 1869 e 1874, não atingem os 2%. Para o período que vai de 1885 a 1889, a média seria de 3,5% das importações do País. As importações directamente feitas para os caminhos-de-ferro não seriam assim, demasiado pesadas na balança comercial do País.

Nas listas de material importado com isenções figuravam papel, lápis, instrumentos de física, tecidos, coiros, produtos químicos, cavalos, pentes de marfim, etc. Suspeitas de fraude faziam que as encomendas isentas fossem analisadas. As contestações referem-se ao vidro em chapa. Em 1861, os direitos não pagos sobre este produto, por causa de isenções, correspondiam a 63% do preço das importações. Nos anos 80, o vidro em placas desaparece das listas.

Até 1873, metais brutos e manufacturados representavam entre 69% e 95% do total do valor das importações isentas. Após 1875, e até 1890, a categoria material para os caminhos-de-ferro representa 79,9% do que foi importado com isenção para as construções. Caron calculou as percentagens de produtos químicos, couro têxteis, vidro, borracha, etc., relacionadas com a construção e a exploração ferroviárias, encontrando, evidentemente, muito pequenas percentagens.

Conclusão

O facto de uma parte significativa das despesas com a construção e exploração ferroviárias se traduzir numa distribuição de salários e lucros manifesta-se no peso limitado que as importações directas, de materiais ferroviários ou outros, para construção dos caminhos-de-ferro têm sobre a balança comercial do País. No entanto, convém salientar que a primeira metade dos anos 70, em que se constroem poucos caminhos-de-ferro, é uma época de elevada cobertura das importações e que, inversamente, a cobertura das importações se degrada progressivamente na segunda metade dos anos 80, época de intensa construção ferroviária. A construção ferroviária insere-se em conjunturas em que se verifica uma progressiva degradação da balança comercial.

É pouco relevante a procura de produtos industriais directamente originada pela construção e exploração ferroviárias, apesar de se ter produzido em Portugal material para a fixação das vias e para a reparação e construção do material circulante. Uma procura significativa de pedra e a distribuição de salários e lucros, na área da construção civil, parecem ser os elementos mais importantes a decorrer directamente da construção e exploração ferroviárias.

Este padrão corresponde bastante bem à utopia desenvolvimentista liberal. A encomenda directa de produtos industriais resultante da construção e exploração ferroviárias só muito raramente foi encarada na época. Só a encontrei no quadro de uma defesa da exploração de jazigos de minério de ferro de baixo teor e rentabilidade duvidosa.

Já no seu plano de reforma de 1832, Mousinho da Silveira entrevia o papel que o consumo dos trabalhadores empregues nas obras públicas poderia ter no alargamento do mercado interno (Pinheiro 1987). O projecto regenerador encarava a industrialização como resultado do alargamento do mercado para os produtos industriais, originado pelo progresso agrícola e de que os meios de comunicação acelerada eram considerados uma condição necessária.

Não podemos deixar de acentuar que, quando os caminhos-de-ferro foram construídos, não havia possibilidades de produzir no País uma parte muito significativa dos produtos necessários para esse fim; que a indústria siderúrgica, para a qual Caron considerou a encomenda ferroviária muito importante, não existia e tinha poucas ou nenhumas condições favoráveis à sua implantação e que, quando foi implantada, a procura ferroviária atravessou uma duradoura crise. De salientar ainda o facto de, apesar de não haver siderurgia a proteger, existirem direitos sobre as matérias-primas das indústrias metalúrgicas. Associados às isenções, de que beneficiaram as importações para caminhos-de-ferro até 1878, correspondiam a uma protecção negativa deste sector. A lei de 1874, ao impor o direito de 5% para os materiais destinados à exploração, pouco mais teria feito do que estabelecer a igualdade de concorrência. No entanto, este problema apenas tinha que ver com a produção de peças de fixação da via e de alguns acessórios ao material circulante.

Portugal não tinha as condições prévias necessárias para actualizar todas as potencialidades virtualmente contidas na construção ferroviária. Nomeadamente faltava-lhe uma rede de estradas com um tráfico de passageiros e mercadorias em franca expansão. Não houve pois oportunidade perdida, não só por estas razões, mas porque a história foi inevitavelmente a que foi e não incumbe ao historiador procurar caminhos alternativos mais conformes com padrões desenvolvimentistas. A análise histórica mostra a multiplicidade e a especificidade das experiências nacionais.

Economistas actuais têm salientado o carácter restrito do aumento da procura de produtos industriais internos provocado pela construção de obras públicas, assim como o aumento das importações de produtos alimentares que pesa sobre a balança comercial.

No período em estudo a importância de um crescimento agrícola que, para além de produzir os excedentes exportáveis, permita alimentar a população e forneça um mercado para os produtos industriais, tem sido salientada. Maximizar o potencial industrializante, nestas circunstâncias, implica ainda suprimir os obstáculos ao crescimento da produção. Uma política pautal "inteligente" estaria para alguns historiadores entre as medidas necessárias à diminuição dos estrangulamentos na indústria.

A "inteligência" é em larga medida um luxo que não estava ao alcance de Portugal no século XIX. Por mais livre-cambistas que fossem os membros da classe política portuguesa – a começar pelos redactores da pauta de 1837 –, as alfândegas produziram, durante a segunda metade do século XIX, o melhor dos rendimentos fiscais do País. A pauta alfandegária tinha, antes de mais, uma lógica fiscal, e só acessoriamente, e de forma algo contraditória, se foram nela sedimentando farrapos de outras lógicas. Ora o Estado português, empenhado na modernização das infra-estruturas consideradas necessárias ao desenvolvimento económico, debatia-se com uma insuficiência fiscal que em larga medida era o resultado do próprio atraso económico.

Podemos deixar uma nota positiva como resultante directa da construção dos caminhos-de-ferro em Portugal. A transferência de tecnologia que resultou desta construção foi apreciável. A direcção da construção dos caminhos-de-ferro, o seu planeamento e fiscalização constituíram um importante mercado de trabalho para os engenheiros que faziam o curso de Engenharia na Escola Politécnica e para os que se deslocavam à *École des Ponts et Chaussées* para obter o seu diploma.

Para terminar sem esquecer que as construções ferroviárias se inseriam em conjunturas expansionistas em que, devido a uma industrialização, a balança comercial se degradava progressivamente, convém salientar que foi ao nível da impossibilidade de mobilizar os capitais para a sua construção, e da consequente necessidade de um Estado que sofria de insuficiência fiscal, participar largamente nesses investimentos, que a construção dos caminhos-de-ferro pôde, entre 1853 e 1890, ter tido os efeitos mais perversos.

Esta comunicação corresponde à síntese de uma parte de uma tese de doutoramento defendida a 13 de Janeiro de 1987 na Universidade de Paris I, sob a orientação de Jean Bouvier. Foi também publicada parcialmente na revista *Análise Social*, nº 101-102.

OBRAS CITADAS

BARJOT, Dominique (1994). " Les Entrepreneurs Français de Travaux Publics et l'Equipement du Portugal: Une contribution multiforme (milieu du XIX è Siècle – milieu des années 1970)". *Ler História*, nº 26, pp. 93-116.

CARON, François (1990). "L'évolution des transports terrestres en Europe (vers 1800 – vers 1940)" in *Tenth International Economic History Congress – Debats and controversies in Economic History*, Louvain, pp. 85-95.

CCFP, (1897), *A Companhia dos Caminhos de Ferro Portugueses*, Lisboa, Maio.

CFSS, (1869), *Documentos sobre os Caminhos-de-ferro de Sul e Sueste e seus Prolongamentos*, Lisboa.

CUSTÓDIO, Jorge, SANTOS, Maria, RIBEIRO, Isabel (comp.) (1981), *Arqueologia Industrial do Bairro de Alcântara, Lisboa*, Lisboa.

DINIS, Pedro Guilherme dos Santos (1915), *Compilação de Diversos Documentos Respeitantes à Companhia dos Caminhos-de-ferro Portugueses*, vol. 3, p. 523.

EXPOSIÇÃO, (1893), *Relatórios da Exposição Industrial Portuguesa em 1891 no Palácio de Crystal Portuense*, Lisboa.

FREMDLING, R. (1977). "Railroads and the german economic growth: a leading sector analysis with comparison to the United States and Great Britain", *Journal of Economic History*, Setember, nº 3, p. 583.

GAZETA, (1985), *Gazeta dos Caminhos-de-ferro de Portugal e Hespanha*, nº 190.

GERCHENKRON, Alexander (1968), *El atraso económico en su perspectiva histórica*, Barcelona, pp. 86-89.

GOMES, Marques (188-), *História de Portugal* (Pinheiro Chagas), vol. XII, cap. XVI.

JUSTINO, David (1988), *A Formação do Espaço Económico Nacional*, Lisboa. vol. 1, p. 89.

LAFUT, Miche (1992). "Belgique chemin de fer et développement: Le bilan du rôle des chemins de fer dans le développement de la Belgique au XIX siècle". *H.E.S.* nº 1, p. 86.

MATOS, Ana Maria Cardoso de (1998), *Ciência, tecnologia e desenvolvimento industrial no Portugal oitocentista...*, Lisboa.

MENDOZA, Antonio Gomez (1982). "Los ferrocarriles y la industria siderúrgica" in *Moneda y Crédito*; ver também *Ferrocarriles y expansión económica*, Madrid.

MERGER, Michèle, *Un siécle d'histoire industrielle en Italie (1880-1970). Industrialisation et sociétés*, Paris.

PAIS, Miguel Carlos Correia (1876), *Esclarecimentos sobre a Administração do Governo*, Lisboa.

PERY, Gerardo (1875), *Geographia e Estatística Geral de Portugal e Colónias*, Lisboa, pp. 155--156.

PIMENTEL, F.E. Serpa Pimentel Capitão – comandante (1890), *Memorial sobre os Caminhos-de-ferro pelo Capitão-Comandante*, Lisboa.

Pinheiro, Magda (1987), "O modelo revolucionário francês no projecto de Mouzinho da Silveira", *Prelo*, nº 14, p. 69.

Relatório, (1863), *Relatório dos Inspectores de Minas do Districto de Leiria sobre as Concessões de Croft*, Lisboa, pp. 20-21 e 43.

Ribeiro, Carlos (1857). " ", *O Panorama*, 1857, p. 105.

Vieira, Boaventura José (1879), *Relatório sobre os caminho de Ferro de Minho e Douro em 31 de Janeiro de 1879*.

DOCUMENTOS DE ARQUIVO

AHP (1856), "Correspondência (...)", pasta 291, 1856, "Lista de material importado para o caminho de ferro de Leste".

AHP (1859), "Correspondência (...)", pasta 291, 1859, "Lista dos artigos importados que foram fornecidos por Morton Peto", Lisboa.

AHP (1860), "Lista dos materiais importados datada de 9 de Março de 1860" in *Correspondência (...)*, Pasta 292, Lisboa.

AHP (1866), "Relatório sobre a inauguração do Alto Forno de Pedernaes" in *Correspondência do Ministério das Obras Públicas com a Câmara dos Deputados*, Lisboa, Pasta 292.

AHP (1876), Pasta 293.

AHP (1884-85), "Listas de contratos de mais de 500$000 réis", Pasta 294.

AMOP (1853-58), "Lista de materiais importados para o caminho de ferro do Leste", Lisboa, DGOP-RC 45.

AMOP (1881), *Inquérito Industrial de 1881*, 2ª. parte, t. 2, pp. 56 – 58

AMOP (1881 Dep), *Inquérito Industrial de 1881*, 1ª. parte, "Depoimento", pp. 15-21; 2ª parte, t. 2, pp. 54-56.

CRCFP (1861), "Compagnie Royale des Chemins de fer portugais. Rapport à l'assemblée du 2 Septembre 1861", p. 2. Pode encontrar-se nos Arquivos Nacionais de Paris, na série 65 AQE 189, nos arquivos do Crédit Lyonais em Paris e a CP dispõe também de uma colecção.

AMAE Paris (1860), *Correspondance Commerciale de la légation française à Lisbonne*, ofício de 23 de Março de 1860 (vol. 70).

AMAE Paris (1862), *Correspondance Commerciale de la légation française à Lisbonne*, ofício de Novembro de 1862 (vol. 71).

OS EFEITOS DO BETÃO ARMADO NA ARQUITECTURA PORTUGUESA.
O CASO MOREIRA DE SÁ & MALEVEZ (1906-1914)

André Tavares (UM)

As operárias do betão armado

Nove mulheres com uma compleição física robusta e uma expressão séria e compenetrada protagonizam uma fotografia publicada em 1910 na revista *Le Béton Armée* (Sá, Malevez 1910). O artigo apresentava os primeiros sucessos da construção em betão armado Hennebique em Portugal e referia-se marginalmente a um episódio raro e desconexo na história da firma: a presença de mulheres no operariado da construção. O original da fotografia, conservado nos arquivos do jornal, permite não só desvendar que seis das mulheres estão descalças como, em segundo plano, figura um grupo de homens[1].

FIG. 7.1 – As operárias do betão armado. Construção da Ponte Bandeira Coelho, em Sejães, Oliveira de Frades, sobre o Rio Vouga. Moreira de Sá & Malevez, 1906.

---

[1] Na figura 7.2 reproduz-se uma das duas folhas de horas relativas à construção da ponte e que estão expostas no Museu Municipal de Oliveira de Frades. É assinalável a presença de nomes femininos e a escassa participação masculina no numeroso contingente de operários.

O acontecimento particular, que interessará seguramente à história social e operária do país, obriga os arquitectos a interrogarem-se sobre vários aspectos-chave no entendimento da sua própria profissão. Se é possível que o betão armado tenha interferido na organização da obra, ao ponto de introduzir mulheres no processo construtivo, as transformações que daí decorrem não terão alterado as condições e as exigências de produção do projecto? E transformando-se a prática de projecto não se terão transformado, por consequência, os mecanismos de desenho e de concepção da arquitectura?

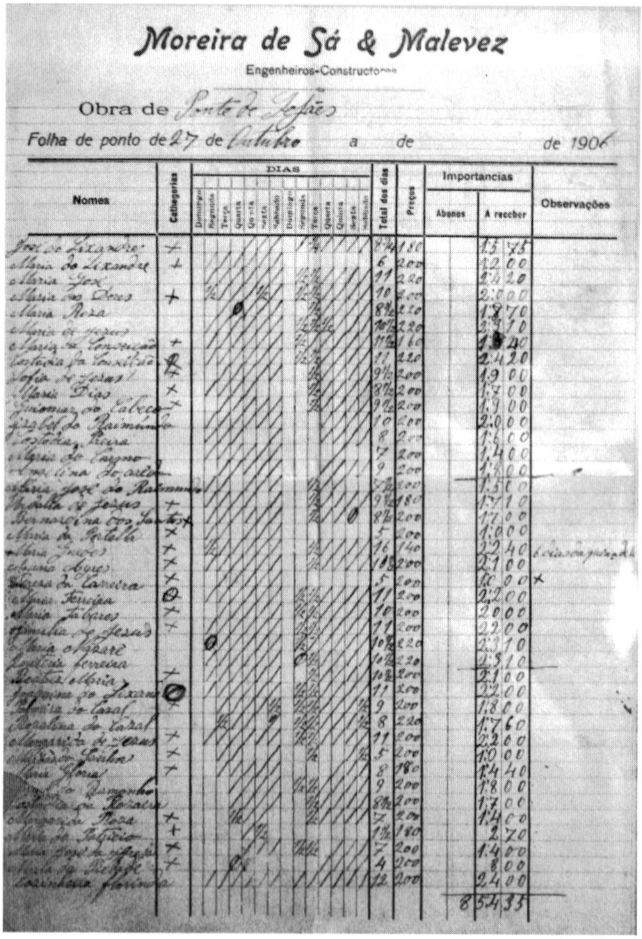

Fig. 7.2 – Folha de registo de horas de trabalho das operárias na construção da ponte Bandeira Coelho – 27 de Outubro de 1906.

Nos primeiros anos de invenção e afirmação do betão armado como sistema construtivo, na segunda metade do século XIX, a intuição e a experimentação desempenharam um papel decisivo na descoberta dos seus comportamentos e na validação pública das suas capacidades e virtudes. A estabilização das fórmulas de cálculo e a sistematização dos procedimentos construtivos transformaram o betão armado, progressivamente, numa prática de uso corrente e sistematizado. No início do século XX, a idealização e o cálculo de uma estrutura em betão armado, obrigando ao domínio de um mecanismo de raciocínio de teor abstracto, conduziu a um sistema de concepção do projecto de estruturas que não era essencialmente visual e era, sobretudo, especulativo em função de um modelo de relação de formas e distribuição de forças.

Se nos concentrarmos no campo do desenho, entendido como sequência de acções que conduzem ao domínio do projecto de Arquitectura e consequentemente à realização da obra, observamos que desde os primeiros anos o "circuito" do betão armado impôs conflitos, hesitações e entusiasmos nos vários níveis em que se jogaram as decisões do projecto. Estas agitações interferiram na prática dos arquitectos com um impacto que se estabilizou, na nossa perspectiva, antes do betão armado ter servido de argumento para justificar uma ruptura epistemológica na prática dos arquitectos.

Este fenómeno de utilização retórica do betão armado como arma de arremesso no combate entre arquitectos conservadores e arquitectos de vanguarda, em particular no caso europeu da querela "moderno/não moderno" instigado por arquitectos e historiadores empenhados como Sigfried Giedion, foi já objecto de várias desconstruções e reenquadramentos históricos.(Delhumeau et al. 1993). Nesse debate, a reconstituição das metodologias e processos de implantação comercial num contexto internacional, levados a cabo por François Hennebique(Delhumeau 1999), abriu várias pistas para questionar o carácter original, no que respeita ao emprego do betão armado, das obras "pioneiras" do moderno português.

O betão armado permitiu, mais do que renovar, prolongar as condições de exequibilidade da arquitectura ecléctica, agindo como sistema conservador das formas e soluções e não como processo de ruptura (Gubler 1982). Aliás, o procedimento da agência de François Hennebique na sua relação com os projectistas (particularmente bem identificado na acção do seu agente em Turim) (Nelva, Signorelli 1990), limitava-se à sobreposição a lápis vermelho sobre a heliocópia azul dos pontos estruturais necessários, confirmando os dispositivos espaciais propostos pelos arquitectos e desenhadores. Porém, estas operações não escondem uma transformação progressiva das circunstâncias e das responsabilidades envolvidas na prática do projeto e na gestão da obra.

Em Portugal, nos últimos anos do século XIX, Jacques Monet e M. S. Reynaud & Cª, como concessionários de François Hennebique e Paul Cottancin, respectivamente, levaram a cabo algumas obras de construção civil que se podem dizer pioneiras na introdução do sistema construtivo no país (Ferreira 1989). Contudo, por assumirem um carácter excepcional, essas obras parecem não ter afectado as práticas correntes. Esse cenário evoluiu rapidamente nos primeiros anos do século XX, com o aumento da confiança e do conhecimento do sistema construtivo e com a concessão das patentes a empresas mais empenhadas.

Fig. 7.3 – Moagens Harmonia, Cova da Piedade, 1896, Jacques Monet, 1º concessionário Hennebique em Portugal.

Através dos processos de obra preservados nos arquivos da firma Hennebique, são perceptíveis aspectos da actividade da firma Moreira Sá & Malevez. Com base nessa documentação foi possível constituir algumas hipóteses interpretativas para abordar as questões que nos interessam. Partindo desse estudo, o objectivo desta apresentação é pôr em evidência a difusão de responsabilidades que o novo sistema trouxe e que, segundo a nossa hipótese, levou à fixação de uma nova prática de projecto. Partindo da fixação da firma no território português, será eventualmente possível apurar, não apenas os estranhos circuitos de distribuição e fixação do betão armado como prática construtiva, mas também os entusiasmos e convicções que levaram arquitectos e engenheiros a prescrevê-lo (como produto), a dominar o conhecimento específico do seu uso e das suas propriedades (como sistema), e a propor sínteses que denotam novos modos de manipular as ferramentas próprias da profissão (como concepção). Estes processos antecedem a já citada "ruptura epistemológica" e permitem verificar a assimilação consciente, por parte dos arquitectos portugueses, de novas estratégias de projecto decorrentes da utilização do betão armado.

Uma constelação de betão
Depois de caducada a primeira licença de exploração da patente Hennebique em Portugal, é a firma Moreira de Sá & Malevez, em concorrência com Pierre Teissier, quem vai procurar introduzir de um modo sistemático a construção em betão armado no país. Com trabalhos identificados desde 1902 e *bureau d'études* em Lisboa desde 1906, a quantidade de trabalhos que produzem é crescente até 1910. Aparentemente, foi a implantação da República, a 5 de Outubro de 1910 (e o consequente desmantelamento das estruturas do Estado e do investimento), que originou uma primeira quebra no negócio. Em Março de 1913, após dificuldades para resolver a construção de estacaria de fundações para uma ponte metálica, o concessionário retomou contacto com Hennebique e construiu uma pequena série de obras com alguma importância (fundações e tabuleiros de pontes, armazéns). Este segundo ciclo interrompeu-se no final de 1914.

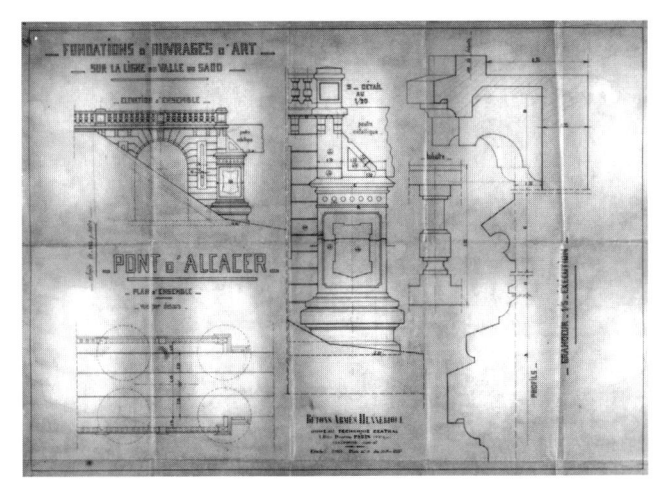

FIG. 7.4 – Fundações da ponte de Alcácer do Sal, Bureau d'Études Hennebique, Moreira de Sá & Malevez, 30 de Maio de 1913.

Moreira de Sá & Malevez encarava a pequena dimensão das suas encomendas com uma certa naturalidade. Eram apenas um concessionário que agia sem grandes ambições num território sem um *agent général*, que na hierarquia Hennebique deveria desempenhar um papel fundamental na promoção do sistema e na gestão dos processos em cada país. Essa condição obrigava o concessionário a dirigir-se directamente a Hennebique, salto hierárquico que conduzia a alguns mal-entendidos e a uma fraca implantação local. Os primeiros trabalhos que realizaram eram independentes e posteriormente as duas agências separadas do Porto e Lisboa unificaram-se num concessionário bicéfalo. Os dossiers de correspondência localizados são todos originais de Lisboa e uma referência a um envio equivoco, em 17 de Abril de 1907, faz-nos crer da efectiva autonomia de cada um dos dois escritórios: *A ce propos nous vous prions de nouveau de nous adresser toujours à Lisbonne tout ce que notre bureau de Lisbonne vous demande et à Porto ce que notre maison de Porto traite directement* (BAH 1907: 17.04). No Porto, a firma era representada pelo engenheiro Bernardo Moreira de Sá (1879-1919), formado numa escola de engenharia de Bruxelas (filho primogénito de Bernardo Moreira de Sá (1853-1924), maestro e musicólogo responsável pela criação de um importante círculo musical na cidade do Porto). O seu sócio de Lisboa, Malevez, permanece incógnito, sendo muito provavelmente um cidadão de origem belga.

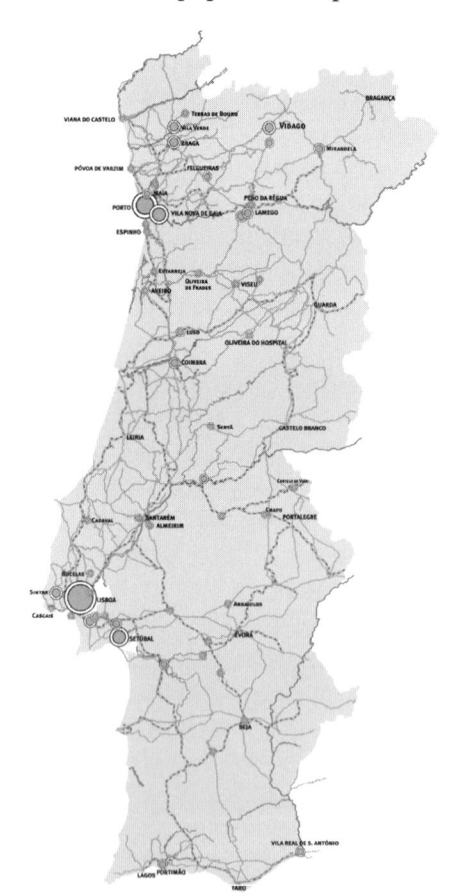

Fig. 7.5 – Distribuição das obras e projectos de Moreira de Sá & Malevez, sobre esquema aproximado da rede de estradas e caminhos-de-ferro existentes em Portugal antes da Grande Guerra.

Se a escassez de informação nos impede de fazer um inventário exacto das obras Hennebique em Portugal, da listagem publicada mensalmente na revista *Le Béton Armée*, identificam-se cerca de 160 projectos, na sua maioria de pequena dimensão. A partir dessa informação, podemos organizar uma nova listagem por diferentes critérios, seja a cronologia, a tipologia ou a situação geográfica das obras tornam evidente a sua dispersão territorial e a ligação dessa dispersão com a concentração da encomenda[2].

Um aspecto a ter em conta é a natureza objectual das obras. A escolha do betão armado aparenta ser da responsabilidade do promotor e constituir uma encomenda precisa: "Eu quero um reservatório!" O concessionário representa o papel de fornecedor de objectos terminados e não o de arquitecto. A encomenda não é uma concepção que resolva um problema com diversas variáveis e não exige a mediação do projecto.

Fig. 7.6 – Reservatório no Barreiro, Moreira de Sá & Malevez, 1908.

---

[2] Para uma primeira compilação desse inventário ver QUINTELA António Carvalho. "Contribuição para a História do Betão Armado em Portugal: Primeiras Obras", *Revista Portuguesa de Engenharia de Estruturas* (LNEC), nº 30, ano X (1989), 1990.

A rede viária (ou a sua ausência) e sobretudo a rede do caminho-de-ferro (sendo os caminhos-de-ferro um dos principais clientes do concessionário) são duas chaves de leitura que podem explicar a localização em lugares de grande acessibilidade ou, pelo contrário, de fraca acessibilidade. Também a existência de pequenos centros de encomenda em núcleos rurais ou balneares (produção de vinho, termas) sugere a importância da encomenda proveniente de proprietários da velha aristocracia rural com ligações à burguesia urbana de Lisboa e Porto. Esta estratégia comporta uma forma de agir distinta da introduzida pela construção metálica em torno das redes do caminho-de-ferro.

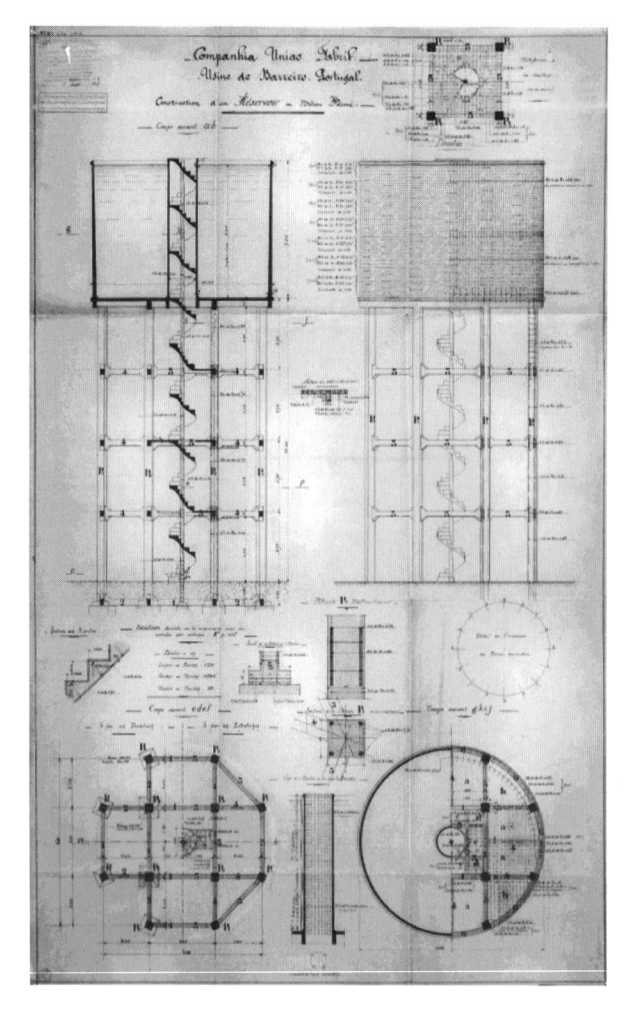

Fig. 7.7 – Reservatório no Barreiro para a Companhia União Fabril, Bureau d'Études Hennebique – 18 de Setembro de 1908.

O próprio concessionário explica-nos a sua percepção das obras no território:

Du haut du réservoir (...) on découvre un panorama réellement superbe, car le réservoir à 17 mètres d'hauteur au-dessus du sol et est situé sur le point le plus élevé de la ville (...) de sorte qu'un jour de beau temps on voit de là le réservoir (...) qui en est distant (...). Pour la télégraphie sans fil quelle bonne disposition! (Sá, Malevez 1910)

Trata-se de uma forma de conectar os diferentes lugares através de redes de influência comercial que não estão, necessariamente, dependentes das redes de transporte. A possibilidade de construir obras com areia e mão-de-obra local, inclusivamente mulheres, mais um pouco de cimento e ferro cujo transporte é relativamente ágil, permite esta percepção conjunta de pontos inicialmente separados.

A estas condições de distribuição da encomenda, traduzíveis na dispersão geográfica das obras no território, aliaram-se novas condições de execução das obras, sobretudo no que respeitava às qualificações do pessoal operário. O primeiro manual de betão armado publicado em Portugal descreve cuidadosamente os cuidados a ter na execução da obra. No que respeita à distribuição do trabalho, faz especial referência ao encarregado, capaz de interpretar os desenhos e dialogar com o engenheiro, tendo necessidade de dominar as artes da carpintaria, ser bom ferreiro e ter conhecimentos gerais de pedreiro para poder dar indicações aos operários e verificar a boa execução das diferentes partes envolvidas na obra (Segurado 1918: 560).

O pessoal operário não precisa ser especializado, sendo porém preferível que o seja. (...) se o encarregado geral possuir os requisitos apontados, não é necessário que o carpinteiro seja de primeira ordem, pois o seu trabalho se reduz quási sempre a serrar e pregar tábuas, raramente fazendo uso da plaina, as mais das vezes desbastando a enxó. Com um carpinteiro e trabalhadores geitosos executam-se todas as moldagens, sob as indicações do mestre geral. Do mesmo modo não se torna necessário um ferreiro (...), pois o que se lhe exige é curvar, cortar, espartilhar, abrir unhas, etc., em barras ou varões de ferro, além de saber aguçar e calçar as ferramentas, etc. O pedreiro é também dispensável pois para o fabrico de beton bastam serventes com prática de amassar cimento. (Segurado 1918: 561-62)

Perante este cenário, a "nova tecnologia" demonstra-se muito acessível ao saber popular e à utilização empírica dos materiais, permitindo uma rápida generalização do seu emprego em regiões economicamente deprimidas. Paradoxalmente, a especialização do domínio efectivo do projecto de concepção aumenta, retardando a generalização do sistema.

A hiperestática do desenho

O cenário do aparecimento do betão armado em Portugal introduz-nos a uma prática que envolve, simultaneamente, os arquitectos e engenheiros que concebem os projectos, os construtores e empreiteiros que dominam as redes e os saberes necessários para gerir o estaleiro, o Estado que regulamenta e obriga a procedimentos que garantam a segurança, promotores de obra empenhados em economizar e a opinião pública interessada pela novidade. Todos operando num quadro de concorrência comercial que mistura cuidadosamente as variáveis que guiam as opções de projecto. Se Hennebique valorizava o carácter monolítico do betão armado, a sua execução em obra constituía uma articulação complexa de várias dinâmicas.

Para Moreira Sá & Malevez tratava-se exactamente de "vender o saber" disponibilizado por Hennebique oferecendo uma garantia técnica através da chancela do "consultor". Ao longo dos anos, e segundo as características da encomenda, o papel de Paris e Lisboa na escolha das soluções variava, sem nunca pôr em causa a responsabilidade de Lisboa sobre o comportamento, a durabilidade e a qualidade de execução da obra. A relação entre o concessionário e o *Bureau d'Études Techniques* de Paris não é clara, e o salto hierárquico gerava mais mal entendidos do que uma relação salutar de partilha de informação. Para além das notícias e queixas de atrasos no envio de desenhos e precisões técnicas, a correspondência entre Lisboa e Paris centra-se em torno de muitos *qui pro quo* e da desconfiança mútua. Seja desconfiança do preço estabelecido para as obras (em geral considerado excessivamente baixo), sobre o qual se calculavam os honorários de Hennebique, seja desconfiança pela utilização abusiva dos desenhos e das soluções técnicas, já que aparentemente era impossível controlar atentamente a actividade do concessionário. Em disputa, quando ameaçados por uma eventual concorrência interna impulsionada por Hennebique, Moreira de Sá & Malevez não temiam em afirmar a Paris a sua *qualité d'agents généraux pour le Portugal* que lhes garantia direitos sobre os contratos que outras empresas fizessem utilizando a patente Hennebique no seu território (BAH 1907: 15.10).

Os modelos das obras e as opções gerais da construção eram normalmente escolhidos em Lisboa, que desenhava um esquema do cálculo e da estrutura, partindo de um modelo formal já conhecido. A este trabalho preliminar seguia-se uma consulta a Paris para obter uma opinião e, se necessário, recolher sugestões alternativas mais eficazes.

Esta sequência evoluiu no sentido da solicitação a Paris para enviar desenhos de execução e, finalmente, na exigência de cadernos de encargos e de listas de materiais rigorosas. Este processo de aumento de exigências e de escolha entre opções contava, a partir de determinado momento, com a interferência dos *messieurs les ingénieurs de l'état*, no caso de obras públicas com exigências mais complexas. As afinações e o "ok" de Paris eram essenciais para a assumpção da responsabilidade pelo comportamento da obra.

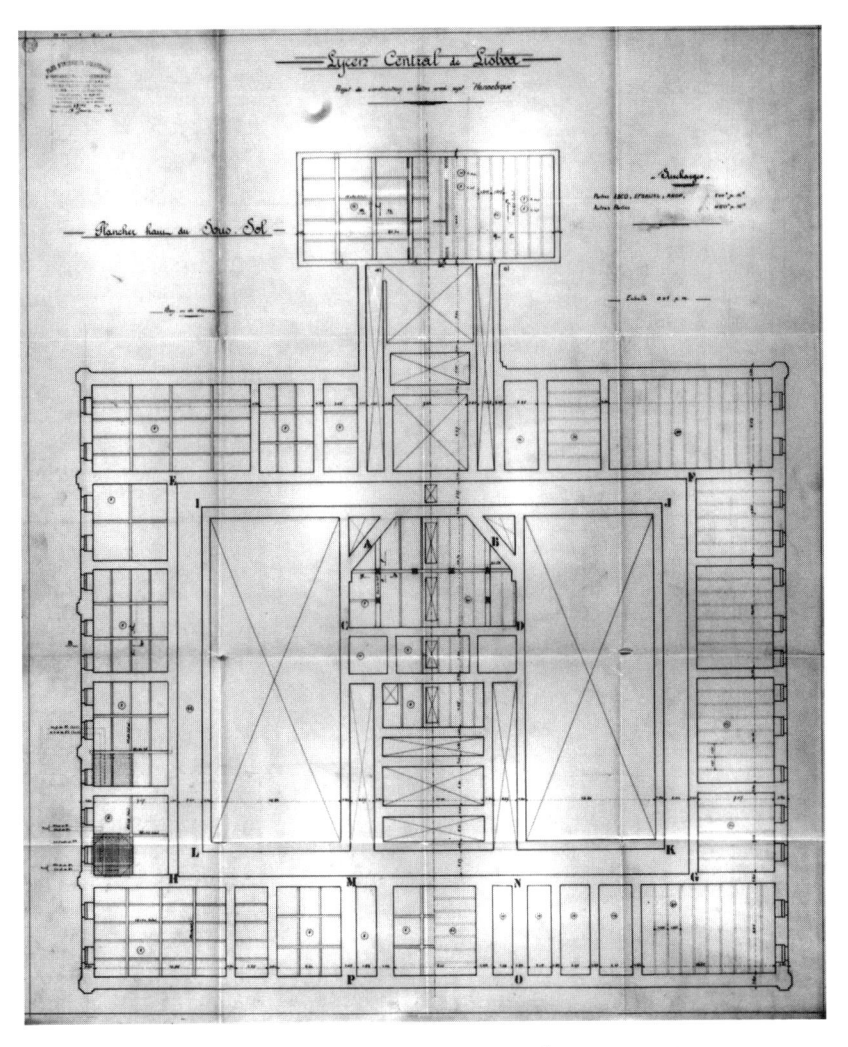

FIG. 7.8 – Liceu Central de Lisboa, Bureau d'Études Hennebique, Moreira de Sá & Malevez – 10 de Janeiro de 1908.

Aparentemente, Moreira de Sá & Malevez não dominavam de um modo seguro as técnicas de cálculo e não arriscavam a construção de obras importantes sem o aval da experiência. Noutra perspectiva, esta experiência era exigida pelos engenheiros do Estado responsáveis pelas encomendas. Para pequenas obras particulares, assim como para obras similares ou repetições, o rigor deste procedimento era ultrapassado e o projecto nem chegava a passar por Paris.

Se as consultas a Paris são simultaneamente um argumento no debate das soluções, o rigor do projecto era fundamental para atingir níveis de detalhe e de previsibilidade que permitiam apresentar orçamentos competitivos no momento do concurso de obra. A informação tornava-se protagonista no processo de concorrência. É compreensível a relação directa entre o domínio do saber técnico e a competitividade do sistema, já que o controlo dos custos de execução depende do nível de aprofundamento e detalhe das quantidades de material e de mão-de-obra necessários. Para além da caução técnica garantida pelo nome Hennebique, os métodos de cálculo que conduzem a uma distribuição económica dos materiais interessavam particularmente ao concessionário. Sem possuir essas informações, que ignorava ou não dominava com destreza, ele não tinha capacidade de se afirmar comercialmente como construtor em betão armado.

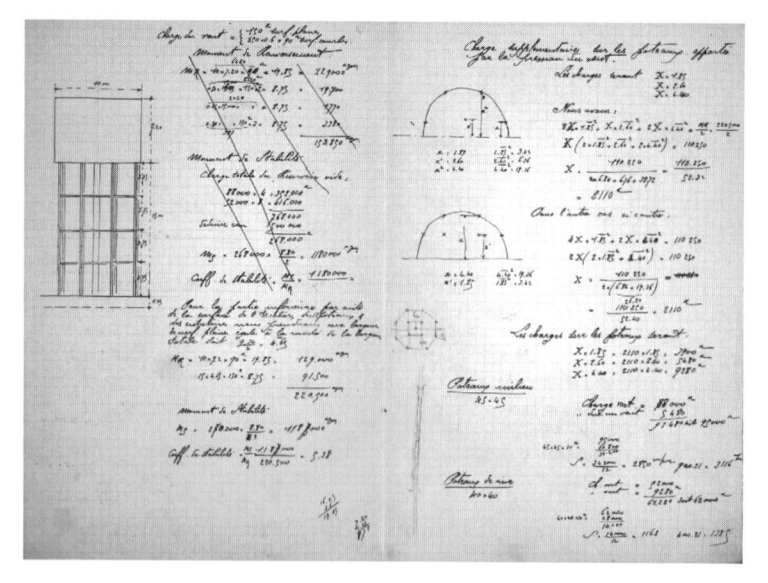

FIG. 7.9 – Rascunho de cálculo para depósito de água no Barreiro.
Bureau Technique Hennebique, Paris, 1908.

A legitimidade do betão armado para a construção civil, seja na validação académica e corporativa seja relativamente à permissividade da administração central, antecede a entrada em cena de Moreira Sá & Malevez (Oliveira 1995). O segundo concessionário Hennebique não teve necessidade de certificar a técnica, fazer provas de ruptura e validar o sistema. Contudo, investiram em publicidade e tiveram de o fazer para conquistar os quadros superiores do Ministério das Obras Publicas, assim como para encantar outros engenheiros e a opinião pública em geral. Apesar desse empenho confessam a Hennebique, referindo-se aos engenheiros do Estado, que *il y aurait évidemment beaucoup à redire sur les considérations de la peur, et aussi un peu de manque de pratique ont dictées a ces Messieurs*. (BAH 1913: 16.07)

Um número significativo de artigos publicados por engenheiros portugueses nas revistas de engenharia, seja por volta de 1908 seja em 1913 (Ferreira 1989), assim como a publicação da primeira regulamentação portuguesa para emprego do betão armado e de um manual específico em 1918 (Segurado 1918), permitem considerar que se assiste nessa época à consolidação em Portugal de um conhecimento público alargado dos sistemas de construção em betão armado. As lamentações do concessionário devem ser entendidas como uma dificuldade em se relacionar com os outros agentes da construção mais do que ser uma expressão do seu domínio isolado de um conhecimento singular.

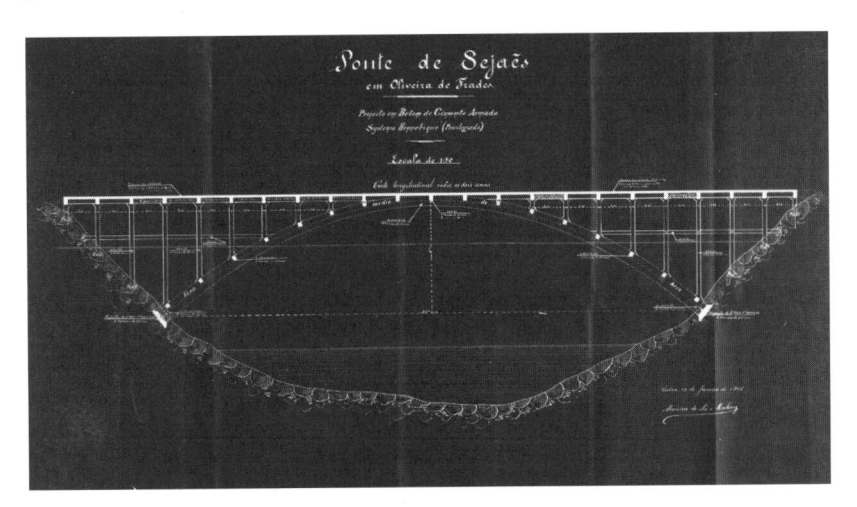

Fig. 7.10 – Ponte Bandeira Coelho, Oliveira de Frades, Moreira de Sá & Malevez – 29 de Janeiro de 1906.

Regressando a 1906 e ao momento da fixação de um *bureau d'études* em Lisboa, podemos observar que, se a escolha do modelo da obra é responsabilidade de Moreira de Sá & Malevez, são os engenheiros do Estado que se encarregam da revisão do projecto e da fixação de exigências essenciais. No debate das soluções para a ponte em Oliveira de Frades, Malevez manifesta preferência por aumentar a secção do betão e diminuir as espessuras dos ferros para equilibrar os esforços de corte, ao invés da imposição dos engenheiros do Estado que exigem aumentar a secção das armaduras.

Esta divergência de concepção da composição das estruturas é adquirida nos manuais que os engenheiros consultam, em particular o de Paul Cristophe ao qual se referem as fórmulas que propõem (BAH 1906: 23.09). Para defender a sua causa, Moreira de Sá & Malevez recorrem a Hennebique ou então adoptam a estratégia de apresentar cálculos incompreensíveis, para baralhar o interlocutor:

> *Le calcul des arcs vous paraîtra peut-être incomplet, mais la cause en est que les ingénieurs de l'État formulent tant d'exigences que nous sommes forcés de leur faire voir ou croire que nous faisons ce qu'ils veulent.* (BAH 1906: 23.09)

De qualquer modo, o concessionário vê-se obrigado a seguir as indicações dos engenheiros do Estado, já que são eles os responsáveis pelas encomendas mais importantes. Estas contrariedades levam-no a fazer comentários depreciativos relativamente aos engenheiros que *ressemblent un peu à un polichinelle qui se remuerait par des ficelles tirées par leurs collègues de Paris* e que *ont décidé d'appliquer rigoureusement (...) les bases de la Circulaire Ministérielle Française du 20 Octobre 1906*. A circular francesa, que Hennebique procurou descredibilizar nas páginas da sua revista, foi também o guião de vários engenheiros com responsabilidades na engenharia portuguesa e, perante esse constrangimento, Malevez diz a Hennebique que *il faut s'en tenir absolument et rigoureusement, comme conditions sine qua non la circulaire ministérielle (...) avec les instructions et Rapport qui l'accompagnent* (BAH 1908: 01.01).

Desenhar sem ter em conta as exigências dos engenheiros do Estado português e a Circular do Estado francês significa perder o trabalho. Esta condição complexifica um pouco os níveis de trocas de competência no momento do desenho do projecto. Ainda que em Portugal não tenha havido regulamentação específica antes de 1918, desde 1908 há soluções que não são admitidas, *a moins que nous puissions démontrer que la Maison Hennebique a adopté 12kg ou plus dans une ouvrage important pour l'État en France et que ce taux lui ait été admis* (BAH

1908: 27.07). Para desespero de Moreira Sá & Malevez, Paris não tem em conta estas exigências, ou só as considera após alguma insistência, o que leva o concessionário a pedir permissão, sempre com um grande respeito pelas indicações do *bureau d'études*, para manipular o desenho e os cálculos, produzindo novas variantes.

Demonstração viril
O acesso à encomenda era feito num contexto concorrencial. Depreende-se que até 1910 o concorrente que apresentava outros sistemas de betão armado em Portugal era Pierre Teissier e que os seus projectos seriam feitos, segundo crê Moreira Sá & Malevez, por Rouvérol. Esta disputa pelas encomendas, na ausência de um agente geral, originava procedimentos assaz particulares. Aparentemente, o recurso a Paris só se fazia quando a adjudicação da obra estava garantida. Limitação que condicionava muito a competitividade, por não poderem apresentar orçamentos seguros e terem de aplicar margens de segurança elevadas. Só em Janeiro de 1908 pedem a Hennebique para avançar com um projecto correndo o risco de não poder pagar os habituais 6%. Segundo o que afirmavam, a concorrência teria de pagar apenas 2% em caso de projectos especiais. Este recurso envolvia também um risco elevado, já que Hennebique demorava a responder às propostas nos prazos apertados (15 dias, 3 semanas) que os concursos exigiam, o que fazia o concessionário português perder alguns negócios.

Por outro lado, Paris desconfiava dos orçamentos que Lisboa apresentava. Quando Hennebique recebeu directamente, por intermédio de Dumesnil (concessionário em Paris) e Stinville (engenheiro em Paris), uma encomenda para construir em Lisboa, sucedeu-se uma série de episódios quase anedóticos. Hennebique pediu informações ao concessionário português sobre a qualidade dos solos do lugar da obra e agradeceu o sigilo. Na posse de algumas informações estabeleceu um preço de construção e informou o promotor da obra em Lisboa.

Foi um dos raros casos em que Paris estabeleceu o preço que, por sinal, causou alguma estupefacção ao cliente que considerou o valor exorbitante. Moreira de Sá & Malevez, que se devem ter apercebido do sucedido, construíram posteriormente uma parte da obra, tal como Hennebique a havia proposto inicialmente e por um preço consideravelmente inferior. Este foi o único caso identificado em que a encomenda foi feita através dos escritórios de Paris. Em todas as outras obras foi o concessionário que se apresentou a concurso ou que foi capaz de convencer o cliente da performance do sistema. Isto influenciou naturalmente as escolhas dos projectos, já que um modelo mais equilibrado na distribuição dos esforços poderia ser facilmente afastado face a outro mais económico e, segundo algumas perspectivas, mais competitivo.

Se as divergências no modo de concepção dos cálculos consolidaram trocas e conflitos de interesses, era sobretudo aos engenheiros do Estado que se endereçavam os exemplos já construídos para publicitar o sistema. Ainda que não actuando activamente como agentes gerais, Moreira de Sá & Malevez sugeriam a potenciais clientes exemplos provenientes de Paris, chaminés construídas em Buenos Aires, brochuras Hennebique apresentadas nas exposições internacionais, etc. Os exemplos tiveram capacidade de seduzir e foi necessária alguma cumplicidade entre Hennebique e Lisboa para concluir as encomendas. Cumplicidade que, como temos visto, não era muito efectiva. Numa carta solicitando a Paris para romper com a prática de não apresentar desenhos de execução da obra antes da sua encomenda, Moreira de Sá & Malevez desvendam os procedimentos necessários para obter os contratos:

> *Vous devez vous souvenir que nous vous avons demandé il y a quelque temps de nous donner des exemples de ponts en* bow string *construits en béton armé ; vous nous avez envoyé des bleus que nous avons montrés aux ingénieurs des chemins de fer. Ces Messieurs sont tout a fait décidés de faire accepter cette solution par le conseil supérieur et si vous nous aidez, nous obtiendrons surement gain de cause ; on ouvrira un concours permettant d'appliquer le béton armé mais il nous faudra présenter, non seulement un projet aussi détaillé que s'il était d'exécution, mais aussi citer des exemples des ponts les plus importants construits sous rails par ce procédé, et nous envoyer les photographies que vous pourrez obtenir (...) Je vous enverrai toutes les données de suite et le concours serait ouvert quelques jours après avec un délai très court pour que nos concurrents ne puissent nous enlever l'affaire (confidentiel).* (BAH 1913 : 16.07)

A economia era, sem dúvida, o tema mais presente na escolha. Porém, nas torres da catedral de Lisboa é possível compreender a presença de outros dois argumentos fundamentais no processo concorrencial. Seja a leveza do material, seja a plasticidade capaz de simular com toda a "dignidade" a "cantaria de pedra".

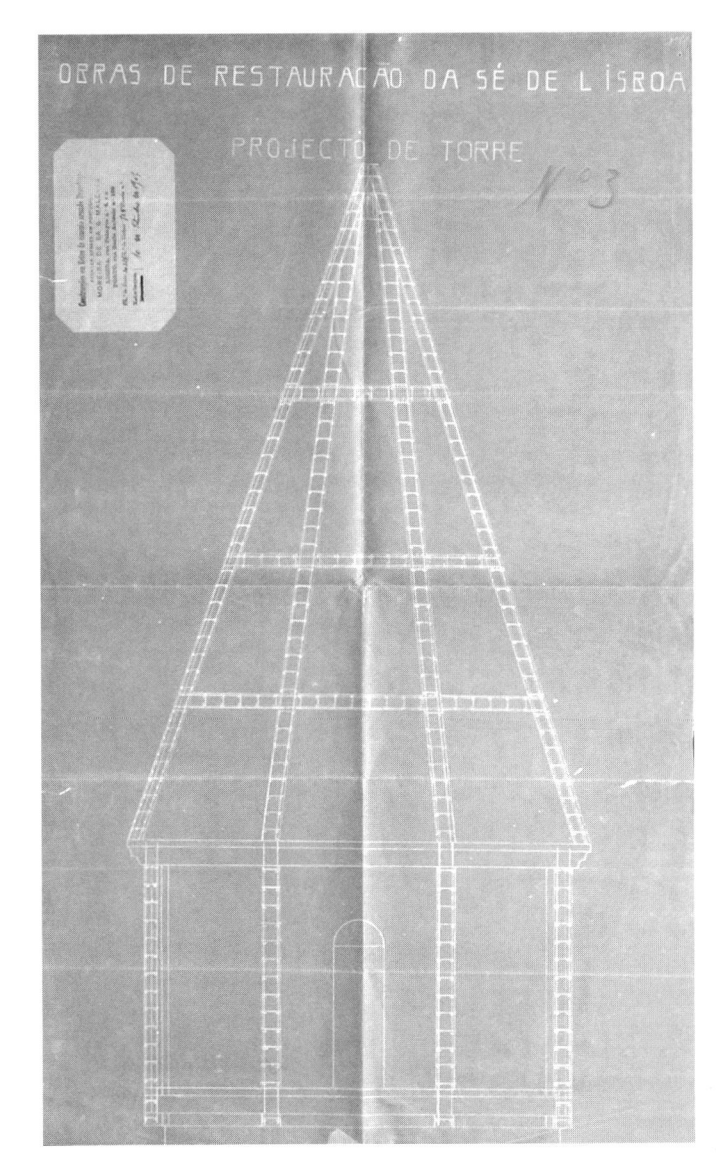

OS EFEITOS DO BETÃO ARMADO NA ARQUITECTURA PORTUGUESA 173

Fig. 7.11 – Desenho de Moreira de Sá & Malevez para as torres
da Catedral de Lisboa, 1907.

Na sequência do terramoto de 1755, que fez deslocar a vertical da torre, a reconstrução das torres só foi possível graças à conjugação destas duas virtudes. A apologia da qualidade da matéria é visível num artigo publicado em 1910 e foram sobretudo as capacidades de resistência às inundações e aos tremores de terra, mais do que aos incêndios, que Moreira de Sá & Malevez trouxeram para primeiro plano na valorização do sistema. Por outro lado, não sendo agentes gerais, a encomenda deixava ao critério do concessionário a escolha do sistema construtivo e, por vezes, o mais adaptado não era o betão armado. O exemplo da barragem das Alcáçovas demonstra bem esta subtileza, já que era mais dispendiosa a solução em betão armado. O concessionário, apesar de apresentar diferentes soluções construtivas, não hesitou em adoptar uma solução mista, em pedra. Nas alternativas, o betão armado funcionou como exemplo que, dois anos mais tarde, foi útil no momento de aumentar a altura da barragem.

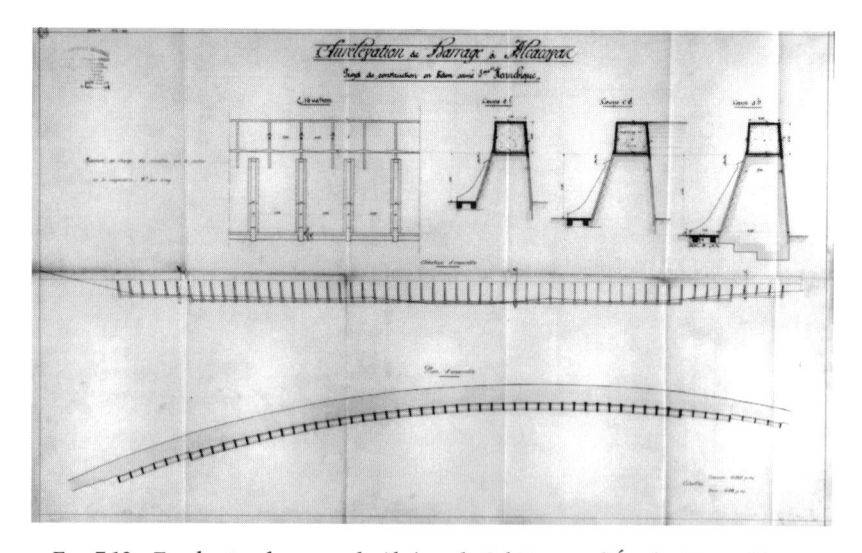

FIG. 7.12 – Fundações da ponte de Alcácer do Sal, Bureau d'Études Hennebique, Moreira de Sá & Malevez – 30 de Maio de 1913.

Vencer a concorrência consistia num feito com carácter de performance desportiva que explorava as qualidades do "novo" e do "ousado" do betão armado. Era a "virilidade" do material que lhe conferia a sua qualidade e que era capaz de inovar e superar os obstáculos. Contudo, a "conquista" do concessionário por um lugar digno e tranquilo no universo da construção fazia-se lentamente, sem demasiada violência ou agressividade publicitária. Se em várias ocasiões o concessionário não fez todos os esforços para construir em betão armado, noutros casos acreditava que era necessário "vencer" as resistências e "fazer calar" os seus "inimigos". É o exemplo de um pequeno túnel, encomendado como compensação de um contrato abandonado para a construção de uma ponte em Setúbal. Afastando a alternativa de serem indemnizados, Moreira Sá & Malevez insistem em obter uma encomenda alternativa e, conseguindo-a, informam Paris que *pour cette fois nous avons pu vaincre ces influences politiques qui nous ont causé à plusieurs reprises de si graves préjudices!* (BAH 1907: 13.03)

Não é compreensível determinar com exactidão quem são esses "inimigos": se os empreiteiros de outras técnicas construtivas, se a concorrência em betão armado, se os detractores da estética do novo material. Independentemente de quem sejam, Moreira Sá & Malevez querem afirmar-se perante todos eles. A conclusão da ponte em Oliveira de Frades sobre o Rio Vouga é o momento ideal para encenar essa prática afirmativa. A demonstração técnica toma o carácter de um espetáculo público:

> *Notre intention est d'inviter aux expériences les principaux ingénieurs du pays avec le Directeur Général des Travaux Publics à leur tête. (...) Nous voudrions que le programme des épreuves soit de nature à convaincre les ingénieurs de la bonté du système employé mais sans sortir de prudentes limites pour ne pas fatiguer inutilement l'ouvrage qui nous inspire d'ailleurs la plus parfaite confiance.* (BAH 1907: 20.09)

As quatro etapas independentes do processo demonstrativo começavam pela clássica sobrecarga uniforme com areia, continuavam com o preenchimento da ponte com carroças, a medida das deformações em pontos opostos durante a passagem de um só carro e, para concluir, uma sessão de ginástica com 50 homens para verificar as vibrações. Paris teve necessidade de acalmar o entusiasmo do concessionário, aconselhando prudência relativamente aos ginastas:

> *... il est bon aussi, lorsqu'on procède à des opérations de ce genre, que ne peuvent subir aucun métallique, d'être très prudent, & de commencer par trois ou quatre hommes en augmentant constamment le nombre & en suivant les mouvements du pont.* (BAH 1907: 23.09)

Fig. 7.13 – Ensaio de carga na ponte de Mirandela, 1906.

O concessionário português, ao mesmo tempo que mantém a aparência de uma certa tranquilidade comercial e prudência técnica, manifesta amiúde uma temeridade e orgulho relativamente ao comportamento viril do betão, coincidindo com a potência dos atletas que pretendia fazer desfilar sobre a ponte em Oliveira de Frades. É num estilo heróico que descreve a resistência de um reservatório de água construído em Lisboa durante uma violenta tempestade:

> Le jour de l'ouragan (...) nous avons eu la curiosité de nous pencher là-haut et malgré cet aspect si léger, ces jambes si minces, ces contreventements si éloignés, si économiquement ménagés, malgré la grande prise du vent à la partie supérieure, ce réservoir, qui vous paraît un jouet d'enfant, se tenait plus raide, sérieusement plus raide, qu'un vénérable sénateur, ce qui prouve que des jambes minces sont parfois plus solides que les grosses. Nous ne savons pas si vous trouverez le réservoir beau ; nous, nous en sommes très satisfaits. (Sá, Malevez 1910)

A emoção do desenho

O betão armado caracteriza-se pela mistura paradoxal de uma prática abstracta empenhada na realização de uma materialidade extremamente sensível. Receando ser demasiado cedo para desmontar a cofragem da ponte de Oliveira de Frades, Paris faz ver ao seu concessionário a dificuldade em ter critérios precisos para avaliar as condições segundo as quais os diferentes materiais do sistema se tornam num material compósito. A qualidade do cimento, as condições meteorológicas, o clima e a humidade local são dados circunstanciais que não podem ser compreendidos senão *in loco*. Para verificar a presa é necessário *sonner le béton au marteau pour vous rendre compte de sa dureté* (BAH 1907: 23.09). Esta estratégia de conhecimento intuitivo não é distante da prática do saber popular e permanecerá uma forma complementar de verificação da presa.

Vimos que Moreira de Sá & Malevez não hesitava em obscurecer os métodos de cálculo para iludir as "autoridades". Porém, o que impressiona é a inexistência do projecto de execução para algumas obras. No caso da ponte de Oliveira de Frades ainda consta do arquivo Hennebique um desenho geral em secção longitudinal que caracteriza os dados essenciais da obra, sem nenhum detalhe das armaduras e sobre o qual Paris sobrepôs algumas anotações posteriormente transcritas em carta para Lisboa. Após essas sugestões, Lisboa informa: *Pour ce qui est des exemplaires de nos plans d'exécution du Pont d'Oliveira de Frades, nous ne les avons que faites en croquis sur nos carnets mais si vous le désirez nous les grouperons et vous les enverrons* (BAH 1906: 12.10). Esta confissão sugere que se tratava de um "projecto de bengala", acompanhado cuidadosa e pessoalmente na obra sem o respectivo suporte desenhado.

Fig. 7.14 – Ponte Bandeira Coelho, Oliveira de Frades, Moreira de Sá & Malevez, 1906-1907.

FIG. 7.15 – Ponte Bandeira Coelho, Oliveira de Frades, Moreira de Sá & Malevez, 1906-1907.

Talvez perante as dificuldades sentidas no momento da execução da obra, ou por falta de segurança nos procedimentos do estaleiro, desde 1907 chegavam de Paris, para acompanhar as obras, desenhos de execução muito detalhados. A diferença entre a qualidade dos desenhos é bem visível nas torres da Catedral de Lisboa: ao contrário dos desenhos provenientes de Paris, as cópias de Lisboa demonstram um domínio frágil seja do desenho seja dos processos descritivos possíveis para explicar a organização das armaduras e da sua exequibilidade. Todavia, Moreira de Sá & Malevez deviam estar conscientes das suas limitações já que dizem a Paris que *Il s'agit maintenant que vous fassiez dresser un projet définitif en respectant les lignes du plan nº 1 mais en laissant tout à fait de côté le nôtre si vous croyez qu'il ne sert pas* (BAH 1907: 10.09). Posteriormente o concessionário não arrisca mais fazer avançar as obras sem que os desenhos detalhados de Paris cheguem a Lisboa.

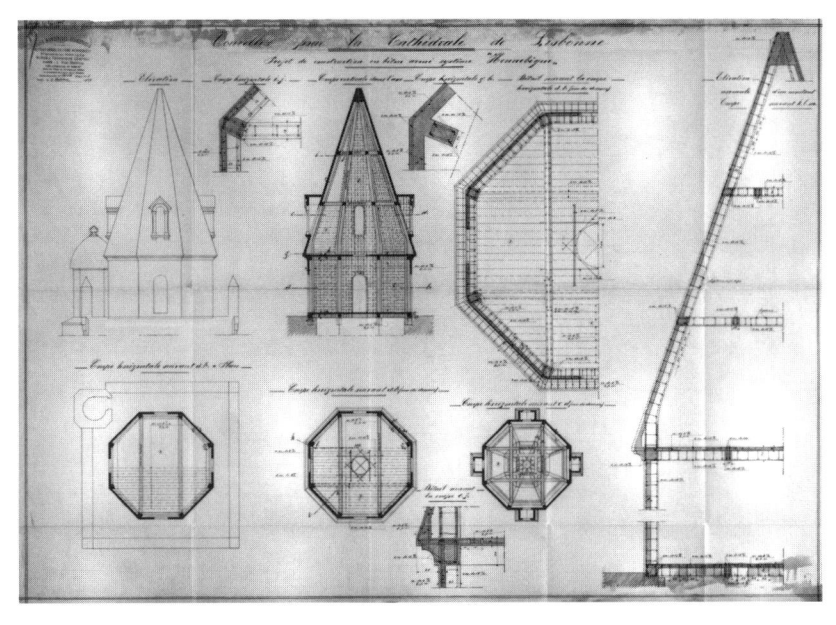

FIG. 7.16 – Desenho do Bureau d'Études Hennebique
para as torres da Catedral de Lisboa, 1907.

FIG. 7.17 – Catedral de Lisboa, construção dos torreões em betão armado, Moreira de Sá & Malevez.

Estratégias de desenho

Se entendermos o desenho como uma sequência de acções que conduzem ao domínio do projecto e, por consequência, ao dimensionamento e à construção da obra, poderemos observar que estas hesitações, entusiasmos e conflitos visíveis na actividade de Moreira de Sá & Malevez, desempenharam um papel decisivo na fixação de novas estratégias de projecto que o circuito do betão armado acabou por impor. Tanto no momento de desenhar o projecto de execução como, sobretudo, no momento de desenhar a equação que conduz a esses planos. Sem discutir o carácter de inovação ou de novidade de certos procedimentos, é compreensível na observação deste período de introdução do betão armado em Portugal que os projectistas, sejam eles engenheiros, donos de obra ou construtores, tiveram daí em diante que tomar em consideração um conjunto de factores decisivos para a qualidade do desenho. Os arquitectos, como todos os outros actores do processo construtivo, tiveram de sujeitar os seus métodos de trabalho a esta nova realidade:

*. Redes de difusão comercial do material (publicidade, influências, etc.) e a distribuição da encomenda. O betão armado aparenta ser quase imune ao afastamento das grandes infra-estruturas de transporte e suficientemente ágil em relação à localização dos centros de decisão.
*. Potencialidades de organização da empresa, seja a independência da mão-de-obra corporativa, seja a exploração do trabalho não especializado e muito mal remunerado. Em simultâneo, é perceptível a forte especialização no domínio do projecto.
*. Os preços baixos de execução e a agilidade de implantação territorial oferecem uma capacidade de concorrência capaz de utilizar soluções e construir objectos com uma nova natureza técnica.
*. As solicitações estruturais, os vários métodos de cálculo e a sua relação com os regulamentos envolvem procedimentos de organização do projecto que exigem uma articulação de vários intervenientes nas lógicas de organização dos desenhos.
*. A prevalência do projecto abstracto perante a obra aumenta a dependência do estaleiro relativamente à previsibilidade do desenho. A execução, ainda que preserve certos aspectos intuitivos, mais do que uma síntese, torna-se um *a posteriori* analítico.
*. A experiência e a não-inovação, ou o atavismo de certas opções de desenho, fazem parte da garantia de qualidade que oscila entre a difusão internacional dos modelos e a hereditariedade dos hábitos.

O que se pode tornar plausível é o papel difuso e comutativo dos actores e das condições de produção, do conhecimento técnico, dos interesses políticos e comerciais, da agilidade territorial e, enfim e sobretudo, do envolvimento cultural emotivo e inconsciente, no interior da fixação de uma prática de projecto que diverge, pela sua natureza abstracta, daquela herdada pelos procedimentos construtivos que antecedem o betão armado (pedra, madeira, metal, etc.).

Este estudo de caso do concessionário Hennebique, Moreira de Sá & Malevez, demonstra-nos que este "deslize" é bem evidente no contexto português no período que antecede a Grande Guerra. Os arquitectos tiveram de se confrontar com esta transformação nos processos de concepção e se, de um ponto de vista formal, as suas arquitecturas foram resistindo na aparência, os procedimentos de concepção transformaram-se na sua essência.

Este texto foi escrito em Paris entre Janeiro e Junho de 2005, no âmbito da elaboração da tese de doutoramento *O Tráfico do Moderno, episódios da presença do betão armado nas estratégias de projecto dos arquitectos nos primeiros anos do século XX*, financiada pela Fundação para a Ciência e Tecnologia do Ministério da Ciência, Tecnologia e Ensino Superior.

Uma primeira versão deste capítulo foi publicada em inglês nas actas do II Congresso Internacional de História da Construção em Abril de 2006. André TAVARES, "The effects of concrete on Portuguese architecture: the Moreira de Sá and the Malevez case (1906-1914)" in Proceedings of The Second International Congress on Construction History, vol. 3, Construction History Society, 2006, pp. 3041-3059. Segue-se aqui a redacção incorporada na tese de doutoramento apresentada em Setembro de 2008 à Faculdade de Arquitectura da Universidade do Porto.

OBRAS CITADAS

Sá, Moreira de, Malevez, (1910). "Le béton armé au Portugal", *Le béton armé*, Paris: nº 143, Avril, pp. 56-59.

Delhumeau, Gwenaäl, Gubler, Jacques, Legault, Réjean, Simonnet, Cyrille, Parent, Claude (pref.) (1993), *Le béton en représentation, la mémoire photographique de l'entreprise Hennebique 1890-1930*, Paris : Hazan-Institut Français d'Architecture.

Delhumeau, Gwenaäl (1999), *L'invention du béton armé, Hennebique 1890-1914*, Paris: Norma-Institut Français d'architecture.

Gubler, Jacques (1982). "Prolegomeni a Hennebique", *Casabella*, nº 485, vol. XLVI, pp. 40-47.

Nelva, Riccardo, Signorelli, Bruno (1990), *Avvento ed evoluzione del calcestruzzo armato in Italia: il sistema Hennebique*, Milano: Edizioni di scienza e tecnica.

Ferreira, Carlos Antero (1989), *Betão: a idade da descoberta*, Lisboa: Passado Presente.

Oliveira, Gil Brás de (1995), *A indústria portuguesa do cimento, um século de história 1890--1990*, Lisboa: Cimpor.

Segurado, Jorge (1918), *Cimento Armado*, Lisboa, Aillaud e Bertrand.

DOCUMENTOS DE ARQUIVO

Documentos do *Fonds Bétons Armés Hennebique* (BAH), Centre d'Archives d'Architecture du XXème – Institut Français d'Architecture:

BAH 1906: 23.09 – 076 Ifa 28 351, 23 Setembro 1906.
BAH 1906: 12.10 – 076 Ifa 28 351, 12 Outubro 1906.
BAH 1907: 13.03 – 076 Ifa 31.458, 13 Março 1907.
BAH 1907: 17.04 – 076 Ifa 33.776, 17 Abril 1907.
BAH 1907: 10.09 – 076 Ifa 36 128, 10 Setembro 1907.
BAH 1907: 20.09 – 076 Ifa 28 351, 20 Setembro 1907.
BAH 1907: 23.09 – 076 Ifa 28 351, 23 Setembro 1907.
BAH 1907: 15.10 – 076 Ifa 36.405, 15 Outubro 1907.
BAH 1908: 01.01 – 076 Ifa 37 101, 1 Janeiro 1908.
BAH 1908: 23.07 – 076 Ifa 37 101, 23 Julho 1908.
BAH 1913: 16.07 – 076 Ifa 57 854, 16 Julho 1913.

OUTRAS REFERÊNCIAS BIBLIOGRÁFICAS FUNDAMENTAIS

COLLINS, Peter (1959), *Concrete. The vision of a new architecture: a study of Auguste Perret and his precursors*, London: Faber & Faber, 1959. Para a edição francesa Peter COLLINS, *Splendeur du béton, les prédécesseurs et l'œuvre d'Auguste Perret*, Paris: Hazan.

MONEO, Rafael (1999). "L'avvento di una nuova tecnica nel campo dell'architettura: le struture a telaio in cemento armato", in *La solitudine degli edifici e altri scritti, questioni intorno all'architettura*, Torino-London: Umberto Allemandi, pp. 160-202. [1ª ed. *La llegada de una nueva técnica a la arquitectura: las estructuras reticulares de hormigón*, 1976]

BANHAM, Reyner (1989), *A concrete Atlantis, U.S. Industrial building and european modern architecture, 1900-1925*, Cambridge: MIT press. [1ª ed. 1986]

RAVANEL, Luciana, CULOT, Maurice, DELHUMEAU, Gwenaël (cur.) (1992), *Cemento armato: ideologie e forme da Hennebique a Hilberseimer*, Rassegna, nº 49, anno XIV, Milano, marzo 1992.

BOSC, Jean-Louis et al. (2001), *Joseph Monier et la naissance du ciment armé*, Paris: Éditions du Linteau.

SLATON, Amy (2001), *Reinforced concrete and the modernization of American building, 1900--1930*, Baltimore: The Johns Hopkins University Press.

NEWBY, Frank (ed.) (2001), *Early Reinforced Concrete*, [Aldershot]: Ashgate.

GUBLER, Jacques (2003). "Les beautés du béton armé" in *Motion, émotions, thèmes d'histoire et d'architecture*, Gollion: Infolio, pp. 150-176.

SIMONNET, Cyrille (2005), *Le béton, histoire d'un matériau*, Marseille: Parenthèses.

EDGAR CARDOSO – EXEMPLAR CONSTRUTOR

Manuel Matos Fernandes (FEUP)

1. Introdução

Num texto publicado há algum tempo (Matos Fernandes, 2003) o autor do presente trabalho escreveu:

> *Edgar Cardoso, engenheiro civil – era assim que o próprio assinava os seus projectos – foi, reconhecidamente, um dos profissionais mais notáveis da Engenharia Portuguesa do século XX. (...) Sendo uma das figuras cimeiras da nossa Engenharia, foi provavelmente aquela em que a atitude e a prática melhor traduzem o sentido etimológico da palavra que designa a profissão que abraçou: era um homem profundamente engenhoso e esta qualidade cultivou-a e aplicou-a prodigamente, dir-se-ia militantemente, ao longo de seis décadas de intensa e apaixonada vida profissional.*
>
> *Sendo uma das figuras cimeiras da nossa Engenharia, será seguramente aquela que as gerações futuras melhor reconhecerão, tal o acervo de obras, em particular de pontes, que projectou, marcando de forma indelével os sítios, espalhados por quatro continentes, onde foram edificadas.*

De facto, a personalidade e a obra de Edgar Cardoso no contexto da História da Construção em Portugal assumem e (crê-se) assumirão sempre uma importância excepcional. Os estudos sobre a sua obra devem ser incentivados, quer a nível académico quer a nível da divulgação da mesma junto do grande público.

Estudos académicos justificam-se porque *no tempo e no modo* em que Edgar Cardoso trabalhou era normal quer os projectistas quer os universitários publicarem pouco. A inventariação rigorosa dos desenvolvimentos técnicos e das obras da sua autoria não está feita. Esses desenvolvimentos deveriam ser repensados e reanalisados à luz dos conhecimentos e com os meios de cálculo e de experimentação actuais. A pertinência desta tarefa é tanto maior quanto hoje se assiste a um novo entusiasmo na experimentação e na monitorização das obras – campo em que Edgar Cardoso foi pioneiro – após algumas décadas de deslumbramento com as capacidades dos modernos modelos matemáticos.

Estudos de divulgação, como o magnífico livro "Edgar Cardoso, engenheiro civil" de Luís Lousada Soares, publicado pela FEUP em 2003, são também da maior utilidade até porque, apesar de ser autor celebrado de obras-primas como as pontes da Arrábida e de S. João sobre o rio Douro, rapidamente transformadas, depois da sua construção, em verdadeiros ícones da cidade do Porto e do País, e apesar da relativa projecção nos *media* de que gozou em vida, Edgar Cardoso e a sua obra não são de facto bem conhecidos do grande público.

É fundamental advertir que a presente contribuição sob o tema Edgar Cardoso, Exemplar Construtor – estas duas últimas palavras, curiosamente, iniciando-se com as mesmas letras que o nome do próprio – terá que ser entendida como uma perspectiva muitíssimo parcelar sobre a sua obra. Note-se que Edgar Cardoso, como foi acima mencionado, teve uma vida profissional que se alargou a quase seis décadas. Como trabalhava 12 horas por dia, fim de semana incluído, fazendo férias muito esparsas, dizia o próprio nos seus últimos anos de trabalho – com o sentido de humor que os seus colaboradores e amigos lhe apreciavam – que já tinha *mais de 100 anos de carreira*!

Tendo em vista o que acaba de ser referido, escolheram-se alguns breves tópicos sobre a obra de Edgar Cardoso para uma curta apresentação.

2. Breve resenha biográfica

Edgar António de Mesquita Cardoso nasceu na rua de Pinto Bessa, no Porto, em 11 de Maio de 1913. Foi um dos sete filhos de Amélia Teixeira de Mesquita Cardoso e de Francisco Victor Cardoso, Engenheiro Civil e de Minas, Director de Serviço da Junta Autónoma das Estradas. Viveu grande parte da infância e da juventude no Porto.

Terminado o ensino secundário no Liceu Alexandre Herculano, inscreveu-se na Faculdade de Ciências do Porto nos anos preparatórios de Engenharia. Ingressou depois na Faculdade de Engenharia, então ainda sediada no mesmo edifício da Faculdade de Ciências, actual reitoria da Universidade na Praça Gomes Teixeira (a Praça dos Leões, para qualquer portuense).

Licenciou-se em Engenharia Civil em 1937 com a classificação final de 17 valores, então, mais ainda do que no presente, uma classificação excepcional. Não é verdadeira, pois, a ideia que se chegou a generalizar em alguns meios de que, apesar da sua extraordinária vocação para a Engenharia, tinha sido um aluno com notas relativamente modestas, a exemplo de outros génios da Ciência e da Tecnologia.

Terminada a licenciatura fez o estágio, então obrigatório no fim do curso, na sede da Junta Autónoma de Lisboa, que terminou com a classificação de 19 valores.

Casou-se em 1941 com a cidadã francesa Marguerite Congeol.

Logo após o estágio ingressou na Junta Autónoma das Estradas. Durante alguns anos conciliou a actividade de técnico da JAE com a de projectista em profissão liberal. Em 1944 montou o seu próprio gabinete onde exerceu actividade de projectista de estruturas até à sua retirada, já octogenário. Na sua actividade de projectista dedicou-se especialmente ao projecto de pontes, quer de novas pontes quer de reforço de pontes antigas. Desenvolveu cerca de 500 estudos e projectos, tendo deixado obras em quatro continentes, Europa, África, Ásia e América do Sul.

A partir de 1951 passou a integrar o corpo docente do Instituto Superior Técnico como Professor Catedrático, após concurso público, que incluiu além da análise curricular a prestação de provas públicas. Leccionou a disciplina de Pontes a milhares de futuros engenheiros, a quem procurava transmitir de modo muito particular e apaixonado o comportamento das estruturas e a necessidade de os engenheiros cultivarem nos seus projectos a ideia de que *o Engenheiro é aquele que tem engenho*. Quando hoje olhamos para as obras-primas que projectou, diríamos que ao enorme engenho juntou muita arte!

Faleceu em 5 de Julho de 2000, com 87 anos de idade.

Entre outras distinções, foi Investigador Honorário do Laboratório Nacional de Engenharia Civil, Membro Efectivo da Academia das Ciências e da Sociedade de Geografia de Lisboa, Professor Honoris Causa da Universidade Federal do Rio de Janeiro, distinção atribuída em simultâneo pelas Escolas de Arquitectura e de Engenharia.

3. Algumas perspectivas parcelares sobre a Obra

3.1. Introdução

Quando se pensa na obra de Edgar Cardoso parece natural associá-la a grandes pontes, recordes mundiais, obras cuja implantação, tendo-se traduzido numa substancial (ou até radical) modificação do sítio, significaram em regra, também, um enorme valorização do nosso entendimento do mesmo.

Permitam-me que cite, a propósito, Helder Pacheco, distinto autor contemporâneo estudioso do Porto e das suas gentes, acerca de uma das obras-primas que Edgar Cardoso projectou naquela cidade (Fig. 8.1):

> *De facto, a Ponte da Arrábida (arco, ave, espaço ou sinfonia?) introduziu no horizonte atlântico do nosso entendimento do burgo um outro elemento, uma nova estética, uma forma diferente de olhar os poentes vistos do Palácio, do Cais das Pedras ou dos Jardins da Casa Tait, horizonte não já ilimitado em névoas e crepúsculos, mas recortado pela geometria da mais bela asa criada pela engenharia portuguesa (...).*
>
> *Não seriam os mesmos os crepúsculos da barra sem o recorte da sua harmonia, sem aquela sensação subtil de eternidade que na hora do lusco-fusco dela se desprende.* (Pacheco 2003).

Fig. 8.1 – Ponte da Arrábida sobre o rio Douro no Porto (fotografia de Rui Romão).

Mas a obra de Edgar Cardoso, sendo aquilo que acima foi mencionado, é muito mais do que isso. Nesta breve contribuição seleccionaram-se dois aspectos para desenvolver que escapam em grande parte àquela ideia.

3.2. A sageza nas intervenções nas pontes antigas
Na obra de Edgar Cardoso são numerosos os projectos de reforço e reabilitação de pontes antigas. Na sua maioria pontes metálicas construídas no século XIX, antes da era do automóvel, e que a primeira metade do século XX viria a revelar serem demasiado estreitas para permitirem o atravessamento rodoviário simultâneo nos dois sentidos e não terem a resistência adequada para as acções rodoviárias. Nestas obras a sua intervenção primou por uma grande contenção, procurando alterar o menos possível a estrutura original e a sua aparência.

Ponte Luís I sobre o rio Douro no Porto
A ponte metálica de dois tabuleiros que liga o Porto a Vila Nova de Gaia foi projectada pelo Engenheiro Téophile Seyrig e inaugurada em 1886. Para ela Edgar Cardoso desenvolveu em 1954 um dos seus primeiros projectos de

reforço de pontes. A Fig. 8.2 mostra uma imagem da ponte na década de 1960, após as obras correspondentes.

FIG. 8.2 – Imagem da Ponte Luíz I sobre o rio Douro no Porto.
(fotografia da Casa Alvão, cedida pelo Centro Português de Fotografia)

Os pavimentos iniciais terão sido de macadame preenchendo caçambas de chapa de aço, côncavas, apoiadas nos espaços definidos pelo favo de longarinas e travessas dos tabuleiros. A constituição do pavimento foi alterada em 1930, para adaptação aos carris dos carros eléctricos.

Edgar Cardoso projectou, em 1954, obras de beneficiação e reforço do pavimento da Ponte que envolveram:

- o enchimento das caçambas, renovadas, com argamassa aligeirada com tijolo furado;
- a colocação de uma pequena laje aligeirada com abobadilhas cerâmicas (desenhadas pelo Projectista e fabricadas especificamente para a própria obra) sobre cada caçamba;
- a construção de uma malha rectangular de vigas de betão armado assentes nas travessas e longarinas;
- a colocação de um tapete betuminoso.

Os passeios foram aligeirados, sendo as caçambas substituídas por uma estrutura de perfilados de aço revestidos a chapa.

A Fig. 8.3 mostra desenhos com a constituição do pavimento do tabuleiro superior antes e depois da intervenção.

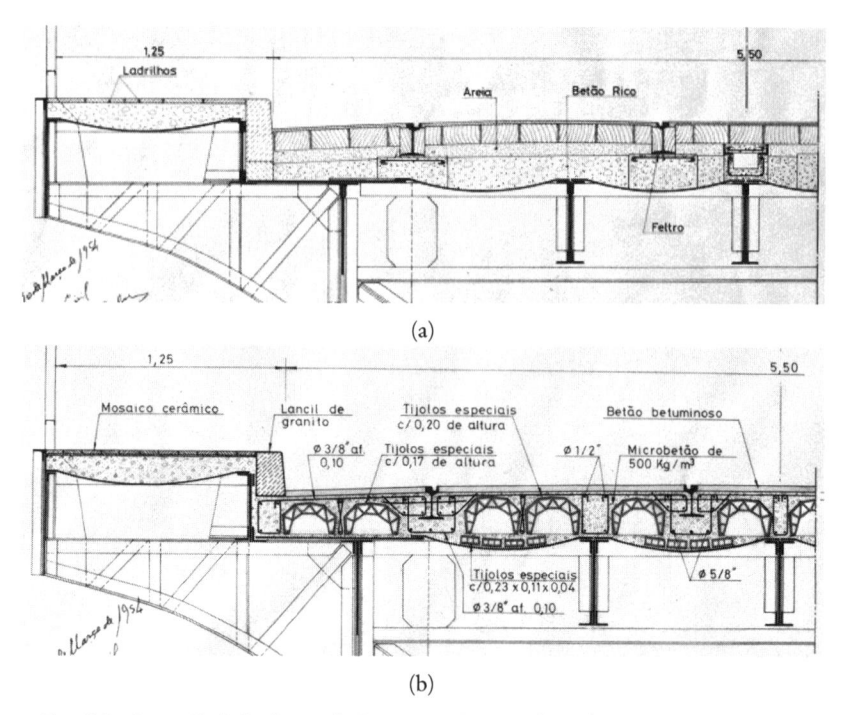

FIG. 8.3 – Ponte Luíz I sobre o rio Douro no Porto – desenhos com a constituição do pavimento do tabuleiro superior antes (a) e depois (b) do projecto de Edgar Cardoso de 1954 (Estradas de Portugal).

Entre outros aspectos, esta intervenção permitiu reduzir em cerca de duas toneladas por metro quadrado o peso de cada tabuleiro. Isto é, através da redução do peso do pavimento, Edgar Cardoso adaptou a ponte a mais elevadas acções rodoviárias sem necessidade de reforço da estrutura principal. Tratou--se pois de uma intervenção literalmente invisível!

E assim serviu a ponte quase meio século até às grandes obras de beneficiação e reforço executadas já neste século para inserção no seu tabuleiro superior do Metropolitano do Porto.

Ponte D. Luís sobre o rio Tejo em Santarém

Outra notável intervenção decorreu na Ponte D. Luís em Santarém sobre o rio Tejo. Esta ponte metálica foi construída entre 1876 e 1881 e foi durante os setenta anos seguintes à sua conclusão, isto é, até à inauguração da Ponte de Vila Franca de Xira em 1951, o atravessamento do rio Tejo mais próximo da foz.

Trata-se de uma ponte metálica semelhante a muitas outras da mesma época, com 9 vãos, funcionando como viga contínua, apoiada em encontros e pilares de alvenaria de pedra. Cada vão é constituído por duas vigas principais de altura constante (5,56 m) ligadas superior e inferiormente.

Em 1956 a ponte foi intervencionada segundo projecto de Edgar Cardoso que contemplou o alargamento do tabuleiro (de 4,40 m mais 2 ′ 0,75 m de passeios para 6,60 m, permitindo duas faixas de rodagem, mais 2 ′ 0,75 m de passeios) e o seu reforço para as acções rodoviárias então regulamentares.

Para o tabuleiro o projecto consistiu na substituição do primitivo por uma laje de betão armado (com espessura de 0,12 m a 0,18 m) apoiada nas vigas metálicas principais da ponte original.

Para o reforço Edgar Cardoso optou pelo chamado pré-esforço exterior, à época um conceito inovador de cuja aplicação foi um dos pioneiros. Como explica Appleton (2001), o pré-esforço exterior consiste em acrescentar à estrutura original um conjunto de cabos de aço de alta resistência pré-esforçados com traçado trapezoidal em cada vão, como mostra a Fig. 8.4. O efeito mecânico deste acrescento, por cada vão, resulta fundamentalmente no seguinte:

i) duas forças de sentido ascendente aplicadas à estrutura na zona central do vão;
ii) duas forças verticais de sentido descendente comprimindo os apoios;
iii) duas forças horizontais que comprimem as barras inferiores das vigas principais, logo favoráveis, tendo em conta que aquelas barras são traccionadas pelas acções do peso próprio e rodoviárias;
iv) duas forças horizontais que comprimem a laje-tabuleiro de betão armado (e não as barras superiores das vigas principais, onde seriam desfavoráveis, pois tais barras funcionam já à compressão na estrutura original).

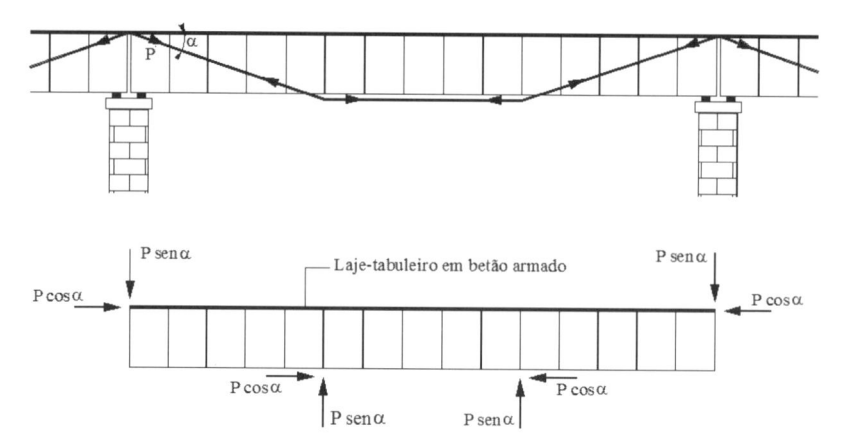

FIG. 8.4 – Esquema explicativo do efeito do pré-esforço exterior.

No caso presente o pré-esforço aplicado nos cabos foi estabelecido de modo a que as forças dele resultantes equilibrassem as acções permanentes devidas ao peso próprio, deixando à estrutura original o equilíbrio das acções rodoviárias.

A Fig. 8.5 permite verificar que a intervenção descrita é quase invisível para um olhar não especializado. Esta solução permitiu que a ponte funcionasse durante mais de 40 anos como única alternativa à travessia do Tejo na região de Santarém e foi no essencial mantida aquando das obras de reabilitação muito recentes projectadas pelo Engenheiro Câncio Martins.

FIG. 8.5 – Vista da Ponte D. Luís sobre o rio Tejo em Santarém após a intervenção de Edgar Cardoso em 1956 (gentileza de NOVOPCA).

Ponte de Mosteiró sobre o rio Douro
Em termos de tipologia e época de construção a ponte original era semelhante à de Santarém, embora com apenas 4 vãos, assegurando a travessia do rio Douro entre os concelhos de Baião e Cinfães integrada na EN211. A Fig. 8.6 mostra imagem daquela ponte retirada de um postal ilustrado.

A construção da Barragem do Carrapatelo a jusante do local obrigava a elevar a cota da travessia, viabilizando a passagem de barcos sob a ponte. A primeira opção da Junta Autónoma das Estradas contemplava, além desta medida, o alargamento e o reforço da estrutura da ponte e das respectivas fundações. No âmbito destes últimos trabalhos verificou-se que a fundação do pilar central exibia infraescavações (cavidades devidas à erosão do terreno pela corrente).

FIG. 8.6 – Antiga Ponte de Mosteiró – extracto de um postal ilustrado circulado em 1917 com o título Sinfães – Ponte sobre o Douro em Porto Antigo (colecção Luís Lousada Soares).

Este facto terá sido decisivo na opção por uma nova ponte aproveitando os dois restantes pilares e os dois encontros, que para o efeito foram alteados e reforçados. Como mostra a Fig. 8.7, a nova superestrutura, uma treliça tridimensional de betão – (nas palavras de Lousada Soares, 2003) *qual seixo plano que lançado com força à flor do rio salta duas vezes na água antes de aterrar na margem oposta* – é ao mesmo tempo um tributo à velha ponte e um avanço técnico notável, que segundo Reis (2001) marca um desenvolvimento das estruturas trianguladas de betão armado pré-esforçado.

FIG. 8.7 – Vista da Ponte de Mosteiró sobre o rio Douro (fotografia de Luís Lousada Soares)

3.3. O respeito pelo *espírito do sítio*

A diversidade de soluções é outra vertente da obra de Edgar Cardoso (*Eu não faço uma ponte igual à outra, cada obra é um momento de inovação e de busca de novas soluções mais racionais e económicas*). Para além da multiplicidade dos factores estritamente técnicos (*racionais e económicos*, para usar as palavras do próprio) que condicionam a solução de uma ponte bem concebida, há ainda os outros, difíceis de identificar com precisão e claramente subjectivos, que se poderiam resumir como o *espírito do sítio* (perdoe-se a imprecisão!). E é na contemplação da obra e na reflexão sobre as emoções que ela suscita que tal espírito se revela.

O que acaba de ser escrito é bem expresso pelas pontes sobre os rios Cávado e Caldo, cuja projecto (datado de 1952/53) foi motivado pelo enchimento da albufeira da Barragem da Caniçada no rio Cávado, na paisagem acidentada da Serra do Gerês.

Como mostra a Fig. 8.8, Edgar Cardoso optou por fazer os pilares de grande altura para a época (até 60 m) – altura inimaginada por quem hoje atravessa aquelas pontes pouco acima do nível da água, como mostra a Fig. 8.9 – com alvenaria de granito, abundantíssimo no local. Solução económica, tendo em conta os numerosos e hábeis pedreiros da região, sendo de notar que à época a mão de obra na construção era muito mais local do que é na actualidade.

Os pilares são ocos e têm secção em losango (com diagonais de 8 m e de 4 m, espessura da alvenaria de 0,4 m na parte inferior e de 0,3 m na parte superior). Com intervalos de 4,5 m em altura a alvenaria é interrompida por uma laje de betão armado que serve de contraventamento. No topo dos pilares estas lajes apresentam saliências que serviram para apoiar o cimbre de madeira ao abrigo do qual a superestrutura foi betonada. Esta funciona como uma viga contínua de betão armado de altura variável e alma vazada. O seu fino recorte contrasta de modo muito feliz com a rudeza do granito.

Fig. 8.8 – Vista da construção das Pontes sobre os rios Cávado
e Caldo na albufeira da Barragem da Caniçada antes do enchimento
da mesma (fotografia da Casa Alvão, EDP).

Fig. 8.9 – Vista das Pontes sobre os rios Cávado e Caldo na albufeira
da Barragem da Caniçada (fotografia da Casa Alvão, EDP).

Na ponte Nobre de Carvalho, representada na Fig. 8.10, a primeira a ligar a península de Macau à Ilha da Taipa (projecto de 1969/70), Edgar Cardoso opta por uma solução quase totalmente pré-fabricada – desde as estacas de fundação de betão armado cravadas no terreno, aos pilares e às vigas do tabuleiro, sendo todos os elementos ligados *in situ*. Solução sem precedentes na sua obra, quer na concepção quer no desenho, e que irresistivelmente faz lembrar uma ponte oriental de canas de bambu.

Há quem veja no seu perfil acentuadamente ondulado – para satisfazer o gabarito requerido pela navegação – um dragão chinês soerguendo-se à superfície do rio das Pérolas em frente da cidade.

FIG. 8.10 – Ponte Nobre de Carvalho entre Macau e a Taipa
(Prof. Edgar Cardoso – Engenharia, Laboratório de Estruturas, Lda)

3.4. *I saw a bridge in Portugal* (ou, em jeito de conclusão)

Em 1997 foi publicado nos Estados Unidos um livro-albúm sobre pontes de todo o mundo e de todas as eras (Dupré, 1997). O livro abre com uma entrevista da autora ao prestigiado Arquitecto Frank Gehry. A primeira pergunta da entrevista é: "*Do you have a favourite bridge?*". Frank Gehry: "*I just saw a railroad bridge in Portugal. I liked and photographed. A straight line with a single beam in the center. Simple. Beautiful*". Naturalmente, estava a referir-se à Ponte Ferroviária de S. João, aliás a ponte ferroviária com maior vão central (250 m) construída por avanços em todo o mundo, representada na Fig. 8.11.

FIG. 8.11 – A Ponte de S. João sobre o rio Douro, no Porto
(fotografia de Luís Lousada Soares).

O que se depreende desta citação, e daquela apresentada em 3.1 de Helder Pacheco sobre a Ponte da Arrábida, é a valia do imenso legado material que constitui a obra de Edgar Cardoso, não apenas na sua vertente utilitária mas patrimonial, paisagística, cultural, simbólica, identitária. É um património – em sentido lato – que é imperioso manter e proteger.

Tal como hoje, no século XXI, usamos e conservamos as pontes de ferro do século XIX, algumas de igual modo com excepcional valor patrimonial, é de esperar que a Engenharia Civil desenvolva técnicas suficientemente eficazes de conservação e de reabilitação das estruturas de betão armado que permitam que obras-primas do século XX, como as pontes da Arrábida e de S. João, possam ser observadas pelos vindouros no século XXII e seguintes.

Mas para além deste legado, digamos, tangível outro há também extremamente relevante: o elevado nível de qualidade e de prestígio internacional que tem hoje a Engenharia Portuguesa de Estruturas.

Deve ser lembrado que até à geração de Edgar Cardoso, que chegou à vida profissional no fim da década de 1930, as estruturas relevantes existentes no nosso país, e em particular as pontes, eram projectadas quase exclusivamente por profissionais estrangeiros. Edgar Cardoso pertence à geração de engenheiros portugueses, que inclui nomes como Barbosa Carmona (autor, em colaboração com Jacobetty Rosa, do Viaduto Duarte Pacheco sobre o Vale de Alcântara, em Lisboa, 1943), Francisco Correia de Araújo (projectista da Ponte de Abreiro, sobre o rio Tua, 1957) e António Franco e Abreu (projectista do Viaduto de Sacavém sobre o rio Trancão, na Auto-Estrada do Norte, 1961), que a partir das décadas de 40 e de 50 do século passado permitiram que Portugal tivesse aquilo que se designa por *know-how* de projecto das grandes estruturas. Desde então, até perto do final do século, apenas a Ponte 25 de Abril sobre o rio Tejo em Lisboa teve projecto não nacional (Carita e Homem Cardoso, 1997; Ordem dos Engenheiros, 2000)[1].

A excelência da Engenharia Portuguesa de Estruturas é atestada por variadas distinções obtidas recentemente a nível internacional. Duas delas são particularmente prestigiantes: o *Outstanding Structure Award*, considerado o mais importante galardão da Engenharia de Estruturas a nível mundial, atribuído pela International Association for Bridges and Structural Engineering (IABSE) para os projectos de estruturas da extensão do Aeroporto de Santa Catarina, na ilha da Madeira, projectada por António Segadães Tavares (2004), e da Igreja da Santíssima Trindade, Santuário de Fátima, projectada por José Mota Freitas (2009). Estas obras estão representadas nas Figuras 8.12 e 8.13, respectivamente.

Fig. 8.12 – Aeroporto de Santa Catarina na Ilha da Madeira, após as obras de alargamento – *Outstanding Structure Award* 2004 da IABSE (ANAM).

Fig. 8.13 – A Igreja da Santíssima Trindade no Santuário de Fátima, *Outstanding Structure Award* 2009 da IABSE (Somague Engenharia).

A contribuição de Edgar Cardoso a este respeito pode situar-se em pelo menos três vertentes. A primeira decorre do facto de a partir de 1951 ter assumido funções de Professor Catedrático no Instituto Superior Técnico, onde leccionou a disciplina de Pontes a alguns milhares de futuros engenheiros civis. A segunda vertente resulta da actividade do seu escritório de projecto, fundado em 1944, onde trabalharam numerosos profissionais, alguns dos quais são actualmente distintos projectistas de estruturas e de pontes, revendo-se na obra e na prática daquele a quem ainda hoje chamam o Mestre. Por último, e porventura mais importante, as obras de Edgar Cardoso estabeleceram um nível de exigência, de qualidade estrutural e estética, de motivação e – porque não afirmá-lo (?) – de autoconfiança no meio técnico nacional que explicarão a excelência actual desta área da nossa Construção.

É este o legado intangível que gostaria de sublinhar a terminar esta minha visão parcelaríssima (recordo) da obra de Edgar Cardoso, deixando-os com uma frase e uma ponte da sua autoria que juntas fazem todo o sentido.

Em todos os rios há um sítio para pôr uma ponte. É preciso encontrá-lo.

Fig. 8.14 – Ponte de Barca Dalva sobre o rio Douro
(fotografia de Manuel de Matos Fernandes).

BIBLIOGRAFIA

Appleton, J. (2001). "Reforço e reabilitação de pontes" in *Edgar Cardoso 1913/2000*, Ed. António C. Quintela e Jorge M. Proença, Fundação Edgar Cardoso, Lisboa: Departamento de Engenharia Civil e Arquitectura, IST.

Carita, H., Cardoso, A. Homem (1997), *Pontes em Portugal*, Edição da SECIL, Depósito Legal: 118465/97.

Dupré, J. (1997), *Bridges: a History of the World's most Famous and Important Spans*, New York: Black Dog & Leventhal Publishers.

Engenheiros Ordem dos (2000), *100 Obras de Engenharia no Século XX. Portugal*

Fernandes, M. Matos (2003). "Prefácio (em co-autoria com Carlos Costa)" do livro *Edgar Cardoso, Engenheiro Civil*, de Luís Lousada Soares, Porto: Edições FEUP.

Pacheco, Helder (2003). "Da Paisagem enquanto postal ilustrado" in *Edgar Cardoso, Engenheiro Civil*, de Luís Lousada Soares, Porto: Edições FEUP.

Reis, A. (2001). "Uma visão da obra de Edgar Cardoso. Inovação e arrojo" in *Edgar Cardoso 1913/2000*, Ed. António C. Quintela e Jorge M. Proença, Fundação Edgar Cardoso, Lisboa: Departamento de Engenharia Civil e Arquitectura, IST.

Soares, Luís Lousada (2003), *Edgar Cardoso, Engenheiro Civil*, Porto: Edições FEUP.

NOTAS BIOGRÁFICAS DOS AUTORES

Santiago Huerta Fernandéz
Professor Titular da Escola Superior de Arquitectura da Universidade Politécnica de Madrid. É autor e co-autor de um grande número de livros e de artigos científicos no domínio da fundação da História da Construção como disciplina, no estudo da construção de arcos, abóbadas e cúpulas e na tratadística da Arquitectura.

Desde 2003 é presidente da Sociedade Espanhola de História da Construção, tendo organizado desde 1996 seis congressos nacionais em Espanha sobre esta área do conhecimento. Membro permanente do comité científico da revista *Architectural Scienze Review*. Foi o secretário do comité científico do Primeiro Congresso Internacional de História da Construção organizado pela sua Escola e membro do comité científico do segundo e terceiro congressos internacionais.

Director da Biblioteca Digital de Fontes da História da Construção e da Colecção de Textos sobre Teoria e História das Construções do Instituto Juan de Herrera, que tem publicado pela primeira vez em espanhol, edições críticas de autores fundamentais como Choisy, Heyman, Viollet-le-Duc, Guastavino, Perronet, Ungewitter e Mohrmann.

Saúl António Gomes
Professor associado com agregação do Departamento de História da Faculdade de Letras da Universidade de Coimbra. Integra o Centro de História da Sociedade e da Cultura, da mesma Universidade, e colabora com o Centro de Estudos de História Religiosa da Universidade Católica Portuguesa. Desenvolve investigação nos campos da História de Portugal, da história monástica medieval e moderna portuguesa, da história da região da Alta Estremadura e de algumas ciências históricas como a Sigilografia, a Codicologia e a Paleografia e Diplomática. Foi galardoado, em 1999, com o Prémio de Ciência da Fundação Calouste Gulbenkian. É autor, entre outras obras, dos seguintes livros: *O Mosteiro de Santa Maria da Vitória no Século XV* (Coimbra, 1990), *Vésperas Batalhinas – Estudos de História e de Arte* (2ª ed., Leiria, 1997), *Visitações a Mosteiros Cistercienses em Portugal – Sécs. XV e XVI* (Lisboa, 1998), *Intimidade e Encanto. O Mosteiro Cisterciense de Santa Maria de Cós* (Alcobaça) (em colaboração com Cristina Pina e Sousa) (Leiria, 1998), *Fontes Históricas e Artísticas do Mosteiro e da Vila da Batalha – Sécs. XIV a XVII* (4 vols., Lisboa, 2000), *Introdução à História do Castelo de Leiria* (2ª ed., Leiria, 2004), *Porto de Mós – Colectânea Documental* (Porto de Mós, 2005), *A Batalha Real. 14 de Agosto de 1385* (CIBA, 2005), *Notícias e Memórias Paroquiais Setecentistas* (Vol. 2, Marinha Grande; vol. 3, Batalha; vol. 5, Alvaiázere (em colaboração com Mário Rui Rodrigues), vol. 8, Leiria, (Coimbra, 2006-2009)), *D. Afonso V, o Africano* (Lisboa, 2006), *Introdução à Sigilografia Portuguesa. Guia de Estudo* (Coimbra, 2008) e I*mago & Auctoritas. Selos Medievais da Chancelaria de Santa Maria de Alcobaça*.

José de Monterroso Teixeira

Professor convidado do Departamento de Arquitectura da Universidade Autónoma de Lisboa. Especialista da História da Arquitectura Barroca em Portugal. Autor de diversas obras sobre História da Arte e História da Arquitectura, entre as quais o recente livro sobre o Palácio da Palhavã, os textos relativos à iconografia azulejar barroca de Lisboa ou a obra arquitectónica e escultórica do Aleijadinho. Tem investigado e publicado sobre programas construtivos portugueses emblemáticos como a Capela Real do Paço de Vila Viçosa ou o Teatro Nacional de São Carlos. Comissário da Exposição "O triunfo do barroco", que representou Portugal na Europália de 1991. Foi Director do Centro de Exposições do Centro Cultural de Belém de 1993 a 1996 e do Museu da Fundação Ricardo Espírito Santo Silva. De 2002 a 2006, foi Director Municipal de Cultura da Câmara Municipal de Lisboa.

Jorge Mascarenhas

Em 1996 doutorou-se pelo Departamento de Engenharia Civil da Universidade de Glamorgan (Reino Unido). Em 1998 foi Coordenador da Área de Construção da Licenciatura em Engenharia Civil do Politécnico de Tomar. De 1996 a 1999 foi Coordenador de Área de Construção da Licenciatura de Arquitectura da A.R.C.A./E.T.A.C. de Coimbra. Desde 1999 é Professor Coordenador da Área Intradepartamental de Desenho do Instituto Politécnico de Tomar. Autor de uma série de livros fundamentais para o conhecimento dos sistemas construtivos que actualmente é composta já de onze volumes e que tem contribuído para o esclarecimento de muitos pormenores e problemas construtivos em Portugal e para a formação de gerações de engenheiros e arquitectos. Referência portuguesa no domínio dos detalhes construtivos da gaiola pombalina.

Magda de Avelar Pinheiro

Professora catedrática do Departamento de História do ISCTE. Investigadora do Centro de Estudos de História Contemporânea Portuguesa do ISCTE. Membro, da Associação Portuguesa de História Económica e Social. Directora da Revista *Ler História* e membro do Conselho Consultivo da Revista *Transportes Servicios y Telecomunicaciones, Revista de História*. Especialista nas seguintes áreas: História dos Caminhos-de-ferro e Finanças Públicas, História Urbana, Biografia e Memória. Autora de vários livros e artigos científicos como a obra *Cidade e Caminhos-de-ferro* (2007) publicada pelo Centro de Estudos de História, o capítulo "The cities and the Railways in Portugal" in Ralf Roth and Marie-Nöelle Polino, *The City and the railway in Europe*, ou ainda "The French Investors in Portuguese Railways from 1855 to 1884: three cases" (2008) in Ralf Roth and Günter Dinhobl, *Across the Borders, Financing Railways in the Nineteenth and Twentieth centuries*, ambos publicados por Ashgate.

André Tavares
Licenciado em Arquitectura pela Faculdade de Arquitectura da Universidade do Porto (2000), frequentou a École Polytechnique Fédérale de Lausanne, (1998/1999) e a Accademia di Architettura di Mendrisio (2003-2004), Suíça.
Doutorado pela Faculdade de Arquitectura da Universidade do Porto (2009) com a tese. O tráfico do moderno, episódios da presença do betão armado nas estratégias de projecto dos arquitectos nos primeiros anos do século XX, resultante de trabalhos de investigação em Paris e São Paulo. É autor dos livros *Arquitectura Antituberculose, trocas e tráficos na construção terapêutica* (Faup-publicações, 2005), *Os fantasmas de Serralves* (Dafne, 2007) e *Novela Bufa do Urbanismo em Concreto* (Dafne, 2009). É professor convidado na Escola de Arquitectura da Universidade do Minho e coordenador editorial da Dafne Editora.

Manuel Matos Fernandes
Professor Catedrático na Faculdade de Engenharia da Universidade do Porto (FEUP). Director do Departamento de Engenharia Civil. Foi o responsável pela criação na FEUP de uma equipa de ensino e investigação na área da Mecânica dos Solos e da Geotecnia, a sua área principal de trabalho. Foi responsável pela criação da disciplina História de Engenharia Civil no plano de estudos da Licenciatura (hoje Mestrado Integrado) em Engenharia Civil a partir de 2003. Coordenou a homenagem em 2003/04 no Porto ao Engenheiro Edgar Cardoso, que resultou na edição do livro *Edgar Cardoso, Engenheiro Civil*, na Exposição, que comissariou, "Edgar Cardoso, Mecanismos do Génio" no Museu dos Transportes do Porto (Alfândega) e na integração na FEUP de parte do espólio do projectista. Proferiu em 2009 a XXV Lição Manuel Rocha sobre as grandes escavações urbanas em Portugal, sobre a evolução daquelas obras desde a década de 50 do século XX. É Investigador Responsável do Centro de Estudos da Construção, unidade financiada pela Fundação para a Ciência e Tecnologia com cerca de 30 investigadores doutorados.

João Mascarenhas Mateus
Investigador do CES, Núcleo de Arquitectura e Urbanismo. Depois da licenciatura em Engenharia Civil no IST, fez o Mestrado em Ciências da Arquitectura na Katholieke Universiteit Leuven, Bélgica onde trabalhou como assistente de investigação (1993-1995). Perito da Direcção de Cultura da Comissão Europeia entre 1993 e 1998. Realizou na Universidade La Sapienza de Roma, a investigação de doutoramento sobre a utilização de técnicas tradicionais de construção de edifícios de alvenaria na actividade da conservação arquitectónica. Em Roma, projectou e dirigiu os trabalhos de conservação do Instituto Português e do Pontifício Colégio Português. Doutorado em Engenharia Civil pelo IST (2001). "Cultore della materia" na Faculdade de Arquitectura Valle Giulia da Univ. La Sapienza de Roma (2002-2004) e colaborador científico da "Scuola di Specializzazione in Conservazione dei Monumenti" da mesma Universi-

dade, desde 2002. Foi coordenador técnico da candidatura da Baixa Pombalina à Lista do Património Mundial (2003-2006). Coordenador de vários livros sobre conservação do património arquitectónico, é autor do livro *Técnicas Tradicionais de Construção de Alvenarias*. É um dos representantes em Portugal da *Construction History Society* do Reino Unido.

ÍNDICE DAS ILUSTRAÇÕES

Fig. 1.1 – Lembrança Pera Redificar a Ponte de Sacauem: in *Da Fábrica que Falece à Cidade de Lisboa*, de Francisco de Holanda. *ca.* 1571 — 17

Fig. 1.2 – Frontispício do tratado de Luís Serrão Pimentel: in *Methodo Lusitanico pera desenhar as fortefficaçoens das praças regullares, irregulares, fortes de campanha e outras obras pertencentes a Architectura Militar*, publicado em Lisboa em 1680 — 19

Fig. 1.3 – Representação de uma gaiola "empregada nos muros mixtos das edificações de Lisboa": in *Curso Elementar de Construções* de Luís Augusto Leitão, publicado em Lisboa em 1896 — 20

Fig. 1.4 – Imagem de frontispício: in *Memórias da Real Academia das Ciências de Lisboa*, 1812 — 21

Fig. 1.5 – Ponte D. Luís I sobre o Rio Douro no Porto (1881-1887), de François Gustave Théophile Seyrig – postal ilustrado de final do séc. XIX, Edições Petracchi & Notermann — 22

Fig. 1.6 – "Palheiro isolado com dois acessos": in *Palheiros do Litoral*, de Rocha Peixoto, 1899 — 25

Fig. 1.7 – A ponte de Vila Franca sobre o Tejo, *ca.* 1960 – Fotografia de Jorge H. de Sanches Osório — 27

Fig. 2.1 – George Sarton, el fundador de la Historia de la Ciencia y la portada del primer número de Isis (1913) – Cortesia de Santiago Huerta Fernandez — 33

Fig. 2.2 – Interpretación del texto de Vitruvio sobre la construcción de murallas y muros romanos: in *Dell'Architettura* de Giovanantonio Rusconi, publicada em 1660 — 35

Fig. 2.3 – Láminas de Piranesi sobre la construcción romana – reprodução de gravuras a água forte de Giovanni Battista Piranesi — 36

Fig. 2.4 – Lámina de Rondelet sobre la construcción de diversos edificios de la Antigüedad: el Templo de Minerva Médica, el Mausoleo de Diocleciano en Spalato y San Vitale en Rávena, entre otros: in *Traité Théorique et Pratique de l'Art de Bâtir* de J. Rondelet, 1834-1848 — 37

Fig. 2.5 – Primeros estudios analíticos de la construcción gótica: in (a) *On the Construction of the Vaults of the Middle Ages*. Trans. Royal Inst. Brit. Archit. 1, pp. 1-69, 1842 por Robert Willis; (b) *Annales archéologiques* dirigés par Didron Ainé, Tome Sixième por Viollet-le-Duc, 1847 — 38

Fig. 2.6 – (a) Auguste Choisy (1841-1909), fundador de la Historia de la Construcción – www.augustechoisy2009.net; (b) Diversos detalles de la construcción romana: in *L'art de bâtir chez les Romans* de Auguste Choisy, publicado em 1873 — 39

Fig. 2.7 – Aplicación del análisis estático de equilibrio al estudio de la construcción gótica por Karl Mohrmann. Selección de ilustraciones: in *Lehrbuch der gotischen Konstruktionen. III Auflage neu bearbaitet von K. Mohrmann*. Por Ungewitter e Mohrmann, 1890 40

Fig. 2.8 – Láminas de historia de la construcción: (a) in *Konstruktion und Form im Bauen*. De F. Hess, 1943; (b) *Gewelven, hum construtie en toepassing in de historische en heiden dadgse Bauwkunst* de H.J.W. Thunnissen, 1950 41

Fig. 2.9 – (a) Portada de la revista Construction History; (b) Portada de la publicación del primer volumen la serie *Geschichte des Konstruierens* (1985-1995) 42

Fig. 2.10 – Portadas del Primer Congreso Nacional de Historia de la Construcción (Madrid, CEHOPU, CEDEX, Ministerio de Obras Públicas, Transportes y medio Ambiente, 1996) y del First International Congress on Construction History (Madrid, Instituto Juan de Herrera, 2003) 43

Fig. 3.1 – O Mosteiro da Batalha segundo desenho de 1790 – © Arquivo do Instituto Geográfico Cadastral, Lisboa 50

Fig. 3.2 – Perspectiva do Mosteiro da Batalha e da vila antiga (*ca.* 1900) – in *Life Magazine* 51

Fig. 3.3. – Fachada do Mosteiro da Batalha (*ca.* 1890) – © Société d'Archéologie Française 52

Fig. 3.4 – Aspecto do Mosteiro da Batalha segundo gravura do Séc. XIX 53

Fig. 3.5 – Planta da catedral de Santiago de Compostela – sem autor; s. data 55

Fig. 3.6 – Planta geral do Mosteiro da Batalha segundo James Murphy (1792-1795) 56

Fig. 3.7 – Organograma das obras de Sta. Maria da Vitória, séc. XV a XVI: in *O Mosteiro de Santa Maria da Vitória*, por S. A. Gomes, 1990 66

Fig. 3.8 – Siglas presentes em vários espaços do Mosteiro de Sta. Maria da Vitória: in *Vésperas Batalhinas. Estudos de História e Arte*, por S. A. Gomes, 1997 68

Fig. 3.9 – Em cima, grafitos alfabéticos "Lço (Lourenço) e "Frz" (Fernandez. Em baixo, pedra de traçaria, Gomes (2007) 69

Fig. 3.10 – O portal manuelino das Capelas Imperfeitas (Mestre Mateus Fernandes I: *ca.* 1509) – gravura oitocentista 71

Fig. 3.11 – Túmulo de Mestre Mateus Fernandes I e sua família (Mosteiro da Batalha) – © Fotografia de Luís Ferraz, 2010 72

Fig. 3.12 – Capela do Bom Jesus da Golpilheira (Batalha), fundada por João Afonso, aparelhador das obras da Batalha, cerca de 1474 – © Fotografia de Luís Ferraz, 2010 73

Fig. 3.13 – Interior da capela do Bom Jesus da Golpilheira e pormenor da lápide da sepultura do fundador – © Fotografias de Luís Ferraz, 2010 74

FIG. 3.14 – Portal da igreja de Santa Cruz da Batalha (Projecto de Mestre
Boytac: obra finalizada em 1532) – © DGEMN, *ca*. 1930   75

FIG. 4.1 – Lisboa arruinada e as tendas de ocasião para o acolhimento dos
desalojados pelo terramoto – © Museu da Cidade de Lisboa   80

FIG. 4.2 – Planta do Paço do Sítio de Nª Sra. da Ajuda ou Real Barraca –
©BNP, Iconografia, DES 28R   81

FIG. 4.3 – Detalhe da Planta do Paço do Sítio de Nª Sra. da Ajuda ou Real
Barraca – ©BNP, Iconografia, DES 28R   82

FIG. 4.4 – Torre Sineira da Igreja da Patriarcal ainda existente – © Eduardo
Portugal, Arquivo Fotográfico Municipal de Lisboa   83

FIG. 4.5 – Retrato do Príncipe D. José (1761-1788) – © PNA: DDF-IMC
40706/NPB. À direita a Sala dos Serenins da Real Barraca –
© DDF / IMC, IFN 40706 NPB   84

FIG. 4.6 – Vista do Real Paço de Madeira (final do séc. XVIII)   86

FIG. 4.7 – Plantas sobrepostas do antigo Paço de Madeira e do novo Palácio
da Ajuda: in *Belém e Arredores através dos tempos* de José Dias Sanches,
1940   90

FIG. 4.8 – Retrato do Príncipe Regente por Domingos António de Sequeira,
1802. Óleo sobre tela – © PNA: DDF / IMC 35030 DIG, Nº Inv.
4115. À direita, em cima, detalhe com o Palácio da Ajuda. À direita,
em baixo, um dos torrões de Mafra (fotografia anos 1990)   91

FIG. 4.9 – Sítio da Pedreira de Alcolena (onde hoje se situa o Estádio
do Restelo). Levantamento de Lisboa de Filipe Folque, 1857 –
© AHM   93

FIG. 4.10 – Pormenor do Alçado da fachada nascente do Palácio da Ajuda,
Manuel Caetano de Sousa, *ca*. 1795 – BNRJ   95

FIG. 4.11 – Retrato de Rodrigo de Sousa Coutinho. Desenho de F. Bartolozzi
– © MNAA: DDF-IMC 15445/TC   96

FIG. 4.12 – Retrato de José Pedro de Carvalho, Mestre da Repartição dos
Pedreiros na Obra do Novo Paço da Ajuda. Óleo s/ tela de
Bartolomeu Calisto, 1818 – © NA: DDF-IMC 40307 DIG, Nº Inv.
PNA 2785   99

FIG. 4.13 – Vista da actual fachada principal do único corpo construído do
Palácio. O edifício em primeiro plano à direita correspondia à Sala
da tapeçaria da real Barraca – postal ilustrado *ca*. 1900   101

FIG. 4.14 – Proposta de construção global do Palácio da Ajuda ao nível do piso
térreo que compreendia três corpos com a escadaria nobre a os
jardins virados a Sul, atribuído a A. F. Rosa – © AHMF   103

As ilustrações do texto de Jorge Mascarenhas são desenhos do próprio autor.

Fig. 6.1 – Detalhes de éclisses – © CFP 1897: 20 — 135

Fig. 6.2 – Reconstrução do 7º pilar da ponte do Tejo ao km 118 da Linha de Leste. Pilar de madeira provisório – © CCFP 1897: 10 — 142

Fig. 7.1 – As operárias do betão armado. Construção da Ponte Bandeira Coelho, em Sejães, Oliveira de Frades, sobre o Rio Vouga, Moreira de Sá & Malevez, 1906 – © BAH_125-16(3) — 157

Fig. 7.2 – Folha de registo de horas de trabalho das operárias na construção da ponte Bandeira Coelho, Moreira de Sá & Malevez, 27 de Outubro de 1906 — 158

Fig. 7.3 – Moagens Harmonia, Cova da Piedade, 1896, Jacques Monet, 1º concessionário Hennebique em Portugal – © BAH_35-2(1) — 160

Fig. 7.4 – Fundações da ponte de Alcácer do Sal, Bureau d'Études Hennebique, Moreira de Sá & Malevez (102,0 x 63,5 cm), 30 de Maio de 1913 – © BAH — 161

Fig. 7.5 – Distribuição das obras e projectos de Moreira de Sá & Malevez, sobre esquema aproximado da rede de estradas e caminhos-de--ferro existentes em Portugal antes da Grande Guerra — 162

Fig. 7.6 – Reservatório no Barreiro, Moreira de Sá & Malevez, 1908 – ©Bureau d'Études Hennebique — 163

Fig. 7.7 – Reservatório no Barreiro para a Companhia União Fabril – ©Bureau d'Études Hennebique (102,0x63,5 cm) – 18 de Setembro de 1908 — 164

Fig. 7.8 – Liceu Central de Lisboa, Bureau d'Études Hennebique – Moreira de Sá & Malevez (97,0x81,0 cm), 10 de Janeiro de 1908 — 167

Fig. 7.9 – Rascunho de cálculo para depósito de água no Barreiro – © Bureau Technique Hennebique, Paris, 1908 — 168

Fig. 7.10 – Ponte Bandeira Coelho, Oliveira de Frades – © Moreira de Sá & Malevez (96,5x53,5 cm), 29 de Janeiro de 1906 — 169

Fig. 7.11 – Desenho de Moreira de Sá & Malevez para as torres da Catedral de Lisboa, 1907 – © Moreira de Sá & Malevez — 173

Fig. 7.12 – Fundações da ponte de Alcácer do Sal – ©Bureau d'Études Hennebique, Moreira de Sá & Malevez (102,0x63,5 cm), 30 de Maio de 1913 — 174

Fig. 7.13 – Ensaio de carga na ponte de Mirandela, 1906 — 176

Fig. 7.14 – Ponte Bandeira Coelho, Oliveira de Frades, Moreira de Sá & Malevez, 1906-1907 — 177

Fig. 7.15 – Ponte Bandeira Coelho, Oliveira de Frades, Moreira de Sá & Malevez, 1906-1907 — 178

Fig. 7.16 – Desenho do ©Bureau d'Études Hennebique para as torres da Catedral de Lisboa, 1907 — 179

Fig. 7.17 – Catedral de Lisboa, construção dos torreões em betão armado, Moreira de Sá & Malevez   179
Fig. 8.1 – Ponte da Arrábida sobre o rio Douro no Porto – © fotografia de Rui Romão   188
Fig. 8.2 – Imagem da Ponte Luíz I sobre o rio Douro no Porto – fotografia da Casa Alvão – © Centro Português de Fotografia   189
Fig. 8.3 – Ponte Luíz I sobre o rio Douro no Porto – desenhos com a constituição do pavimento do tabuleiro superior antes (a) e depois (b) do projecto de Edgar Cardoso de 1954 – gentileza de Estradas de Portugal   190
Fig. 8.4 – Esquema explicativo do efeito do pré-esforço exterior   192
Fig. 8.5 – Vista da Ponte D. Luís sobre o rio Tejo em Santarém após a intervenção de Edgar Cardoso em 1956 – gentileza de NOVOPCA Construtores Associados   193
Fig. 8.6 – Antiga Ponte de Mosteiró – extracto de um postal ilustrado circulado em 1917 com o título Sinfães – Ponte sobre o Douro em Porto Antigo – © Colecção Luís Lousada Soares   194
Fig. 8.7 – Vista da Ponte de Mosteiró sobre o rio Douro – © fotografia de Luís Lousada Soares   194
Fig. 8.8 – Vista da construção das Pontes sobre os rios Cávado e Caldo na albufeira da Barragem da Caniçada antes do enchimento da mesma – © fotografia da Casa Alvão, gentileza da EDP   196
Fig. 8.9 – Vista das Pontes sobre os rios Cávado e Caldo na albufeira da Barragem da Caniçada – © fotografia da Casa Alvão, gentileza da EDP   196
Fig. 8.10 – Ponte Nobre de Carvalho entre Macau e a Taipa – gentileza de Prof. Edgar Cardoso – Engenharia, Laboratório de Estruturas, Lda   197
Fig. 8.11 – A Ponte de S. João sobre o rio Douro, no Porto – © fotografia de Luís Lousada Soares   198
Fig. 8.12 – Aeroporto de Santa Catarina na Ilha da Madeira, após as obras de alargamento – © Outstanding Structure Award 2004 da IABSE, gentileza da ANAM   200
Fig. 8.13 – A Igreja da Santíssima Trindade no Santuário de Fátima, Outstanding Structure Award 2009 da IABSE – gentileza de Somague Engenharia   200
Fig. 8.14 – Ponte de Barca Dalva sobre o rio Douro – © fotografia de Manuel de Matos Fernandes   201